Uwe Rada

Mietenreport

Alltag, Skandale
und Widerstand

Unter Mitarbeit von
Grit Alack

Ch. Links Verlag, Berlin

Abbildungsverzeichnis:
Archiv des Autors: S. 85, 200
Joachim Donath: Umschlag
Theo Heimann: S. 110
Peter Homann: S. 73, 101, 203
Erik Kormann: S. 51
Landesbildstelle Berlin: S. 179
Burkhard Lange: S. 63
Soeren Stache: S. 207
Raimund Thörnig: S. 153
Umbruch-Bildarchiv: S. 41, 141, 163
Dirk Wildt, taz: S. 81

Die Deutsche Bibliothek – CIP-Einheitsaufnahme

Rada, Uwe:
Mietenreport : Alltag, Skandale und Widerstand / Uwe Rada.
Unter Mitarb. von Grit Alack. – 1. Aufl. – Berlin : Links, 1991
ISBN 3-86153-026-0

1. Auflage, September 1991

© Christoph Links Verlag – LinksDruck GmbH
Zehdenicker Straße 1, O-1054 Berlin, Tel. 281 61 71

Umschlaggestaltung: TriDesign Berlin
Satz: Theuberger Verlag Berlin GmbH
Druck- und Bindearbeiten: Tribüne Druck-GmbH, Berlin

ISBN 3-86153-026-0

Für Holger, Karin,
die Lessing- und die Linienstraße

Inhalt

Vorwort

Mit dem 1. Oktober 1991 steigen die Mieten in Ost-Berlin und den Neuen Bundesländern um das Vier- bis Sechsfache. Die Wohngeldsonderregelung für die ehemalige DDR soll, geht es nach dem Willen der Bundesregierung, bis Ende 1993 schrittweise wieder abgewickelt sein. Darüber hinaus drohen mit der Reprivatisierung nahezu des gesamten ehemals kommunal verwalteten Wohnungsbestandes Spekulation und Mietenexplosion in bisher ungeahntem Ausmaß. In West-Berlin, wo die bisher noch geltende 10prozentige Begrenzung bei Neuvermietungen zum 31.12.1991 wegfallen soll, hat der durchschnittliche Quadratmeterpreis für Wohnungssuchende inzwischen die 20-DM-Schallgrenze überschritten.

Stehen die Mieterinnen und Mieter dieser Entwicklung hilflos gegenüber?

„Keinem soll es schlechter gehen als vorher!" Das ehemalige Wahlversprechen Helmut Kohls wird heute, nur ein Jahr nach dem Anschluß der DDR an die BRD, bestenfalls mit Hohn quittiert. Die meisten von denjenigen, die im Jahr der Vereinigung D-Mark und vermeintlichen Aufschwung gewählt haben, sind mittlerweile mit einer wirtschaftlichen und sozialen Realität konfrontiert, die selbst ausgemachte „Pessimisten" nicht erwartet hatten. Arbeitslosigkeit und steigende Mieten, zunehmende Gewalt und Depression beherrschen zu beträchtlichen Teilen den Alltag und das Lebensgefühl der ehemaligen DDR-Bürger. Die Aufbruchsstimmung von einst ist dem tagtäglichen Konkurrenzkampf gewichen, von der Revolution sprechen fast nur noch jene, die davon profitiert haben.

Mit der Entscheidung des Deutschen Bundestags am 20. Juni 1991 für Berlin als künftigen Parlaments- und Regierungssitz wird sich die Situation für Mieter und Wohnungssuchende weiter verschlechtern. Bereits einen Tag danach überschlugen sich die Meldungen über Preisexplosionen auf dem Immobilienmarkt. Berlins Entwicklung zur „europäischen Metropole" wirft ihre Schatten voraus.

Die rot-grüne Vision einer ökologischen und sozialen Stadterneuerung gehört der Vergangenheit an. Spekulation, „Goldgräberstimmung" und Gründerfieber drohen die Stadt nachhaltiger zu verändern als Flächennutzungs- und Bereichsentwicklungspläne. Werden die sozial Schwächeren, ähnlich wie bereits beim Gründerboom 1872, als Berlin die Hauptstadt des neugeschaffenen Deutschen Reichs wurde, die Verlierer dieser Entwicklung sein?

Spekulanten und Miethaie nutzen die Unwissenheit vieler Mieter gezielt aus. Wer seine Rechte nicht kennt, kann sich nicht wehren. Und wer seine Wohnungsprobleme nur als individuelle empfindet, wird keinen Anlaß sehen, politischen Druck auf die Verantwortlichen auszuüben. Noch ist keine breite Bewegung der Mieterinnen und Mieter auszumachen. Dabei scheint es nötiger denn je, sich für die eigenen Interessen gemeinsam einzusetzen.

Anhand von zehn konkreten Fällen werden in diesem Buch die alltäglichen und skandalösen Praktiken von Miethaien und Spekulanten sowie die Politik der Wohnungsbaugesellschaften und die wohnungspolitischen „Lösungen" des Berliner Senats aufgezeigt. Diese Beispiele verdeutlichen aber auch, daß die Mieterinnen und Mieter diesen Machenschaften nicht hilflos ausgeliefert sind, daß sich schon so mancher Hauseigentümer, der das schnelle Geld verdienen wollte, am Widerstand der Mieter die Zähne ausgebissen hat. Nur wenn die Zahl derer, die sich mit allen zur Verfügung stehenden Mitteln für ihre Rechte und Interessen einsetzen, noch größer wird, bestünde freilich die Chance, das „heiße Immobiliengeschäft" merklich abzukühlen. Dieser Report will dazu durchaus beitragen.

Unser Dank gilt den zahlreichen Mieter- und Stadtteilinitiativen, die uns in unseren Recherchen unterstützt haben, sowie der Berliner MieterGemeinschaft, ohne deren Archiv und vor allem Geduld dieses Buch nicht zustande gekommen wäre.

Berlin, im Juli 1991

Mieterhöhungen und kein Ende?

Gesetzliche Grundlagen

Kurz nach der Währungsunion am 1. Juli 1990 ging sie los, die Spekulation darüber, wann und wie hoch die Mieten in den Neuen Bundesländern steigen würden. Testballons und Dementis jagten sich. Während der ehemalige DDR-Bauminister Viehweger noch im Juni 1990 versprach, die Mieten würden sich im Laufe der nächsten Jahre allenfalls vervierfachen, wollte man im Bundesbauministerium bereits damals die Angleichung an das BRD-Mietniveau in einem Zeitraum von zwei Jahren realisieren.

Das Chaos war komplett, die Mieter wußten nicht, wo ihnen der Kopf stand. Mit dem Beitritt der DDR zur BRD und der damit verbundenen Übernahme des BRD-Mietrechts wurde zumindest die Gesetzeslage konkreter. Der Bundesregierung oblag es – laut Ausführungsbestimmung zum Einigungsvertrag unter der Federführung von Bauministerin Irmgard Adam-Schwätzer (FDP) –, in einer Rechtsverordnung die künftige Miethöhe festzulegen. Der Bundesrat, und mithin auch die Regierungen der Neuen Bundesländer, mußten freilich zustimmen. Die Kontroversen zwischen der alten Bundesrepublik und den Neuen Ländern, so zeichnete es sich damals bereits ab, waren vorprogrammiert.

„Die Bundesregierung wird ermächtigt, durch Rechtsverordnung mit Zustimmung des Bundesrates den höchstzulässigen Mietzins unter Berücksichtigung der Einkommensentwicklung schrittweise (...) zu erhöhen." (*§11, Abs. 3, S.1, Miethöhegesetz, gültig seit dem 3. Oktober 1990)*
Gesetzliche Grundlage der durch die Regierung zu verordnenden Mieterhöhungen ist der neugeschaffene §11, Miethöhegesetz (MHG), der die Festlegung der Grundmiete, der Betriebs-, Heizungs- und Warmwasserkosten für das Beitrittsgebiet vorsieht. Die vorgesehene „schrittweise" Erhöhung der Mieten ist dabei nicht etwa an bestimmte

Obergrenzen gebunden, sondern einzig und allein eine Frage des politischen Kräfteverhältnisses. Ausdrückliches Ziel ist die Angleichung der Ost-Mieten an das West-Niveau. Für nicht wenige fallen die Mieterhöhungen vom 1. Oktober mit dem Verlust des Arbeitsplatzes zusammen. Die in §11, Miethöhegesetz, erwähnte Berücksichtigung der Einkommensentwicklung, so läßt sich unschwer erraten, war lediglich eine „Empfehlung" an die Bundesregierung.

Von diesem seit dem 3. Oktober 1990 gültigen Paragraphen wird ein anderer freilich nicht berührt. Im Falle einer mit privaten Mitteln finanzierten Modernisierung (z. B. nach erfolgter Rückübertragung eines Grundstückes) dürfen nach §3 Miethöhegesetz anschließend 11 Prozent der Modernisierungskosten auf die Jahresmiete umgelegt werden. Was dem Eigentümer binnen neun Jahren die Amortisierung der investierten Kosten sichert, bedeutet für die Mieterinnen und Mieter nicht selten Mietsprünge auf 10 bis 15 DM pro Quadratmeter. In der ehemaligen DDR hat bereits so mancher Mieter mit einer derartigen Modernisierung Bekanntschaft gemacht.

Die Voraussetzung solcher mietpreistreibenden Modernisierungen ist die Reprivatisierung des ehemals „volkseigenen", d. h. kommunalen Wohnungsbestands. Im ebenfalls zum 3. Oktober in Kraft getretenen Artikel 41 des Einigungsvertrages (Regelung offener Vermögensfragen) ist die Rückgabe enteigneter oder zwangsverwalteter Grundstücke an die ehemaligen Eigentümer festgelegt: „Enteignetes Grundvermögen wird grundsätzlich (...) den ehemaligen Eigentümern oder ihren Erben zurückgegeben." Ausnahme: ehemals unbebaute Grundstücke, die mittlerweile dem „Gemeingebrauch gewidmet sind" (z.B. Neubauten). Zuständig für die Bearbeitung ist das „Amt für offene Vermögensfragen", gleichzeitig auch erste Instanz bei auftauchenden Rechtsstreitigkeiten. Die „Regelung zu offenen Vermögensfragen" hat seit dem 3. Oktober zu einer wahren Antragsflut privater Eigentümer geführt. Allein in Ost-Berlin wurde für schätzungsweise 150 000 Grundstücke die Rückübereignung beantragt. Die Zukunft des kommunalen Wohnungsbestandes ist demnach genauso ungewiß wie die der darin lebenden Mieter. Schenkt man einer Prognose des Geschäftsführers der Wohnungsbaugesellschaft Berlin-Mitte, Falk Jesch, Glauben, so wird im Altbaubereich seines Bezirkes kein einziges Gebäude unter kommunaler Verwaltung verbleiben. „Nach den bisherigen Erfahrungen", so der Vorsitzende des Landesverbandes Berlin-Brandenburg des „Rings Deutscher Makler", Grohn, wolle „fast jeder zweite Eigentümer sein zurückerhaltenes Grundstück weiterverkaufen, da er sich selbst nicht zu den notwendigen Instandsetzungs- und Modernisierungsarbeiten ... in der Lage sähe." („Tagesspiegel", 30.6.1991) Die Abschreibegesellschaften und Modernisierungsspekulanten stehen bereits in den Startlöchern. Die Folge: Dem Ostteil der Stadt droht eine Mietenexplosion ungeahnten Ausmaßes.

Noch allerdings ist es nicht so weit. Die große Mehrheit der Ost-Berliner Mieterinnen und Mieter lebt nach wie vor in kommunalen Wohnungen. 375 000 von 600 000 Wohneinheiten werden zur Zeit von den städtischen Wohnungsbaugesellschaften verwaltet. Modernisiert und instandgesetzt wird hier allenfalls mit öffentlichen Geldern. In diesem Fall gelten die Regelungen der West-Berliner Modernisierungs- und Instandsetzungsrichtlinien, wonach die Einstiegsmiete für öffentlich modernisierten Altbau bei derzeit 4,60 DM pro Quadratmeter liegt. Die Inanspruchnahme öffentlicher Gelder im Rahmen der Modernisierungs- und Stadterneuerungsprogramme bedeutet demnach für die betreffenden Mieter eine weitaus niedrigere Mietsteigerung als bei einer privat finanzierten Modernisierung.

Die Bonner Mieterhöhungsverordnung

Anfang Februar 1991 ließ die Regierung Kohl die Katze aus dem Sack: Im bekanntgewordenen Verordnungsentwurf des Bauministeriums war eine Erhöhung der Grundmiete („Wohnwertzuschlag") um 1 DM/qm und die Umlage der Betriebskosten (ca. 1 DM/qm) sowie der Heizungs- und Warmwasserkosten (ca. 2,50 DM/qm) vorgesehen. Das allein hätte bereits eine Erhöhung der Mieten und Mietnebenkosten um das Drei- bis Sechsfache (je nachdem ob eine zentrale Heizungs- und Warmwasserversorgung vorhanden ist) bedeutet. Doch in Bonn hatte man sich eine zusätzliche Überraschung ausgedacht. Die Kosten für die jahrelange Vernachlässigung von Wohnungen und Häusern durch die DDR-Baupolitik sollten plötzlich diejenigen aufbringen, die schon früher darunter zu leiden hatten: die Mieterinnen und Mieter. Vorgesehen war eine Abwälzung der anfallenden Instandsetzungs- und Instandhaltungskosten mit bis zu 3 DM je Quadratmeter. Was in West-Berlin und der BRD seit jeher Pflicht des Vermieters ist – gesetzliche Grundlage der Instandhaltungspflicht ist der § 536 des Bürgerlichen Gesetzbuches – hätte nun auf einmal für das Gebiet der ehemaligen DDR nicht mehr gegolten. Die Mieterorganisationen liefen Sturm. Zu Recht kritisierten sie, daß die Bürger in den Neuen Bundesländern damit eindeutig zu „Mietern zweiter Klasse" gemacht werden würden und darüber hinaus einer ähnlichen Praxis im Westen Tür und Tor geöffnet worden wäre. Tausende von Mietern drückten in Unterschriftensammlungen und Kundgebungen ihren Unmut über diese Regelung aus. Der Protest blieb schließlich nicht ohne Wirkung. Die Bundesregierung zog, auch auf Drängen der Bundesratsvertreter der Neuen Länder, den Instandsetzungszuschlag zurück. Angeblich endgültig, doch Vorsicht ist geboten. Die Ermächtigung für einen Instandsetzungszuschlag gilt noch bis 1996. Der Berliner Senat hat sich im übrigen, im Gegensatz zu den Neuen Bundesländern, ausdrücklich für einen solchen Zuschlag ausgesprochen.

Wie die Mieten steigen werden

Am 27. April 1991 gab der Bundesrat dem zuletzt vorliegenden Verordnungsentwurf der Bauministerin seine Zustimmung. Die zum 1. Oktober steigenden Mieten teilen sich danach auf in:

Die allgemeine Mieterhöhung:
Die Bonner Rechtsverordnung ermöglicht zum 1. Oktober 1991 eine Grundmietenerhöhung um 1 DM/qm. Bei Wohnungen mit Bad oder Zentralheizung sowie bei Wohnungen in Gemeinden mit mehr als 100 000 Einwohnern erhöht sich der Betrag um jeweils 0,15 DM/qm. Der Betrag verringert sich um 0,15 DM/qm bei Wohnungen mit Außen-WC sowie bei Wohnungen, die nicht in sich abgeschlossen sind (z. B. Einliegerwohnungen ohne separaten Eingang). Die Mieterhöhung ist fällig am Ersten des übernächsten Monats nach Zustellung. Wenn der Bescheid also erst im September im Briefkasten lag, gilt die Mieterhöhung frühestens ab 1. November.

Die Betriebskostenumlage:
Betriebskosten (außer Warmwasser- und Heizkosten) sind Kosten, die beim bestimmungsgemäßen Gebrauch der Mietsache laufend entstehen, d.h. unter anderem Grundsteuer, Be- und Entwässerung, Müllabfuhr, Straßenreinigung, Hausreinigung (falls nicht anderslautend vereinbart), Beleuchtung, Sach- und Haftpflichtversicherungen, Gemeinschaftsantennenanlage, Breitbandverkabelung.

Instandhaltungs-, Verwaltungs- und Kapitalkosten gehören dagegen nicht zu den Betriebskosten!

Die Betriebskosten dürfen ab dem 1. Oktober 1991 in voller Höhe auf die Miete umgelegt werden. Dabei unterscheiden sich die Beträge je nach Bezirk oder Stadt. Für das Gebiet der ehemaligen DDR liegen sie nach Angaben aus Bonn zwischen 1,20 DM und 1,90 DM/qm. In Ost-Berlin ist laut Senat mit einer durchschnittlichen Summe von 1,70 DM/qm zu rechnen, höhere Beträge dürften allerdings keine Seltenheit sein. Für Berlin-Marzahn z. B. rechnet die dortige Wohnungsbaugesellschaft mit Betriebskosten von über 2 DM/qm.

Wurden die Betriebskosten bisher nicht gesondert berechnet, so kann als Ausgleich die bisherige Miete um 10 % gekürzt werden.

Der Vermieter ist berechtigt, eine Vorauszahlung in „angemessener Höhe" zu verlangen. Abgerechnet wird jährlich.

Die Umlage der Heizungs- und Warmwasserkosten:

Heizungs- und Warmwasserkosten dürfen ab 1. Oktober bis zur Höhe von 3 DM/qm auf die Miete umgelegt werden. Wenn bisher bereits Zuschläge für Heizung und Warmwasser bezahlt wurden, so entfallen diese zum 1.10.1991. Waren diese Kosten bisher in der Miete nicht gesondert ausgewiesen, so reduziert sich die Grundmiete ab 1.10.1991 um 0,40 DM/qm bei Zentralheizung und um zusätzlich 0,12 DM/qm bei Warmwasser – maximal jedoch um 50 % der bisherigen Miete.

Eine Wohnung in Prenzlauer Berg mit 100 Quadratmetern Wohnfläche (mit Innentoilette und Ofenheizung) kostet demnach ab dem 1. Oktober 1991 ca. 380 DM. Für eine 2 Zimmer-Wohnung in Hellersdorf (Zentralheizung, Bad, Warmwasser) mit 70 Quadratmetern beträgt die Miete nach der Erhöhung ca. 490 DM. Die Mieten steigen also, je nach Alt- oder Neubauwohnung, um durchschnittlich das Vier bis Siebenfache, ohne daß sich am schlechten Zustand etwas geändert hätte. Zum Vergleich: In West-Berlin beträgt die Einstiegsmiete für mit öffentlichen Mitteln modernisierten Wohnraum zur Zeit 4,60 DM/qm. Die jährliche Mietsteigerung ist auf sechs Pfennige pro Quadratmeter begrenzt. In den Neuen Bundesländern kann die Miete dagegen durch die Bundesregierung nahezu beliebig gesteigert werden. Die Mieterhöhung vom 1. Oktober 1991 war demnach lediglich ein Anfang: „Der Bausenator ließ (...) keinen Zweifel daran, daß die Mieterhöhung vom 1. Oktober keinesfalls das letzte Wort ist." („Neues Deutschland", 21.6.1991) Sie sichere, so

Nagel, lediglich den Aufwand für die Verwaltung der Häuser, die anfallenden Betriebskosten und kleinere Instandhaltungen. Umfangreiche Modernisierungen und Instandsetzungen ließen sich daraus nicht finanzieren. Die Forderung der Mieterorganisationen nach einer Mietpreisobergrenze wird in Bonn nach wie vor abgelehnt, ebenso wie die Wiedereinführung der Mietpreisbindung für West-Berlin.

Ein Tropfen auf den heißen Stein: Wohngeld

Wer in einer kommunalen Wohnung wohnt, hat ihn in der Regel mit der Mieterhöhungsankündigung zugeschickt bekommen, ansonsten gibt es ihn beim bezirklichen Wohnungsamt: den Wohngeldantrag. Zeitgleich zur Mieterhöhungsverordnung gab der Bundesrat auch einem Wohngeldsondergesetz für die Neuen Bundesländer seine Zustimmung. Das „besondere" Wohngeld (besonders, weil unter anderem die Heizkosten mit berücksichtigt werden und besondere Einkommensgrenzen enthalten sind) gilt allerdings nur bis zum 31.12.1993 und wird bereits ab dem 1.1.1992 schrittweise wieder abgebaut. Danach gilt die Wohngeldregelung der alten BRD. Wieviel Wohngeld man als Mieter bekommt, hängt unter anderem von der Miethöhe und dem Einkommen ab. Entsprechende Tabellen gibt es beim Wohnungsamt. Die Ankündigung der Bundesregierung, wonach die Miete nicht mehr als 10 Prozent Anteil am Einkommen betragen soll, erweist sich bei genauerem Hinsehen freilich als Milchmädchenrechnung. Die Spannbreite liegt – einer Studie der Berliner MieterGemeinschaft zufolge – zwischen 5,2 und 24,8 Prozent!

Insgesamt ist damit zu rechnen, daß allein in Ost-Berlin 500 000 Haushalte zu Wohngeldempfängern werden. Bundesregierung und Senat lassen sich ihr „Volk von Wohngeldberechtigten" („Volksblatt", 21.6.1991) je zur Hälfte 73,6 Millionen DM kosten. Zur Bewältigung des Verwaltungsaufwands wurden allein in Ost-Berlin 1 100 neue Arbeitsplätze geschaffen.

Mildert die Bewilligung von Wohngeld auch so manche Härte, so ist sie doch nicht mehr als ein Tropfen auf den heißen Stein. Im Falle einer Mieterhöhung (z. B. durch Modernisierung oder Betriebskostenerhöhung) kann es durchaus vorkommen, daß die zuschußfähige Miethöhe überschritten wird und das Wohngeld nicht entsprechend zur erhöhten Miete steigt.

Darüber hinaus bedeutet die Zahlung von Wohngeld im Grunde nichts anderes als die Subventionierung des Vermieters. Teure Wohnungen, die sonst vielleicht schwer vermietbar wären, finden durch den entsprechenden Zuschuß ihre Mieter. Das Wohngeld macht die Mieten also auf längere Sicht nicht bezahlbarer; im Gegenteil: hohe Mieten werden dadurch erst „salonfähig". Wohngeld kann also kein Ersatz dafür sein, daß der Staat selbst für das Vorhandensein ausreichenden billigen Wohnraums zu sorgen hat (z. B. durch behutsame Stadterneuerungsprogramme und kommunalen Wohnungsbau, durch Mietpreisstopp und restriktive Bewilligungsgenehmigungen bei Privatmodernisierungen, durch Wahrnehmung des staatlichen Belegungsrechtes und die Durchsetzung des Zweckentfremdungsverbots gegen Leerstand und Umnutzung in Büroflächen). Vermietersubventionen sind kein Ersatz für eine an den Interessen der Mieterinnen und Mieter ausgerichtete soziale Wohnungspolitik.

Der „heiße" Immobilienmarkt

Die Gesamtberliner Praxis sieht freilich anders aus. Eine Wiedereinführung der Mietpreisbindung in West-Berlin ist nicht in Sicht, die Kassen für staatliche Modernisierungs- und Instandsetzungsprogramme sind leer, der Anteil an Privatmodernisierungen ist so hoch wie nie. Die Eigentumsverhältnisse im Osten zu „klären" wird zwar Jahre in Anspruch nehmen (bis April 1991 waren erst 150 Grundstücke an die neuen/alten Besitzer zurückgegeben worden), die grundsätzliche Entscheidung – Rückgabe statt Entschädigung – ist allerdings gefallen und mit ihr, so scheint es, auch die Zukunft des kommunalen Wohnungsbestandes in Ost-Berlin.

In West-Berlin hat der durchschnittliche Quadratmeterpreis bei Neuvermietungen mit 22 DM mittlerweile die 20-DM-Schallgrenze überschritten. Wenn zum 1. Januar 1992 im Altbau die bisher geltende 10-prozentige Begrenzung der Mietsteigerung bei Neuvermietungen wegfällt, ist die Miethöhe quasi frei vereinbar. Einzige Grenze: Der Mietwucherparagraph im Wirtschaftsstrafgesetz, nach dem die Miete 20 % der ortsüblichen Vergleichsmiete nicht überschreiten darf. Ungeachtet dessen wird allerdings schon heute genommen, was der Markt hergibt. Und daß dieser Markt etwas hergeben wird, dafür sorgt unter anderem die neue Rolle Berlins als Parlaments- und Regierungssitz, als „Dienstleistungsmetropole" und „Drehscheibe des Ost-West-Handels". Bundesangestellte, Verwaltungsfachleute und Manager, sie alle drängen auf den Berliner Wohnungsmarkt und treiben die Preise in die Höhe. „Nach der Entscheidung für Berlin: Wohnungsmarkt brutal" titelte der „Kölner Express" am 23.6.1991. Drei Tage zuvor meldete die „Berliner Zeitung": „Der Boom hat begonnen. (...) Die Grundstückspreise explodieren" – und mit ihnen die Mieten. Nach Auskunft des ehemaligen Investitionsbeauftragten des West-Berliner Senats, Hanno Klein, ist Berlin seit der Vereinigung am 3. Oktober für Investoren die „attraktivste Stadt der Welt". Die Preise für Gewerbe-, Büro- und Einzelhandelsflächen haben schwindelerregende Höhen erreicht. Täglich liest man vom Tante-Emma-Laden an der Ecke, der wegen einer Mieterhöhung um das Fünf- oder Zehnfache schließen muß. Auch die Einzelhandels-Gewerbetreibenden im Ostteil Berlins bekommen es zu spüren. Was 40 Jahre Planwirtschaft nicht geschafft haben, ist für zwei Jahre Marktwirtschaft kein Problem. Die Steigerungsraten sind enorm, die Renditeerwartung riesig. Beinahe sieht man sich an den Gründerboom von 1872 erinnert. Damals war der Spekulationsgewinn allein durch Kauf und Verkauf von Grundstücken ungleich größer als die erwarteten Gewinne beim Wohnungsbau. Die Folge für die Berliner: eine Wohnungsnot bisher unbekannten Ausmaßes (siehe Report über die Blumenstraßenkrawalle).

Berlin brauche eine Gründerzeit mit „Markanz und Brutalität" - das war auch die Devise jenes Hanno Klein, der unter anderem mit Investitionsvorhaben in der Friedrichstraße, am Potsdamer Platz und im Prenzlauer Berg beauftragt war. Die Interessen der Mieterinnen und Mieter haben in den Metropolenplänen solcher Stadtplaner keinen Platz. Für einen Verwaltungsbeamten wie Klein bedeutet Stadtplanung nichts anderes als „gut organisierte Vertreibung" in die Plattenbauten am Stadtrand, die „Staubsauger von Hellersdorf und Marzahn". („SPIEGEL", 14/1991)

„Wer nicht zahlen kann, soll ins Umland ziehen", so das Motto von DATA-DOMIZIL-Chef Michael Kluge. Die DATA machte Anfang des Jahres 1991 in Ost-Berlin mit einer Mieterhöhungsankündigung von über 2 000 Prozent auf sich aufmerksam. Mittlerweile hat Michael Kluge freilich ein neues Domizil: die Untersuchungshaftanstalt Berlin-Moabit. Der Grund: Steuerhinterziehung und Organisation von Schwarzarbeit (siehe Report DATA-DOMIZIL). Edzard Reuter, Vorstandsvorsitzender des bundesweit größten Automobil- und Rüstungskonzerns Daimler-Benz, betätigt sich derweil ebenfalls als Stadtplaner. „Wer meine, Berlin brauche erst den großen visionären städtebaulichen Entwurf, bevor Weichenstellungen vorgenommen werden, ist schief gewickkelt", so der Manager anläßlich der ersten Tagung des „Stadtforums" (ein von Stadtentwicklungssenator Hassemer ins Leben gerufenes Beratungsgremium). Was unter solchen „Weichenvorstellungen" zu verstehen ist, war am Potsdamer Platz zu sehen. Dort wird die Daimler-Benz-International-Services („debis") ein Dienstleistungszentrum auf einer Fläche von 61 710 Quadratmetern errichten. Statt Wohnungsbau Rüstungsgeschäfte? Berlin jedenfalls boomt, Grundstücksauktionen erzielen noch nie dagewesene Höchstmarken, ganze Stadtteile werden zu charmanten Wohnvierteln für den gehobenen Mittelstand umstrukturiert; die einfachen Mieter können sehen, wo sie bleiben. „Hier soll wohnen, wer eine Funktion in der Gesellschaft erfüllt", so umschrieb Leerstandskünstler Roman Skoblo seine Vorstellung von „gehobenem Wohnen". Im „Werra-Block" in Neukölln, kurz nach Maueröffnung *der* wohnungspolitische Skandal in West-Berlin, werden mittlerweile Mieten von 16,02 DM/qm verlangt. Wer da keine „Funktion" im Sinne des Herrn Skoblo erfüllt, läßt sich unschwer erahnen.

In West-Berlin gibt es pro Bezirk monatlich 100 Räumungsklagen, 150 000 Menschen suchen eine Wohnung, 20 000 von ihnen sind obdachlos. War früher eine Fluktuation von 10 bis 15 Prozent die Regel, so ziehen heute nur noch 3 bis 4 Prozent aller Mieter jährlich in eine neue Wohnung. Die Angst vor Wohnungsnot und drohender Obdachlosigkeit hat mithin weite Kreise der Bevölkerung erreicht. Die Prognose einer Zwei-Drittel-Gesellschaft (ein Drittel unterhalb der Armutsgrenze) ist in West-Berlin bereits Realität geworden, und es hat den Anschein, als weite sie sich nach der Vereinigung zur Ein-Drittel-Gesellschaft aus.

Werden unhaltbare Zustände erst einmal zur Regel, schleicht sich schnell Gewöhnung ein. Dabei ist es gerade der alltägliche Normalzustand - das dem Recht auf Wohnraum übergeordnete Recht auf Privateigentum und die entsprechende Politik des Senats –, der Machenschaften wie die der Herren Skoblo oder Kluge erst ermöglicht. Doch wer sich, wie einige Medien, nur an der Spitze des Eisbergs reibt, lenkt leicht vom skandalösen Alltagszustand ab und etabliert ihn damit als unveränderliche Größe. Daß man als Mieter aber beileibe nicht wehrlos ist, belegen zahlreiche Erfahrungen der jüngsten Vergangenheit.

Städtische Wohnungsbaugesellschaften: Gemein- oder eigennützig?

Wenn im Gespräch in einer Friedrichshainer Kneipe oder in der Kaufhalle vom Wohnungsvermieter die Rede ist, sprechen noch heute die meisten Ost-Berliner von der KWV, der Kommunalen Wohnungsverwaltung, obwohl die neuen Wohnungsbaugesellschaften gemeint sind, mit 375 000 Wohneinheiten derzeit noch die größten Vermieter der Stadt. Die Umstellung fällt schwer, auch deshalb, weil sich an den alltäglichen Sorgen, kaputten Fenstern, maroder Elektrik und verfallenden Treppenhäusern, wenig geändert hat. Die seit dem 2. Juli 1990 in städtische Wohnungsbaugesellschaften umgewandelten Kommunalen Wohnungsverwaltungen haben ein schweres Erbe angetreten. Sie deshalb aber von der Kritik auszunehmen, hieße eine zweifelhafte Sachzwangargumentation anzuerkennen, die allzuoft auf dem Rücken der Mieter ausgetragen wird. Gerade städtische Wohnungsbaugesellschaften müssen hinsichtlich ihres sozialen Anspruchs und ihrer Praxis immer wieder einer kritischen Prüfung unterzogen werden. Die Klagen der Mieter jedenfalls häufen sich. Befristete Mietverträge, stornierte Reparaturen und Privatisierungsängste haben bei vielen Mietern Unsicherheit und Unmut zugleich hervorgerufen. Sie wollen wissen, was aus dem kommunalen Wohnungsbestand, und vor allem, was aus ihnen selbst wird.

Vom VEB Kommunale Wohnungsverwaltung ...

Im März 1990 geriet ein Vorgang an die Öffentlichkeit, der für die Mieter der rund 85 000 Wohnungen im Bezirk Prenzlauer Berg nichts Gutes verhieß. Die dortige KWV, so hatte der Runde Tisch des Stadtbezirks erfahren, verhandelte bereits seit über zwei Monaten mit der West-Berliner DATA-DOMIZIL über eine Beteiligung in Form eines Jointventures (siehe ausführlich im Report DATA-DOMIZIL). Hätte das Neue Forum nicht in letzter Minute umfangreiches Belastungsmaterial über die DATA vorgelegt und den Deal damit zum Platzen gebracht, die Folgen für die Mieterinnen und Mieter wären unabsehbar gewesen. Der versuchte Griff auf den Ost-Berliner Wohnungsbestand wirft ein Licht auf die Situation der kommunalen Wohnungen in der Zeit zwischen Maueröffnung und Währungsunion. Wenn überhaupt Klarheit herrschte, so allenfalls über den weiteren Verfall. 27 000 Wohnungen standen leer, der Wohnungsbau ruhte. Seit den Volkskammerwahlen vom 18. März 1990 und dem sich abzeichnenden Anschluß der DDR an die BRD standen die Kommunen vor dem finanziellen Ruin. Auch die Kommunalwahlen vom 6. Mai 1990 und die Bildung eines neuen Magistrats konnten daran nichts ändern. Selbst diejenigen, die damals in Eigenregie dem Verfall etwas entgegensetzten, neuentstandene Mietergemeinschaften oder die Instandbesetzer in Prenzlauer Berg, Friedrichshain, Mitte und Lichtenberg, wurden vom zuständigen Stadtrat ein um das andere Mal hingehalten. Kompetenzgerangel und Ungewißheit bestimmten das Bild dieser Wochen.

Erst ein halbes Jahr nach den Ereignissen des 9. November 89 kam Licht ins Dunkel um die Zukunft der kommunalen Wohnungsverwaltungen. Der Magistrat hatte im Mai 1990 der Stadtverordnetenversammlung die Übernahme der rund 375 000 „volkseigenen" Wohnungen (rund zwei Drittel des Ost-Berliner Wohnungsbestands) in Treuhandschaft vorgeschlagen. Einen Monat später hieß es dann schon konkreter:

„Die Ost-Berliner Kommunalen Wohnungsverwaltungen (KWV) sollen zum 30. Juni in gemeinnützige städtische Wohnungsgesellschaften umgewandelt werden. Dies hat der Magistrat gestern auf seiner ersten regulären Sitzung beschlossen. (...) Die Aufsichtsgremien der künftigen Wohnungsgesellschaften werden sowohl vom Magistrat als auch von den Stadtbezirken besetzt. Dadurch soll die Kontrolle auf beiden Verwaltungsebenen gewährleistet sein, teilte der Stadtrat für Stadtentwicklung, Thurmann, mit." („Tagesspiegel", 6.6.1990)

Vorgesehen war, die elf neuen Gesellschaften mit einem Stammkapital von 50 000 DM auszustatten; Rechtsform sollte eine Gesellschaft mit beschränkter Haftung sein. Euphorie kam allerdings nicht auf. Die Probleme, die auf die kommunale Wohnungspolitik zukommen würden, warfen bereits ihre Schatten voraus. So war es dem Magistrat, wie allen anderen ostdeutschen Kommunen im übrigen auch, untersagt, eigene Kredite aufzunehmen. Baustellen mußten stillgelegt, selbst alte Rechnungen konnten nicht bezahlt werden. Eine engagierte, an den Interessen der Mieter und dem Erhalt billigen Wohnraums orientierte Wohnungspolitik fand zudem an der Haltung des West-Berliner Senats ihre Grenze. Im Rathaus Schöneberg wollte man zunächst den 3. Oktober und die endgültige Fassung des Einigungsvertrages abwarten. Erst hinterher sollte über Geld gesprochen werden.

Eine wesentliche Frage war bereits damals die erwartete Welle von Rückübertragungsanträgen:

„Die neuen Unternehmen werden, so der Beschluß, zunächst als reine Verwaltungsgesellschaften arbeiten, bis im Einzelfall die Eigentümerfrage der Grundstücke geklärt ist. Zur Zeit könne noch niemand sagen, wie viele der insgesamt den KWV's unterstellten rund 375 000 Wohnungen von ihren ehemaligen und inzwischen enteigneten Eigentümern zurückgefordert werden." (*„Tagesspiegel"*, 20.6.1990)

Was die betroffenen Mieterinnen und Mieter unter der Arbeit als „reine Verwaltungsgesellschaften" zu verstehen hatten, war damals freilich noch nicht abzusehen. Die Umwandlung schien angesichts der zahlreichen Reprivatisierungsgerüchte (neben der DATA hatte auch der Baukonzern Klingbeil Interesse am Ost-Berliner Wohnungsbestand angemeldet) zunächst ein Schritt in die richtige Richtung. Noch konnte man hoffen, daß in den Verhandlungen zum Einigungsvertrag und den Regelungen zu offenen Vermögensfragen die Vernunft, das heißt Entschädigung vor Rückgabe, Vorrang haben würde. Heute wissen wir es besser.

... zur städtischen Wohnungsbaugesellschaft

Zum 1. Juli 1990 wurde nicht nur die D-Mark im Osten eingeführt, auch die Wohnungsverwaltungen bekamen „Westverstärkung". Insgesamt 19 Manager aus West-Berlin sollten den aus den Fugen geratenen Verwaltungsapparat auf Trab bringen. Zu diesem Zwecke wurde jeder neugegründeten bezirklichen Wohnungsbaugesellschaft ein westlicher „Pate" zugeordnet.

Gegenstand und Zweck der neuen Wohnungsunternehmen sei, so ist dem Muster-Gesellschaftsvertrag zu entnehmen, die Errichtung und Bewirtschaftung von Wohnungen „einschließlich ihrer Instandsetzung und Modernisierung zur Versorgung der breiten Schichten der Bevölkerung im Sinne der Gemeinnützigkeit bei einer Mietpreisgestaltung, die sozial verträglich ist". Zur Frage der Wohnungsvergabe und Instandsetzung hieß es unter anderem:

„Vornehmlich sind zu versorgen kinderreiche Familien, alleiner-
ziehende Elternteile, Schwerbehinderte, ältere Menschen, ausländische
Familien. (...) Den von ihr verwalteten Wohnungsbestand erhält oder
versetzt die Gesellschaft in einen zeitgemäßen Wohnbedürfnissen ent-
sprechenden Zustand.“

Schöne Worte. Doch die Praxis sah leider anders aus. Insbesondere die
ungeklärten Eigentumsverhältnisse gaben den neuen Geschäftsführern
ein um das andere Mal die Gelegenheit, sich aus der Verantwortung für
die „Errichtung und Bewirtschaftung von Wohnungen“ zu stehlen. Ihre
Tätigkeit konzentrierte sich vorwiegend auf die Neustrukturierung der
Verwaltung. Alles, was Kosten verursacht hätte, blieb derweil außen vor.
So wurde auch die zunächst vorgesehene Übernahme der KWV-Woh-
nungen in den Besitz der neuen Wohnungsbaugesellschaften abgelehnt.
Klaus Nicklitz von der WIR (der ehemaligen Neuen Heimat), nunmehr
Geschäftsführer der Wohnungsbaugesellschaft Prenzlauer Berg, sprach
aus, was andere dachten: „Da könnten wir ja gleich Bankrott anmelden.“
(„Berliner Morgenpost“, 3.7.1990)

Der Status der Gesellschaften als reine Wohnungsverwaltungen macht
zwar auch die Veräußerung landeseigener Wohnungen unmöglich, aber
das scheint auch nicht nötig. Insgeheim, so ist zu vermuten, hofft man in
der Senatsbauverwaltung und bei den „Paten“ darauf, daß sich das (Fi-
nanz-)Problem durch die erwarteten Rückübertragungen von alleine
lösen wird. Mittlerweile geht man in der zuständigen Behörde davon aus,
daß „95 Prozent der Altbauten im Ostteil Berlins rechtsunsicher“ sind.
(„Berliner Zeitung“, 6.6.1991) In Mitte, so teilte WBM-Geschäftsführer
Falk Jesch im Mai 1991 der staunenden Öffentlichkeit mit, wird man sich
über kurz oder lang ohnehin auf den Neubaubestand konzentrieren
müssen. Damit würde in Ost-Berlin eine Entwicklung einsetzen, die für
die Mieten verheerende Folgen hätte. Anders als in West-Berlin, wo es
einen vergleichsweise großen Bestand an städtischen Sozialwohnungen
gibt (einschließlich der Altbauten im Besitz der städtischen Wohnungsbaugesellschaften), wird ein solcher im Osten mit der Reprivatisierung
nach und nach verschwinden. Eine großflächige soziale Wohnungspolitik, die sich auf einen entsprechenden Bestand an Sozialwohnungen
stützen könnte, wird es dann in Ost-Berlin nur noch in einem äußerst
begrenzten Umfang geben.

Praxis der neuen Vermieter: Beispiel Prenzlauer Berg

„Die elf Ost-Berliner Wohnungsgesellschaften, die aus den Kommunalen Wohnungsverwaltungen (KWV) umgewandelt worden sind, werden seit gestern von 19 West-Managern geleitet, die rund 400 000 Wohnungen in die ‚Marktwirtschaft überführen‘ sollen. Die ehemaligen Leiter wurden entmachtet, kein einziger durfte in die neuen Geschäftsleitungen einziehen. ‚Damit praktizieren wir die Verwaltungsunion schon jetzt‘, erklärte Bausenator Wolfgang Nagel bei der Vorstellung des Konzepts für den Bezirk Prenzlauer Berg. Die dortigen 80 000 Wohnungen sollen jetzt in enger Kooperation von der West-Berliner ‚Wir‘-Wohnungsbaugesellschaft – der ehemaligen Neuen Heimat – mitverwaltet werden. In einer ersten Amtshandlung brachte ‚Wir‘-Geschäftsführer Klaus Nicklitz neues Briefpapier und Stempel mit in sein neues Büro am Prenzlauer Berg.“
(*„Volksblatt“, 3.7.1990*)

Nun soll die Bedeutung neuer Briefköpfe hier nicht in Abrede gestellt werden, von größerem Interesse dürfte allerdings sein, was auf dem neuen Briefpapier geschrieben wurde.

„Eine unserer ersten Aufgaben“, so Klaus Nicklitz, „wird eine umfassende Bestandsaufnahme der Wohnungen und der Bausubstanz sein.“ („Berliner Zeitung“, 26.7.1990) Gemeint war insbesondere die Neuvermessung der Wohnungen, für die meisten Mieter die erste „Amtshandlung“ ihrer neuen Verwaltung. Was auf den ersten Blick recht harmlos aussah, hatte einen durchaus geschäftlichen Hintergrund. Die Quadratmeterzahl, die ja der Mietzinsbemessung zugrunde liegt, wird nach BRD-Recht anders berechnet als nach altem DDR-Recht. Diele und Balkon zum Beispiel zählen nun (zu einem bestimmten Prozentsatz) zur Wohnfläche dazu. Die Mieterhöhungen vom 1. Oktober 1991 betreffen demnach nicht nur den Quadratmeterpreis, auch die berechnete Fläche stieg.

„Wir-Vorstandsmitglied Nicklitz, seit gestern auch Geschäftsführer der gemeinnützigen Wohnungsbaugesellschaft Prenzlauer Berg mbH, bezeichnete die Sicherung der Liquidität und der Verkehrssicherheit der Gebäude als die derzeit größten Probleme.“ („Tagesspiegel“, 3.7.1990*)

Mit den Vermessungsarbeiten und diversen Aushängen hatten sich allerdings die Aktivitäten der neuen Vermieter (vorerst) erschöpft. Die Wohnungsbaugesellschaften standen vor der Pleite. Von den alten Verwaltungen wurde ein beträchtlicher Schuldenberg übernommen, von der neuen Landesregierung gab es fast nur aufmunternde Worte. Das nötige

Geld fehlte vorne und hinten. So erhielten auf Nachfrage des „Morgen"
die städtischen Wohnungsbaugesellschaften in Ost-Berlin in den ersten
Monaten des Jahres nur unzureichende Teilbeträge. „Die Verwal-
tungskosten pro Wohnung und Jahr sind für den Westteil der Stadt mit
320 DM festgeschrieben – die Ostunternehmen erhielten nur 220 DM.
Von der Instandsetzungspauschale von 15 DM pro Quadratmeter und
Jahr wurden bisher nur sechs Prozent ausgezahlt; gerade auf diesem
Gebiet besteht jedoch für die Wohnungen in Ost-Berlin ein Riesen-
bedarf." („Der Morgen", 6.3.1991) Der Senat hält allerdings nicht nur die
Wohnungsbaugesellschaften an der kurzen Leine, auch die Wohnungs-
genossenschaften, immerhin im Besitz von 100 000 Wohnungen – ins-
besondere in Marzahn, Hohenschönhausen und Hellersdorf –, haben
Grund zur Klage. Ihnen kommt von der Landesregierung überhaupt
keine finanzielle Unterstützung zu. Selbst von „den im Rahmen des
‚Gemeinschaftswerks Aufschwung Ost' verteilten Mitteln – zwölf Milliarden allein 1991 – kommt nichts bei den Genossenschaften an."
(„Berliner Morgenpost", 2.6.1991) Verantwortlich auch hierfür: der
Berliner Senat. Von den 390 Millionen DM Soforthilfe, die er aus dem
Bundestopf erhalten hatte, flossen 100 Millionen DM in die Leerstandsbeseitigung und weitere 100 Millionen in die Altbausanierung. Die Genossenschaften gingen leer aus.
   Die Wohnungsbaugesellschaften reagierten bereits Ende 1990 auf den
finanziellen Engpaß mit Entlassungen im Personalbestand und der Aus-
lagerung der ehemaligen KWV-Handwerksbetriebe. Den Sparkurs bekamen insbesondere die Mieterinnen und Mieter zu spüren. Die Klagen
über unterlassene Reparaturen oder gar stornierte Auftragsscheine
häuften sich. Bei Mietern in städtisch verwalteten Privathäusern steigt, so
die Berliner MieterGemeinschaft, die Furcht, daß die Wohnungsbaugesellschaften die alten Instandsetzungsverträge nicht mehr ausführen
lassen wollen. So wurde nach Angaben eines Mieters aus der Sredzkistraße (Prenzlauer Berg) der bereits bewilligte Auftrag für die Reparatur
eines Fensters storniert. Dazu Klaus Nicklitz von der Wohnungsbaugesellschaft Prenzlauer Berg (WIP): „Richtig ist, daß wir, sofern ein privater Eigentümer bekannt ist, Maßnahmen mit ihm abzusprechen versuchen." Die WIP hatte noch im Juli 1990 eine Arbeitsgruppe eingesetzt,
in der alte Rechnungen hinsichtlich tatsächlich erbrachter Leistungen
überprüft werden sollten. Im Zuge dieser „Säuberung" mag es nicht verwundern, wenn so manche Reparaturbewilligung unter den Tisch fiel.
Sogar Klaus Nicklitz bestätigte, daß am 2. Juli 1990, also am Tag der

Übernahme durch die West-Manager, „bekannterweise alle Aufträge storniert worden seien". Dringende Reparaturen würden aber ausgeführt, angefangene Sachen beendet. Nur, was ist dringend und was nicht?

Das Beispiel aus der Sredzkistraße wirft ein Licht auf die unterschiedliche Instandhaltungspraxis der Wohnungsbaugesellschaften. Die Ausgaben konzentrieren sich vor allem auf diejenigen Häuser, deren Verbleib in kommunaler Verwaltung mittelfristig zu erwarten steht. Insbesondere bei ehemals zwangsrechtlich verwalteten und nun in Rechtsträgerschaft übernommenen Gebäuden geht die Reparaturtätigkeit gegen Null. Einzige Ausnahme: notwendige Maßnahmen zur Verkehrssicherung, wie die Instandsetzung von Flur- und Treppenhausbeleuchtung, die Entfernung loser Fassadenteile oder blankliegender Stromleitungen, Schäden also, die im Falle eventueller Unfälle hohe Schadensersatzansprüche und Strafanzeigen gegen die Gesellschaften nach sich ziehen könnten.

Mit einer umfassenden Instandsetzung, so war ein um das andere Mal zu vernehmen, sei erst zu rechnen, wenn die Mieten die Bewirtschaftungskosten in etwa decken würden oder die finanziellen Mittel der Gesellschaften aufgestockt würden. Die Mieter waren sauer. Bisher hatte sich im Grunde nichts am kaputten Zustand ihrer Wohnungen und Häuser geändert. Dafür sollte aber plötzlich das Vier- bis Sechsfache an Miete bezahlt werden? In Bonn versuchte man einmal mehr die Wogen zu glätten. Frau Adam-Schwätzers Lieblingsidee: Mieterkauf. „Das Bonner Bauministerium setzt auf die Instandsetzungskraft der Mieter und strebt eine rasche Privatisierung der Objekte an." („Frankfurter Rundschau", 16.3.1991) „Für um die 100 DM pro Quadratmeter sollen sie an die Mieter verkauft werden." Auf den ersten Blick ein verlockendes Angebot. Statt 4 bis 6 DM/qm Miete für nur das 20fache eine Eigentumswohnung? Diese Vorstellung ließ auf so mancher Mieterversammlung die Wogen hoch schlagen. Doch die Ernüchterung folgte alsbald. Was aus Bonn als Allheilmittel ins Spiel gebracht wurde, entlarvten die Länder als Kuhhandel. Zum einen, so der Berliner Bausenator, würden derartige Reprivatisierungen ohnehin erst in geraumer Zeit den finanziellen Spielraum der Wohnungsbaugesellschaften vergrößern. Schließlich ist der Verkauf an die Mieter genauso den Regelungen zu offenen Vermögensfragen unterworfen wie die anderen Geschäftstätigkeiten der Gesellschaften auch. Zum anderen, darauf wiesen die Mieterorganisationen hin, sei davon auszugehen, daß vor allem die guterhaltenen Wohnungen gekauft werden würden, während die schlechten bei den Gesellschaften blieben. Am Instandsetzungsbedarf hätte sich wenig geändert. Außerdem sei überhaupt nicht abzusehen, welcher finanzielle Aufwand auf die Mieter zukomme, wer die Kosten für die Sanierung der übrigen Gebäudeteile übernehme usw.

Die Mieterorganisationen setzten unterdessen auf Mietermodernisierung, eine bereits zu DDR-Zeiten übliche Form der Instandsetzung, die nach der Wiedervereinigung auch vom West-Berliner Senat gefördert wurde. Zwischenzeitlich wurden auch dieser bei den Mietern überaus beliebten Form der Modernisierung Steine in den Weg gelegt. Ein Beispiel: Wer bei der Wohnungsbaukreditanstalt (WBK) Zuschüsse für den Einbau einer Gasetagenheizung beantragte, mußte bisweilen gegenüber der Wohnungsbaugesellschaft Prenzlauer Berg eine Erklärung unterschreiben, in der man sich als Mieter verpflichtete, im Falle einer öffentlich geförderten Modernisierung (und dem damit verbundenen Einbau einer Sammelheizung) die Gasetagenheizung auf eigene Kosten wieder zu entfernen. Doppelt herausgeschmissenes Geld? Erst Mieterproteste haben die Linie der Nicklitz-Gesellschaft korrigieren können. Inzwischen wurden der Wohnungsbaukreditanstalt vom Berliner Senat Gelder in Höhe von „20 bis 30 Millionen Mark" für Mietermodernisierung in Aussicht gestellt. Beantragt wurde jedoch das Fünffache. („taz", 30.1.1991)

Der Erhalt des kommunalen Wohnungsbestandes ist vom Problem der Stadterneuerung nicht zu trennen. Insbesondere das Sorgenkind Prenzlauer Berg, laut „SPIEGEL" das „größte Sanierungsgebiet Europas", hatte den West-Politikern – kurz nach der Maueröffnung – die Dringlichkeit öffentlich geförderter Instandsetzung und Modernisierung vor Augen geführt. Die damalige Reaktion des Bausenators: ein 25-Millionen-Programm, das vor allem sanierungswilligen Selbsthilfegruppen zugute kommen sollte. Mittlerweile jedoch ist die Erneuerungsmaschinerie ins Stocken geraten – ein Teil der Gelder hatte nicht einmal verbaut werden können. „Von den 47 Häusern sind erst sieben tatsächlich fertig saniert, weitere zwölf sollen bald fertig sein. Für sechs Projekte allerdings, die schon im Bau waren, liegen mittlerweile Anträge auf Rückerstattung von früheren Eigentümern vor – und solange die Besitzansprüche ungeklärt sind, darf nicht weiter saniert werden. Viele Eigentümer modernisieren lieber auf eigene Kosten, um die Wohnungen dann teuer zu vermieten", so die Bilanz der „taz" am 12.4.1991. Bausenator Nagel war anläßlich des ersten fertiggestellten Projektes in der Schönhauser Alle nach Prenzlauer Berg gekommen: „Wir haben alle Schwierigkeiten kennengelernt", machte der Bausenator keinen Hehl daraus, daß die wohlwollende Zustimmung des Privatbesitzers allzuoft Voraussetzung einer behutsamen Sanierung ist. Inzwischen allerdings wurde mit der vom Berliner Senat empfohlenen Anwendung des „Investitionsenthemmungsgesetzes" die Möglichkeit geschaffen, auch im Falle ungeklärter Eigentumsverhältnisse zu sanieren. Noch allerdings halten sich die Wohnungsbaugesellschaften zurück.

Es sind allerdings nicht nur ungeklärte Eigentumsverhältnisse, die die Stadterneuerung kaum vorankommen lassen, es ist auch das fehlende Geld. Von den im Haushalt 1991 veranschlagten 330 Millionen DM für Altbausanierung sollten ursprünglich nur etwa 20 bis 30 Millionen für den Ostteil der Stadt abfallen, der Rest war bereits vertraglich an West-Berliner Sanierungsobjekte gebunden. „Wir fangen erst einmal keine neuen Sanierungsmaßnahmen in Altbauhäusern an", so der Abteilungsleiter in der Senatsbauverwaltung Fuderholz im Januar 1991. Nur die laufenden Bauarbeiten würden fortgesetzt. „Mehr Geld kann es erst geben, wenn – voraussichtlich im April – ein Nachtragshaushalt beschlossen wird." („taz", 30.1.1991) Der Betrag wurde Anfang April zwar auf 60 Millionen DM erhöht, im dann verabschiedeten Nachtragshaushalt wurden die Mittel für die Stadterneuerung für ganz Berlin allerdings nicht aufgestockt, sondern gekürzt. Die Stadterneuerungsgelder blieben damit sogar hinter den früheren Etats der Kreuzberger Sanierungsgebiete zurück, obwohl sich der Erneuerungsbedarf flächenmäßig nahezu verdoppelt hatte. Es steht demnach zu befürchten, daß die über 50 geplanten Sanierungsgebiete in Ost-Berlin bloße Kosmetik sind. Der Senat blieb bisher jedenfalls seiner Devise treu: wenn Modernisierung, dann vorwiegend privat. Angesichts eines Kostenbedarfs von ca. 60 Milliarden DM allein für den Ostteil der Stadt wahrlich keine rosigen Aussichten.

Praxis der neuen Vermieter: Beispiel Wohnungsvergabe

Eine wesentliche Aufgabe der kommunalen Wohnungspolitik betrifft die Wohnungsvergabe an sozial Schwache. Das Belegungsrecht für die städtischen Wohnungsämter, in Preußen noch während des ersten Weltkriegs von der damaligen Landesregierung geschaffen, kam allerdings in der alten BRD nur selten zur Geltung, das Recht des Vermieters auf die Wahl „seiner" Mieter blieb weitgehend unangetastet. Wer einen Wohnberechtigungsschein (WBS), mit oder ohne Dringlichkeit, vorzuweisen vermag, dem bleibt im Grunde nur die Möglichkeit, sich beim Wohnungsamt oder einer städtischen Gesellschaft auf die Warteliste setzen zu lassen. Im Februar 1990 hatte der rot-grüne Senat auch formal auf das Belegungsrecht verzichtet. Stattdessen einigte man sich mit den städtischen Wohnungsbaugesellschaften auf einen Kooperationsvertrag, in dem festgelegt wurde, „daß die Gesellschaften jedes Jahr etwa 3 500 Wohnungen an Mieter mit sozialer Dringlichkeit vermieten". Nur: Es blieb den Gesellschaften überlassen, an wen vermietet wird und an wen nicht. Unter welchen Gesichtspunkten neuerdings in Ost-Berlin ausgewählt wird, schilderte Dr. Klaus-Jürgen Fritsche, neben Klaus Nicklitz der zweite Geschäftsführer der Wohnungsbaugesellschaft Prenzlauer Berg. In einem Interview mit der Ost-Berliner „BZ am Abend" antwortete er auf die Frage „Nach welchen Kriterien wird ausgewählt?":

„*Eine schwierige Frage. Deshalb holten wir uns Berater aus dem Westen, die unseren Mitarbeitern auf den Weg geben, wie man auswählt. In einem Haus verträgt jeder Aufgang nur eine Familie oder eine Person, die nicht bereit ist, sich den üblichen Normen anzupassen. Man merkt es schon, wenn die Leute kommen, mit wem man es zu tun hat. Uns interessieren natürlich auch Mietschulden. (...) Natürlich ist mir einer, der bei der BVB (den Berliner Verkehrsbetrieben, d. V.) arbeitet, lieber als einer, der schon drei Jahre arbeitslos ist. Das sollte man schon berücksichtigen."* („BZ am Abend", 15.9.1990)

Es sei an den entsprechenden Passus im Gesellschaftsvertrag erinnert: „kinderreiche Familien, alleinerziehende Elternteile, Schwerbehinderte, ältere Menschen, ausländische Familien ..." Wer entspricht hier der Norm und wer nicht?

In Sachen Wohnungssuche in Ost-Berlin hat sich bei den städtischen Wohnungsbaugesellschaften gegenüber den alten Verwaltungen wenig geändert. Selbst Mieter in baupolizeilich gesperrten Wohnungen warten bisweilen Monate auf eine Umsetzwohnung. Wer selbst auf Suche geht und der Wohnungsbaugesellschaft vermietungsfähigen Leerstand meldet, stößt nicht selten auf taube Ohren: „Seit einem Jahr bemüht sich Frau Helga W., der damaligen KWV und heutigen Wohnungsbaugesellschaft Prenzlauer Berg klarzumachen, daß (in der Schliemannstraße) eine Zweizimmerwohnung leersteht, weil ihre Tochter, die einstens darin lebte, im August 1989 ein für allemal ausgezogen ist. (...) Bis April wurde noch fleißig Miete vom Konto ihrer Tochter abgebucht, seitdem zahlt niemand mehr für die Räumlichkeiten. Die für Mietabrechung zuständige Wohnungswirtschaftlerin, von BZ telefonisch auf den unbezahlten und vielfach angezeigten Leerstand aufmerksam gemacht, meinte: ,Das ist ja ein starkes Stück.' Dafür sei jetzt aber ein Wohnungsverwalter aus der Abteilung 14 zuständig, aber die befinde sich momentan in Auflösung, und ,es ist zur Zeit ganz schön schlimm bei uns'". („Berliner Zeitung", 15.11.1990)

In Berlin fehlen derzeit 150 000 Wohnungen. Über 300 000 Menschen suchen eine Wohnung, 20-25 000 sind obdachlos. Diese Menschen können nicht auf die sich Jahre hinziehenden Neubau- und Leerstandsbeseitigungsversprechen des Senats warten. Für die Alternative Liste war die Wohnungsnot bereits vor der Maueröffnung Anlaß genug, das Belegungsmonopol der Wohnungsbaugesellschaften in Frage zu stellen: „Damit Wohnungslose überhaupt eine Chance haben, ein Dach über den Kopf zu bekommen, müsse den Wohnungsbaugesellschaften die Entscheidungsbefugnis aus der Hand genommen werden", forderte im Juli 1989 der baupolitische Sprecher der AL, Michael Haberkorn. Senat und Wohnungsbaugesellschaften lehnen die zunehmend lauter werdende Forderung nach einer Reaktivierung des Belegungsrechts jedoch nach wie vor ab. Das sei, so Bausenator Nagel, der „Einstieg in die Wohnungszwangswirtschaft". Alleinstehende Frauen, kinderreiche Familien, Alte und Kranke bleiben weiterhin auf den guten Willen eines Herrn Fritsche angewiesen. Wie schwer sich die Wohnungsbaugesellschaften mit der Vermietung an Problemfälle tun, hatten Ende 1989 die Verhandlungen der West-Berliner Gesellschaften mit dem Arbeitskreis Wohnungsnot unter Beweis gestellt. Diesem Bündnis gegenüber, in dem sich über 60 Initiativen und Organisationen zusammengeschlossen haben, erklärte man sich zwar grundsätzlich bereit, 240 Wohnungen zur Weitervermietung zur Verfügung zu stellen, allerdings nur unter der Bedingung, daß sich der Vermittler zu einer Betreuung der Mieter verpflichtet und darüber hinaus eine finanzielle Garantie übernimmt. Der Arbeitskreis Wohnungsnot hatte daraufhin die Verhandlungen für gescheitert erklärt und zur Aktionswoche gerufen. Zentrale Forderung: Schluß mit dem Belegungsmonopol der Wohnungsbaugesellschaften.

Alltag oder Skandal? Selten gibt es eine eindeutige Trennungslinie. Beinahe scheint es, ist nicht nur Papier, sondern sind auch Mieter und Wohnungssuchende allzu geduldig. Der alltägliche Normalzustand oder, wie es soziologisch so schön heißt, die „normative Kraft des Faktischen" wird mitunter nur noch von offensichtlichen Skandalen durchbrochen.

Dahinter steckt nicht selten Methode: Erweist sich ein allzu dreister Vorstoß als nicht durchsetzbar, so tut es in der Regel keinen Abruch, (vermeintlich) einzulenken, wenn nur das eigentliche Ziel erreicht wird: vom skandalösen Alltagszustand abzulenken und ihn so als unveränderliche Norm zu etablieren.

Einen solchen Testballon startete Ende 1990 die Wohnungsbaugesellschaft Köpenick (KöWoGe): Wer sich im flächengrößten Berliner Bezirk um eine Wohnung bewarb, hatte sich nicht nur zu Fragen nach Mietschulden, Krediten, Lohnpfändungen und Räumungsprozessen zu äußern – die KöWoGe verlangte darüber hinaus Auskunft über die Vermieter der letzten fünf Jahre! Die Berliner MieterGemeinschaft protestierte daraufhin aufs Schärfste gegen das, wie sie es nannte, „Führungszeugnis für Mieter": „Wer in den letzten fünf Jahren Ärger hatte mit einem Hausbesitzer bzw. einer Hausverwaltung, der hat wohl kaum eine Chance, in Köpenick eine Wohnung zu bekommen – denn natürlich will sich die Wohnungsbaugesellschaft mit den geforderten Daten die Möglichkeit schaffen, ggf. bei allen Vermietern Erkundigungen über das Wohlverhalten des Bewerbers einzuziehen", so die Zeitung der Organisation, das „Mieterecho", im Januar 1991. Beim West-Partner der Kö Wo Ge zeigte man die kalte Schulter: „Zu ihrer Anfrage bestätigen wir, daß die städtische Wohnungsbaugesellschaft in Köpenick von der GEWOBAG betreut wird. Wir sehen uns jedoch nicht berufen, für dieses oder ein anderes Unternehmen irgendwelche Stellungnahmen abzugeben. (...) Festzustellen ist nur, daß seit etlichen Jahren Fragebögen in der Wohnungswirtschaft Verwendung finden, ohne daß sich daran aus rechtlicher Sicht Anstoß nehmen ließe. Bei sachkundiger Betrachtung ergeben sich zu diesem Thema keine neuen Gesichtspunkte." Die Herren haben geirrt. Zahlreiche Proteste gegen die „Ausgeburt von Bürokratismus und Datensammelwut" und Briefe (unter anderem an den Datenschutzbeauftragten sowie eine Anfrage der AL im Abgeordnetenhaus) blieben nicht ohne Wirkung: Die KöWoGe zog mit Schreiben vom 15. Januar 1991 den umstrittenen Passus zurück. Auf einen Fragebogen wolle man allerdings, so die Geschäftsführung, auch weiterhin nicht verzichten.

Leerstand und Instandbesetzungen

Seit Ende 1989 sind sie aus dem Ost-Berliner Stadtbild nicht mehr wegzudenken: besetzte Häuser. Während sie von den einen als Begleiterscheinung des Anschlusses in Kauf genommen werden, ärgern sich andere, vor allem ältere Leute, über das oft exotische Erscheinungsbild der Besetzer sowie den Lärm in den Häusern. Viele Jugendliche wiederum möchten die Buntheit und die kulturelle Vielfalt in Besetzerkneipen und Cafés nicht mehr missen. Man mag nun zu Hausbesetzungen stehen wie man will: Unbestritten ist, daß durch die allermeisten Besetzungen der Verfall leerstehenden Wohnraums gestoppt wurde. Versorgungsleitungen und Dächer wurden repariert, Fenster neu eingebaut und durch die Beheizung der Räume im Winter Feuchtigkeit und Verwitterung ferngehalten. Der alte Magistrat hatte dies durchaus erkannt, und auch in den Medien wurde den Besetzern und Besetzerinnen allenthalben attestiert, in Zeiten des wohnungspolitischen Stillstands als wirkungsvolle politische Kraft dem Leerstand und fortschreitenden Verfall zu begegnen. Folgerichtig wurde im damaligen Stadtentwicklungsressort ein Mitarbeiter der eigens geschaffenen „Arbeitsgruppe Hausbesetzungen" beauftragt, Vorschläge für eine Gesamtlösung des „Problems" vorzulegen. In mehreren Verhandlungsrunden zwischen Magistrat und dem Vertragsgremium der besetzten Häuser wurde schließlich ein Rahmenvertrag ausgehandelt, der im September 1990 unterschriftsreif war. Unterzeichnet wurde er allerdings nicht. Der Magistratsbeauftragte Holzinger stellte später in einem Interview mit der „taz" fest, daß ein solcher Rahmenvertrag vom West-Berliner Senat „politisch nicht gewollt" war. Die „Hausbesetzerfrage" sollte nach dem Willen von Bausenator Nagel nicht als allgemeinpolitisches Problem hochstilisiert, sondern auf Bezirksebene durch Einzelverhandlungen „gelöst" werden.

Was unter einer „Lösung" in diesem Sinne zu verstehen war, stellte sich im Verlauf des Jahres 1990 heraus. Seit dem 24. Juli 1990 gilt die sogenannte „Berliner Linie". Nach Absprachen mit dem West-Berliner Senat und Magistratsvertreter Thurmann hatten die Geschäftsführer der neuen Wohnungsbaugesellschaften erklärt, Neubesetzungen würde man nun auch in Ost-Berlin nicht mehr zulassen. Im November 1990 und Januar 1991 ließ die Friedrichshainer Wohnungsbaugesellschaft 15 besetzte Häuser räumen. Statt der versprochenen Leerstandsbeseitigung Räumung in die Obdachlosigkeit.

Die Wohnungsbaugesellschaften hielten sich bis zum Frühsommer 1991 mit der in Aussicht gestellten vertraglichen Lösung der verbliebenen besetzten Häuser zurück. Der Grund auch hier: Ungeklärte Eigentumsverhältnisse ließen lediglich befristete Einzelmietverträge zu. Einmal mehr saßen die Verantwortlichen ein sensibles Problem aus, in der

Hoffnung, daß es sich mit der Rückübertragung ihrer Zuständigkeit entzieht.

Daß allerdings auch „geklärte Eigentumsverhältnisse" nicht zwangsläufig zum Besseren für Besetzer und Mieter gereichen, stellte die Wohnungsbaugesellschaft Lichtenberg im Juni 1991 unter Beweis. Die Besetzer der Pfarrstraße 102, allesamt Jugendliche aus der ehemaligen DDR, erhielten vom Justitiar der Gesellschaft, Hermann, eine Räumungsankündigung, obwohl das betreffende Haus lange vor Verkündung der „Berliner Linie" am 24. Juli 1990 besetzt worden war. Nun sind Räumungen im Ost-Berliner Problembezirk allerdings kein Fremdwort. Im November 1990 war es die Räumung zweier Häuser in derselben Straße, die die schweren Krawalle um die Mainzer Straße ausgelöst hatte, und im Mai 1991 wurde in Lichtenberg die erste Zwangsräumung wegen Mietschulden vollzogen. Justitiar Hermann lakonisch: „Übrigens war das meines Wissens die erste Zwangsräumung auf DDR-Territorium, was mich nicht besonders stolz macht, aber wir müssen ja auch an unser Geld kommen." („Neues Deutschland", 22.5.1991) Die Pfarrstraßenbewohner wollten eine neuerliche Räumung nicht ohne weiteres hinnehmen: „Angesichts des finanziellen Engpasses für öffentlich geförderte Modernisierungen ist es geradezu ein Skandal, wenn statt der Sanierung tatsächlich leerstehender Gebäude, instandsetzungswillige BesetzerInnen in die Obdachlosigkeit geräumt werden sollen und damit weiterer Leerstand geschaffen wird", stellten sie in einer Presseerklärung fest und fragten: „Warum schließt die Wohnungsbaugesellschaft nicht mit den BesetzerInnen der Pfarrstraße 102 und L.I.S.T. (dem gewünschten Sanierungsträger, d. V.) einen Instandsetzungsvertrag ab und saniert mit den vorhandenen Geldern ein zusätzliches Gebäude?" Zwei Tage später lenkte die Wohnungsbaugesellschaft auf Drängen des Bausenators ein. Offensichtlich wollte man die für Ende Juni vorgesehene Bundestagsentscheidung über den künftigen Regierungssitz nicht mit befürchteten Krawallen belasten.

Die Leerstandsbeseitigung, ursprünglich vorrangiges Ziel der Landesregierung, ist auch finanziell an ihre Grenzen gestoßen. Die 100 Millionen DM, die der Berliner Landesregierung im Rahmen des kommunalen Investitionsprogramms des Bundes zur Verfügung gestellt wurden, reichen bei weitem nicht. Bliebe es dabei, so „würde die Instandsetzung der 15 000 im Ostteil leerstehenden Wohnungen", nach Schätzung des baupolitischen Sprechers der SPD, Edel, „rund sieben bis acht Jahre dauern". („Berliner Stimme", 1.6.1991)

Noch im April 1991 standen nach Angaben des Senats insgesamt 15 320 Wohnungen in Ost-Berlin leer, Privathäuser nicht eingerechnet. Lediglich 880 davon galten als besetzt, 1 981 waren vermietungsfähig, der Rest rottete weiter vor sich hin. Angesichts dieses Verhältnisses zwischen besetzten und leerstehenden Wohnungen drängt sich die Frage der Pfarrstraßenbesetzer geradezu auf, warum es ausgerechnet besetzte Häuser sein müssen, die (wie zuletzt am 3. Januar 1991) geräumt und anschließend saniert werden. Es scheint allerdings, daß die Furcht vor einem wohnungspolitischen Protestpotential, das man in den besetzten Häusern vermutet, ungleich mehr wiegt als die immer wieder versprochene Leerstandsbeseitigung. So standen in Friedrichshain im Februar 1991 neben den 40 besetzten Häusern noch 83 weitere leer. Lediglich in 39 von ihnen wurde gebaut. „Die restlichen 44 sind erst einmal stillgelegt. Gas, Wasser, Strom wurden abgeklemmt." („Berliner Zeitung", 25.2.1991) Hätte man nicht im November 1990 und Januar 1991 insgesamt 15 Häuser geräumt, so wären es nur 29 Häuser, die man hätte „stillegen" müssen.

Notgeschäftsführung und ungeklärte Eigentumsverhältnisse

Am 5. März 1991 faßte die 28. Zivilkammer des Landgerichts Berlin einen folgenschweren Beschluß: Der Wohnungsbaugesellschaft Prenzlauer Berg wurde per einstweiliger Verfügung untersagt, „Miet- oder Nutzungsverträge, soweit diese für einen Zeitraum von mehr als einem Jahr abgeschlossen werden", zu unterzeichnen. Konkret betroffen: die Immanuelkirchstraße 20, ein besetztes Haus, mit dessen Bewohnern die Wohnungsbaugesellschaft Prenzlauer Berg kurze Zeit zuvor unbefristete Einzelmietvertrage unterzeichnet hatte. Das Urteil kam den Wohnnungsbaugesellschaften offenbar nicht ungelegen, war es doch die rechtliche Bestätigung ihrer, von den Mietern immer wieder als hinhaltend kritisierten, Verwaltungspraxis. Die Auseinandersetzung um die Bewirtschaftung des Ost-Berliner Wohnungsbestandes hatte mit diesem Urteil – über die besetzten Häuser hinaus – eine neue Dimension angenommen.

Gerne wird in den Vorstandsetagen der Wohnungsbaugesellschaften von Geldmangel und möglichen Regreßansprüchen künftiger Privateigentümer geredet. Das Wort von den „gebundenen Händen" ist längst zu einem geflügelten geworden. Was den Privateigentümern die Renditeerwartung, ist den städtischen Gesellschaften der Sachzwang. Beide Maximen haben ihre Eigendynamik, und beidesmal wird die kaufmännische Rechnung auf dem Rücken der Mieterinnen und Mieter ausgetragen. In manchen Abteilungen der Wohnungsbaugesellschaften wurde die Gerichtsentscheidung jedenfalls zum Anlaß genommen, bisweilen auch an Wohnungssuchende nur noch befristete Mietverträge auszugeben. Begründung: mögliche Schadenersatzforderungen künftiger Eigentümer. Daß die zögerliche Haltung der Gesellschaften allerdings bei weitem nicht zwingend war und welche Rolle der Senat in Sachen befristete Mietverträge spielte, hatte sich in den Monaten März bis Mai 1991 herausgestellt.

Wenige Tage, nachdem das o. g. Urteil des Landgerichts bekannt geworden war, ließ die Wohnungsbaugesellschaft Friedrichshain die Vertragsverhandlungen mit den dortigen Besetzern und Besetzerinnen platzen. Der unterschriftsreife Vertrag, der ähnlich wie in Prenzlauer Berg Nutzungs- und unbefristete Einzelmietverträge vorsah, wurde vom Justitiar der WBF, Batschulat, zurückgezogen. Auch hier die Begründung: befürchtete Regreßansprüche.

Solche Befürchtungen seitens der Wohnungsbaugesellschaften waren nun nicht neu. „Wichtig für die Gesellschaft sei", so WBF-Geschäftsführer Luckow schon im Dezember 1990, „potentiellen Eigentümern ... nicht die freie Verwendung des Eigentums zu verwehren." Diese „freie Verwendung des Eigentums" war auch die Begründung dafür, warum in zahlreichen Häusern, für die bereits eine Instandsetzungs- und Modernisierungsbewilligung vorlag, die Sanierungsarbeiten wieder gestoppt wurden.

Noch im Dezember 1990 herrschte allerdings hinsichtlich der „freien Verwendung" ein anderes Verständnis vor. Wie sonst ist es zu erklären, daß kurz nach der Räumung in der Mainzer Straße mit umfangreichen Sanierungsarbeiten begonnen wurde. Mehr als 100 000 DM pro Wohnung wurde an öffentlichen Mitteln bereitgestellt, nach inoffiziellen Angaben ein Drittel des Gesamtetats der Wohnungsbaugesellschaft Friedrichshain. Der Staat ließ sich seine „Berliner Linie" etwas kosten. Nun verhält es sich freilich so, daß eine mit öffentlichen Mitteln geförderte Modernisierung bekanntlich eine Begrenzung des Mietpreises und des Belegungsrechts mit sich bringt, im Sinne der „freien Verwendung des Eigentümers" demnach ein ungleich größerer „Eingriff in die Rechte Dritter" als ein auf unbefristete Zeit abgeschlossener Mietvertrag. Da bleibt eigentlich nur die Vermutung, daß das eine (die demonstrative Sanierung der Mainzer Straße) aus politischen Gründen gewollt war, das andere (unbefristete Mietverträge für die verbliebenen besetzten Häuser) jedoch nicht. Die entscheidende Rolle hierbei spielte Finanzsenator Elmar Pieroth. Er war derjenige, der die Mittel für eventuelle Regreßansprüche zur Verfügung stellen und so den Wohnungsbaugesellschaften einen erheblich größeren Handlungsspielraum ermöglichen konnte – wenn es denn gewollt war. Im Falle der unbefristeten Mietverträge sind Zweifel angebracht. Es war immerhin eine dem Finanzsenator unterstellte Behörde, das Landesamt für offene Vermögensfragen, die im Februar 1991 die Wohnungsbaugesellschaften in einem Schreiben angewiesen hatte, ihre Tätigkeit auf eine „Notgeschäftsführung" zu beschränken:

„Über die Rückübertragung des Eigentumsrechts ... entscheidet auf Antrag des Berechtigten ausschließlich das Amt zur Regelung offener Vermögensfragen in erster Instanz. Bis zum Erlaß der Entscheidung ist die Rechtsträgerschaft, bzw. die staatliche Verwaltung mit der Maßgabe fortzuführen, daß prinzipiell ausgeschlossen sind:
- die Veräußerung des Grundstücks
- die Einräumung dinglicher Rechte (beispielsweise die Eintragung einer Hypothek im Grundbuch)
- der Abschluß langfristiger Miet- und Nutzungsverträge (Eingehung von Dauerschuldverhältnissen).
Die Wohnungsbaugesellschaft als Verfügungsberechtigter ... ist zur Zeit lediglich berechtigt, unter Umständen auch verpflichtet, die zur Erhaltung, Verwaltung und Bewirtschaftung des Objekts erforderlichen Maßnahmen durchzuführen (Art Notgeschäftsführung)."

Nicht das Landgericht, die Pieroth-Behörde selbst hatte also die Debatte um die Befristung ins Spiel gebracht. Das Landgerichtsurteil geht allerdings über diese Anweisung hinaus. Eine befristete Vermietung sei, so die Richter, im Hinblick auf die gebotene Bewirtschaftung (Leerstandsbeseitigung) schon deshalb keine Unterlassung, weil nämlich gerichtsbekannt sei, „daß in Berlin ein erheblicher Mangel an Wohnraum besteht. Wohnraum dürfte daher auch kurzfristig zur Überbrückung von Notlagen vermietbar sein." (Urteilsverkündung, 5. März 1991)

Die Wohnungsnot muß als Begründung für weitere Wohnungsnot herhalten. Eine schier unglaubliche Verdrehung.

Urteil wie Anweisung schlugen Wogen. Der Berliner Mieterverein gab umgehend ein eigenes Rechtsgutachten in Auftrag, die Vertragsgremien der besetzten Häuser luden zur Pressekonferenz, und Bausenator Nagel versprach auf der folgenden Sitzung des Bauausschusses die Erarbeitung einer gegenteiligen Senatsvorlage. Die scheiterte vorerst allerdings, wie nicht anders zu vermuten, an seinem Kollegen im Finanzressort. Erst eine kurzfristige Besetzung von Pieroths Büro in der Nürnberger Straße brachte im Mai 1990 den gewünschten Erfolg: „Die Wohnungsbaugesellschaften im Ostteil der Stadt sollen wieder langfristige Mietverträge für Wohnungen und Gewerberäume abschließen", hieß es am 15. Mai in der „Berliner Zeitung". Gesetzliche Grundlage: das im März 1991 von der Bundesregierung beschlossene „Enthemmungsgesetz". „Nach diesem Gesetz werden die ,Verfügungsbeschränkungen' (wie etwa die erwähnte ,freie Verfügung des Eigentums' durch künftige Privatbesitzer, d.V.) aufgehoben. Bedingung: Der ,Verfügungsberechtigte', also der Noch-Verwalter, muß die Treuhand sein oder aber eine ,öffentlich-rechtliche Gebietskörperschaft'. Unter diese Kategorie fallen auch die landeseigenen Wohnungsbaugesellschaften. Zweite Bedingung: Die Bau- oder sonstige Maßnahme muß zur Sicherung von Arbeitsplätzen, von Infrastruktur oder zur ,Deckung eines erheblichen Wohnberdarfs der Bevölkerung' dienen." („taz", 3.5.1991)

Auch die Gewerbetreibenden sollen in den Genuß des „Enthemmungsgesetzes" kommen. Statt wie bisher üblich auf ein oder zwei Jahre begrenzt, sollen die Wohnungsbaugesellschaften nun Verträge mit einer Laufzeit von zwölf Jahren abschließen.

Die Hausbesetzerinnen und -besetzer sowie die zahlreichen Proteste der Gewerbetreibenden hatten mit ihrer Hartnäckigkeit zumindest einen Teilerfolg erringen können, der auch für die anderen Mieterinnen und Mieter der Stadt von Bedeutung war, vorausgesetzt natürlich, die Wohnungsbaugesellschaften spielen mit.

Seit Mai 1991 bekamen auch die besetzten Häuser in Berlin-Mitte die lang erwarteten Mietverträge, die Wohnungsbaugesellschaft Friedrichshain (WBF) allerdings weigerte sich, der Empfehlung des Bausenators nachzukommen. Hier soll es bei Häusern mit ungeklärten Eigentumsverhältnissen nur dann Verträge geben, wenn der künftige Besitzer zustimmt. Weitere Räumungen sind also nicht ausgeschlossen.

Es war ebenfalls die Wohnungsbaugesellschaft Friedrichshain, die sich mit dem Abschluß unbefristeter Verträge auch in Mietwohnungen schwer tat. In der Straßmannstraße 49 hieß es im Mustermietvertrag der WBF unter „XI. Sonstige Vereinbarungen":

„Dieser Mietvertrag ist auf 3 Jahre befristet und verlängert sich je-

weils um ein weiteres Jahr, wenn nicht mindestens 3 Monate vor Ablauf der Vertragszeit gekündigt wurde. Sollten sich die gesetzlichen Bestimmungen dahingehend ändern, daß unbefristete Mietverträge wieder abgeschlossen werden können, wird dieser Vertrag entsprechend geändert."

Datum: 14.5.1991. Zwei Tage später meldete der „Morgen": „In diesen Tagen nun haben Senator Nagel und sein Kollege Pieroth entschieden, diesem Mißstand Abhilfe zu schaffen. Sie einigten sich auf eine Regelung, wonach Mietverträge unbefristet abgeschlossen werden können. Falls der Eigentümer Klage erhebt, haftet die Stadt. Damit ist die Wohnungsbaugesellschaft das Risiko los."

Der skandalöse Alltag: Beispiel Pankow

„Sehr geehrter Mieter,

wir erhielten am 28.2.1991 vom Amt für offene Vermögensfragen, Außenstelle Klosterstraße 59, Abteilung V, 1020 Berlin, die Mitteilung, daß o. g. Objekt von ihren Eigentümern zur Rückgabe (Restitution) beantragt wurde ...

Wir betonen nochmal ausdrücklich, daß es sich bei dieser Information um eine Antragsstellung handelt. Die Rückgabe des Objekts an den Eigentümer ist damit noch nicht entschieden. (...)

Bis zur endgültigen Entscheidung wird die Verwaltung des Objekts weiterhin durch uns wahrgenommen."

Die Mieterinnen und Mieter Am Schloßpark 14/16 staunten nicht schlecht, als ihnen am 11. April 1991 per Einschreiben obige Mitteilung ins Haus flatterte. Schließlich wohnen sie in Häusern, von denen man annehmen konnte, daß die Existenz eines Privatbesitzers ausgeschlossen ist: Die Fertigstellung dieser Häuser in der Schloßparksiedlung Pankow datiert aus dem Jahre 1957, gebaut mit staatlichen Geldern der Deutschen Demokratischen Republik.

Ein Mißverständnis? Dazu ein Mieter: „Der Vorgang verdient meines Erachtens vor allem deshalb Beachtung, weil – soweit mir bekannt – erstmalig versucht wird, Wohnhäuser, die sich zweifelsfrei in Volkseigentum befanden, zugunsten Privater zu enteignen. Von einer ‚Rückgabe‘ kann also keine Rede sein."

Dieser Fall verdient nähere Betrachtung. In der Anlage zum Schreiben der Wohnungsbaugesellschaft Pankow heißt es:

„*Gemäß §3 des Gesetzes zur Regelung offener Vermögensfragen ist der Verfügungsberechtigte und damit auch der Privatberechtigte verpflichtet, den Abschluß dinglicher Rechtsgeschäfte oder die Eingehung langfristiger vertraglicher Verpflichtungen ohne Zustimmung des Berechtigten zu unterlassen. Ausgenommen sind solche Rechtsgeschäfte, die zur Erfüllung von Rechtspflichten des Eigentümers oder zur Erhaltung oder Bewirtschaftung des Vermögenswertes unbedingt erforderlich sind (‚Notgeschäftsführung‘).*"

Nun ist aber in eben diesem Gesetz bezüglich der Rückübertragung von nach 1949 bebautem Grund und Boden ausdrücklich festgelegt:

„*Die Rückübertragung von Eigentumsrechten an Grundstücken ..., deren Nutzungsart bzw. Zweckbestimmung insbesondere dadurch verändert wurden, daß sie ... im komplexen Wohnungs- und Siedlungsbau verwendet wurden, ist von der Natur der Sache her nicht möglich. In diesen Fällen wird eine Entschädigung geleistet, soweit nicht bereits nach den für Bürger der Deutschen Demokratischen Republik geltenden Vorschriften entschädigt worden ist.*"

Derart verunsichert wandten sich die Mieter in einem Schreiben an die Bezirksgruppe Pankow der Berliner MieterGemeinschaft: „Bis 1990 bestand eine gut funktionierende Mieterselbstverwaltung, die die Vergabe von Kleinreparaturen selbständig und völlig unbürokratisch regelte. Hausreinigung, Hofbegrünung und Pflege der Vorgärten wurden von den Mietern in Eigenleistung durchgeführt. Von der KWV wurden darüberhinaus in den letzten Jahren größere Instandsetzungsmaßnahmen veranlaßt, so die Erneuerung sämtlicher Kaltwasserleitungen und die komplette Neueindeckung der Dächer. Auch aus dieser Sicht besteht seitens der Mieter kein Bedarf an einem neuen Vermieter, von dem zu erwarten ist, daß er die mit staatlichen Mitteln errichteten Wohnhäuser in erster Linie als Renditeobjekte betrachtet."

Beendet wurde dieser Streit durch den Berliner Senat. Der hatte Anfang Juni 1991 beschlossen, „auf absehbare Zeit" keine landeseigenen Wohnungen in Ost-Berlin zu verkaufen.

Ein anderes Beispiel: Auf einem Antrag zur Reparatur der Klingelanlage vermerkte die Wohnungsbaugesellschaft am 5. Februar 1991 kurz und bündig: „Kosten unter 100 DM trägt der Mieter." Eine kaputte Klingelanlage als Schönheitsreparatur? Leider kein übler Scherz. „Der Wildwuchs auf dem Ost-Berliner Wohnungssektor treibt immer buntere Blüten", beklagte denn auch „Der Morgen" und wies auf die Rechtslage hin. Grundsätzlich gelte, so die mittlerweile abgewickelte Tageszeitung,

„laut §536 BGB, daß Instandhaltung und Instandsetzung Pflicht des Vermieters sind. Trotzdem werde aber immer wieder versucht, die Reparaturkosten auf die Mieter abzuwälzen. Vor allem im Ostteil der Stadt wolle man die Unerfahrenheit der Mieter ausnutzen, obwohl dafür jegliche Rechtsgrundlage fehlt."

Wohlgemerkt – es handelte sich hierbei nicht um eine private Spekulantenfirma, sondern um eine städtische Wohnungsbaugesellschaft.

Vom Regen in die Traufe?

Daß auch städtische Wohnungsbaugesellschaften keine Engel sind, ist in West-Berlin ein offenes Geheimnis. Personell eng verknüpft mit dem Senat sind sie mitverantwortlich für die West-Berliner Wohnungspolitik der letzten Jahrzehnte. Es war z. B. die „Stadt und Land", heute „Partner" der Wohnungsbaugesellschaft Lichtenberg, die in den sechziger Jahren das Neuköllner Rollbergviertel dem Erdboden gleichmachte, oder die DEGEWO, die wesentlich am Kahlschlag im Weddinger Sanierungsgebiet Gesundbrunnen beteiligt war. Die Politik dieser Gesellschaften rief deshalb auch stets Widerspruch hervor. So wehrten sich in den siebziger Jahre die Mieter des Märkischen Viertels mit Kundgebungen, Unterschriften und Transparenten gegen überzogene Mieten der GESOBAU oder in Kreuzberg gegen die Kahlschlagsanierung durch die GSW. Dezentrale, basisorientierte Mieterinitiativen hatten begonnen, das Bild einer neuen Opposition in der Wohnungspolitik zu bestimmen.

Unterlassene Reparaturen, unzulässige Mieterhöhungen und Leerstand (allein rund um den Neuköllner Hermannplatz sind fünf Häuser im Besitz von „Stadt und Land" „unbewohnt"), kennen die West-Berliner zur Genüge. Ähnlich wie sie müssen nun auch die Mieter im Osten lernen, sich ihre Rechte zu erkämpfen, denn auch städtischen Wohnungsbaugesellschaften ist, das sollten die Beispiele deutlich gemacht haben, nicht immer zu trauen. Die nunmehr anderthalbjährige Geschichte der Ost-Gesellschaften hat aber auch gezeigt, daß man als Mieter nicht wehrlos ist. Zahlreiche Positionen mußten auf den Druck von Mietern und Mieterorganisationen hin korrigiert werden. Ausruhen kann man sich auf diesen Lorbeeren freilich nicht. Die Schonzeit ist vorbei. Das sollte auch für die Wohnungsbaugesellschaften und den Berliner Senat gelten.

4. August 1990: „Häuser- und Mieten"-Demonstration in Berlin Fried-
richshain

DATA-DOMIZIL:
Modernisierungsspekulation am Rande der Kriminalität

„Die einzige Möglichkeit, echte Marktwirtschaft und ein ausgeglichenes Verhältnis zwischen Angebot und Nachfrage zu erzielen, besteht in der möglichst kurzfristigen völligen Freigabe der Mieten. Der Mietpreis für eine Wohnung muß sich nach Angebot und Nachfrage richten."

Der diesen „Ratschlag" in einem Thesenpapier Anfang Januar 1991 der Berliner CDU („Liebe Parteifreunde") empfahl, heißt Michael Kluge und ist Geschäftsführer einer berühmt-berüchtigten West-Berliner Immobilienfirma, der DATA-DOMIZIL. Diese Immobilien „Treuhand" GmbH hat ihren eigentlichen Sitz im Schleswig-Holsteinischen Neumünster. Als weitere Geschäftsführer firmieren die Herren Köhler, Schnelle und Truschkowski. Seit Anfang der achtziger Jahre hat die DATA ihren Geschäftsschwerpunkt nach West-Berlin verlegt. Seither reißt die Klage von Mietern über unsoziale, unseriöse und sogar kriminelle Machenschaften dieser Gesellschaft nicht ab. Offenbar nicht zu Unrecht. Im Januar 1989 durchsuchte die Staatsanwaltschaft 19 Wohnungen und Geschäftsräume in Berlin und Schleswig-Holstein und beschlagnahmte kistenweise Aktenmaterial. Anlaß: Verdacht auf Steuerhinterziehung und Schwarzarbeit. Der Geschäftspraxis der DATA-DOMIZIL tat dies jedoch keinen Abbruch: Anfang Februar 1991 ließ die DATA auch in Ost-Berlin die Bombe platzen: Mieterhöhungen um bis zu 2 000 Prozent nach erfolgter Modernisierung! „Skandal" titelte selbst die „BILD-Zeitung".

Nun wird man freilich gegen eine Modernisierung wenig einzuwenden haben, wenn die Arbeiten solide ausgeführt werden und insbesondere die Miete hinterher bezahlbar bleibt. Bei umfassenden Privatmodernisierungsmaßnahmen ist dies aufgrund des gesetzlich vorgesehenen Modernisierungszuschlags allerdings selten der Fall. So auch hier: Gertrud Rikus, eine 72 Jahre alte Rentnerin, die seit mehr als 30 Jahren im Altbaukiez von Berlin-Mitte wohnt, sollte statt bisher 65 DM nach Abschluß der Modernisierungsarbeiten 1359,12 DM an Miete bezahlen.

Das Beispiel dieser Rentnerin ging wie ein Rauschen durch den Blätterwald. Der Ostteil Berlins hatte seinen ersten Mietenskandal. Tatort: Fehrbelliner Straße.

Zauberformel Modernisierungszuschlag

„Jedermann hat ... die Möglichkeit, sich eine Wohnung zu marktgerechten Preisen zu suchen, auch das Argument von der Insellage kann heutzutage nicht mehr ziehen, da das Ausweichen ins Umland ohne weiteres möglich ist." (Michael Kluge, Thesenpapier)

Den 1. Februar 1991 werden die Mieterinnen und Mieter der Fehrbelliner Str. 50 wohl nicht so schnell vergessen. Im Briefkasten lag ein fünfseitiges Schreiben einer „Immobilien Treuhand-Gesellschaft" mit Sitz im West-Berliner Villenvorort Schlachtensee. Die „Gesellschaft Bürgerlichen Rechts (GBR, d.V.) Fehrbelliner Str. 50," hätte, so die Mitteilung, vor kurzem das von jeher private Mietshaus käuflich erworben und die West-Berliner DATA-DOMIZIL mit der Verwaltung beauftragt. Gesellschafter der GBR und zugleich Geschäftsführer der DATA-DOMIZIL: Michael Kluge. In diesem Schreiben heißt es unter anderem:

„Sehr geehrte Frau Gertrud Rikus,
wie Ihnen bekannt ist, ist die DATA-DOMIZIL Immobilien Treuhand-Gesellschaft mbH von ihrem Vermieter, der GBR Fehrbelliner Str. 50, ... mit der Verwaltung des Grundstückes Fehrbelliner Str. 50, 1054 O-Berlin, beauftragt worden.

Höchst vorsorglich und unter Wahrung unseres Rechtsstandpunktes kündigen wir namens Ihrer Vermieter gemäß §541 BGB an, daß wir ab 1. Mai folgende Modernisierungs- und Verbesserungsmaßnahmen im Sinne §3 MHG in Ihrer Wohnung durchführen werden: (...)"

Solche Ankündigungen, wie sie für private Modernisierungsmaßnahmen nach dem Miethöhegesetz gesetzlich vorgeschrieben sind, gehören im Westteil der Stadt schon lange zum Alltag. Insbesondere in Neukölln und Kreuzberg flattern den Mietern noch nicht modernisierter Häuser täglich Hiobsbotschaften dieser Art ins Haus. Wer bisher das Glück hatte, von einer Privatmodernisierung verschont zu bleiben, für den ist es nur eine Frage der Zeit, wann das eigene Haus „an der Reihe ist". Öffentlich geförderte und damit einer Preisbindung unterliegende Modernisierungen, noch Anfang der achtziger Jahre als Allheilmittel einer „behutsamen" Stadterneuerung gelobt, sind bereits seit längerem nur noch ein Tropfen auf den heißen Stein. Weil die öffentlichen Kassen leer sind, muß eben das private Kapital investieren, so die Devise des Bausenators, unabhängig davon, was das für die Mietentwicklung und die Sozialstruktur eines Kiezes bedeutet. Für die Eigentümer und Geldgeber sind diese Investitionen dagegen ein lukratives Geschäft. Hohe Kapitaleinlagen sichern ihnen bzw. den Anlegern günstige Abschreibungen und Verlustzuweisungen und damit erhebliche Steuererleichterungen. Für den Mieter bedeuten sie nicht selten Mietsprünge auf 10 bis 15 DM pro Quadratmeter.

In Ost-Berlin hatte man in dieser Hinsicht noch keine Erfahrung – bis eben zum 1. Februar 1991.

„Durch die Modernisierung wird Ihre monatliche Miete ... von bisher DM 65 auf ... Warmmiete gesamt 1 359,12 DM steigen." (Modernisierungsankündigung der DATA)

Die in der Modernisierungsankündigung vorgesehenen Maßnahmen kann man nicht einmal als besonders luxuriös bezeichnen. Zentralheizung, Isolierfenster, Bad und Gegensprechanlage gehören auch zum Standard des Maßnahmenkatalogs staatlicher Instandsetzungs- und Modernisierungsprogramme. Allein die veranschlagten Baukosten von 95 930 DM für Frau Rikus' Wohnung sind es, die den Kohl fett machen. Anders als bei einer öffentlich geförderten kann der Vermieter bei einer privat finanzierten Modernisierung nach §3, Miethöhegesetz, bekanntlich 11 Prozent der Kosten jährlich auf die Mieterinnen und Mieter abwälzen. Das macht bei 95 930 DM Baukosten einen Modernisierungszuschlag von 879 DM – monatlich! Dazu kommen noch Vorauszahlungen für Heizkosten, Warmwasser und eine Betriebskostenpauschale. Gertrud Rikus zu der angekündigten Mietsteigerung: „Ich habe nur eine kleine Rente. Wie soll ich das nur bezahlen." In der Tat. Der geforderten Miete von 1 359,12 DM steht ein monatliches Einkommen von 695 DM gegenüber.

Schicksalsschlag Privatmodernisierung?

„Die Duldungspflicht für Modernisierungen sollte erheblich erweitert und das Verfahren dadurch abgekürzt werden, daß keinerlei soziale Aspekte eine Berücksichtigung finden."(Michael Kluge, Thesenpapier)

Der Geschäftsführer der DATA-DOMIZIL weiß, wovon er spricht. Wenngleich gesetzliche Bestimmungen wie z. B. der §3 des Miethöhegesetzes die Spekulation mit Wohnraum und Mietwucherpraktiken erst möglich machen, so gibt es doch eine Reihe von Möglichkeiten, sich gegen allzu hohe Mietforderungen zur Wehr zu setzen. Dies sind auch die „sozialen Aspekte", die Michael Kluge allzugerne abgeschafft sähe. Für einen Spekulanten wie ihn sind Mieter lediglich variable Größen im Soll-und-Haben-Bereich seines Bankkontos. Entsprechend ist auch der Umgang mit ihnen, und die Methoden, einen Mieter zur Modernisierungszustimmung zu bewegen, grenzen nicht selten an Betrug. So auch in der Fehrbelliner Str. 50: Angelika Rippel, einer Mieterin aus dem Vorderhaus, wurde von der DATA versichert, die Miete werde nach Abschluß der Bauarbeiten lediglich um 300 DM steigen. Außerdem bekäme sie für die Dauer der Arbeiten eine Umsetzwohnung zur Verfügung gestellt. Unterschrieben hat sie dennoch nicht. Aus gutem Grund: Wenig später kam die Ankündigung der DATA-DOMIZIL: 1 370 DM Miete nach erfolgter Modernisierung.

Mögen jüngere Menschen auf solche Unverschämtheiten noch mit der angemessenen Gelassenheit reagieren, so sind ältere und auch ausländische Mitbürger einer derartigen Willkür oft hilflos ausgeliefert. Wer diesem psychologischen und bisweilen auch handgreiflichen Druck allerdings widersteht, hat seinerseits gute Chancen, „seinem" Spekulanten das Leben schwer zu machen:

Eine Modernisierung ist grundsätzlich zustimmungspflichtig, d. h., jeder Mieter muß mit seiner Unterschrift die Einwilligung erklären. Tut er dies nicht, aus welchen Gründen auch immer, so muß der Vermieter diese Zustimmung gerichtlich erwirken, ein Verfahren, das sich oft über Monate hinzieht. In Kreuzberg wehren sich z.B. die Mieter und Mieterinnen der Katzbachstraße 5 bereits seit zwei Jahren gegen eine Privatmodernisierung – mit Erfolg. Mit verblüffender Regelmäßigkeit weisen die Amtsgerichte die Klagen des Eigentümers zurück. Der Grund: Jeder Mieter hat infolge einer Modernisierung das Recht auf eine außerordentliche Kündigung. Um dieses Recht wahrnehmen zu können, müssen ihm Umfang, Art, Dauer und Kosten der geplanten Arbeiten akribisch genau mitgeteilt werden. Schließlich muß er sich selbst ein Bild der geplanten Modernisierungsarbeiten machen können. Werden die Maßnahmen nicht in allen Einzelheiten angekündigt, so kann sich der Mieter vor Gericht auf Formfehler seitens des Vermieters berufen. Letzterer muß die Modernisierung schließlich erneut und unter Berücksichtigung der vorgeschriebenen Zwei-Monats-Frist ankündigen, und das „Spiel" geht von vorne los.

Darüber hinaus sieht der §541b des Bürgerlichen Gesetzbuches eine soziale Härtefallregelung vor, nach der der Mieter eine Modernisierung nicht zu dulden braucht, wenn die „zu erwartende Erhöhung des Mietzinses für den Mieter oder seine Familie eine Härte bedeuten würde, die auch unter Würdigung der berechtigten Interessen des Vermieters ... nicht zu rechtfertigen ist". Was unter einer solchen „Härte" zu verstehen ist, wird im BGB allerdings offengelassen. Die Rechtsprechung der für Mietangelegenheiten in erster Instanz zuständigen Amtsgerichte weist hier beträchtliche Differenzen auf. Für den einen Richter bedeutet bereits ein Mietanteil von über 25 Prozent des Einkommens eine Härte, für den anderen liegt die Schmerzgrenze erst bei 40 Prozent – Wohngeldzahlungen einberechnet.

Wer schließlich dennoch zur Zustimmung (eines Teils oder der gesamten) Modernisierungsmaßnahmen verurteilt wurde, tut gut daran, vor Beginn der Bauarbeiten eine umfassende Mängelliste zu erstellen. Mancher Vermieter versucht nämlich über die Modernisierungsmaßnahmen hinaus auch anfallende Instandsetzungsarbeiten als mietwirksamen Zuschlag abzurechnen.

Wie bekomme ich eine Wohnunge leer?

„Es kann nicht angehen, daß eine Mietpartei ein derartiges Vorhaben in einem ganzen Mietshaus blockiert."(Michael Kluge, Thesenpapier)

Um die oben genannten Möglichkeiten wissen natürlich auch die Eigentümer, insbesondere wenn es sich um ausgebuffte und rücksichtslose Profis wie Michael Kluge handelt. Für einen Modernisierungsspekulanten sind leerstehende Wohnungen gewinnbringender als bewohnte. Das hat seinen einfachen Grund darin, daß in leeren Wohnungen niemand Einfluß auf Art und Umfang der Modernisierungsmaßnahmen nehmen und somit jede fast nur erdenkliche Summe verbaut werden kann. Die Mieten steigen entsprechend. Schließlich hat der Wohnungsmarkt eindrucksvoll unter Beweis gestellt, daß an Nachfrage, auch nach extrem teurem Wohnraum, wahrlich kein Mangel herrscht. Wer es sich leisten kann, bezahlt.

„Wir machen, was gesetzlich erlaubt ist. Das ist nun mal so, daran müssen sich die Leute gewöhnen."(Michael Kluge gegenüber dem „Berliner Kurier", 13.2.1991)

Was darunter zu verstehen ist, berichtet Thomas Gerchel, Rechtsanwalt der Berliner MieterGemeinschaft. Er hat die Mieter der Fehrbelliner Straße auf einer Hausversammlung über ihre Rechte, vor allem aber die Praktiken der DATA-DOMIZIL informiert:

„Das sind Gangster, mit denen Sie es hier zu tun haben, die schlimmsten im Geschäft. Die schießen zwar nicht, aber die psychologische Kriegsführung haben diese Leute dafür voll drauf."(„ Der Morgen", 14.2.1991)

Auch Klaus Kießling, Jurist beim Berliner Mieterverein, warnt:

„Nichts unterschreiben. Keinen von DATA-DOMIZIL in die Wohnung lassen. Wenn, dann nur mit Zeugen. Diese Mietspekulanten sind mit allen Wassern gewaschen, werden versuchen, Sie mit allen möglichen gut klingenden Zusagen zur Aufgabe der Wohnung bewegen zu wollen."(„ Der Morgen", 14.2.1991)

Wichtig sei, so Klaus Kießling weiter, „genau zu registrieren, was im Haus passiert". Man müsse auch mit Schikanen rechnen, die dazu führen sollen, daß die Mieter von ganz alleine gehen:

„Da gibt es dann für einige Tage kein Wasser, weil zufällig ein Rohr gebrochen ist. Oder das Dach ist von heute auf morgen undicht geworden, und es regnet in bestimmte Wohnungen hinein."

(Über kriminelle Praktiken der „Entmietung" siehe auch „Das Geschäft mit der Not: Nepper, Schlepper, Mieterfänger".)

„Wir machen, was gesetzlich erlaubt ist", behauptet Michael Kluge. Wenige Tage nach der Hausversammlung in der Fehrbelliner Straße stellte sich heraus, daß die „GBR-Fehrbelliner Str. 50" noch gar nicht im Grundbuch eingetragen, die DATA mithin nicht einmal rechtskräftige Verwalterin des Gebäudes war.

Renitenz statt Resignation

Auf den ersten Schock folgte in der Fehrbelliner Straße 50 bald der Wille, sich zu wehren. Die Mieterinnen und Mieter wollten dieses Schreiben nicht wie einen Schicksalsschlag hinnehmen, sondern vielmehr selbst in die Offensive gehen. Voraussetzung dafür war freilich, der DATA gegenüber geschlossen aufzutreten und sich nicht durch vermeintliche Zusagen oder Versprechungen spalten zu lassen. Die Berliner Mieterorganisationen standen den Mietern in zahlreichen Gesprächen beratend zur Seite. In einer ausführlichen Reportage über die erste Hausversammlung in der Fehrbelliner Straße gab „Der Morgen" am 14. Februar 1991 die Stimmung unter den Mietern wieder:

„Die anwesenden Mieter sind bereit, den Kampf mit der DATA-DOMIZIL auszufechten. Sie sehen sich dabei in gewisser Weise auch als Vorreiter. Denn eines ist offenkundig. Die Fehrbelliner Str. wird im Ostteil der Stadt kein Einzelfall bleiben…"

Auch Gertrud Rikus hat sich nach anfänglichem Zögern dazu entschlossen mitzumachen. Ein Angebot des Bezirks, sich um eine Umsetzwohnung zu kümmern, hat sie vorerst abgelehnt: „Jetzt müssen wir alle zusammenhalten", meint die Rentnerin.

Die DATA im Scheunenviertel

Wenige Wochen nach den Vorfällen um die Fehrbelliner Straße hat die DATA erneut Schlagzeilen gemacht: Am Morgen des 11. April 1991 drangen Bauarbeiter in den Hof der Alten Schönhauser Str. 43/44 im ehemaligen Scheunenviertel in Berlin-Mitte ein und begannen mit der Zerstörung des leerstehenden Hinterhauses. Fensterkreuze wurden herausgeschlagen, Toiletten und Öfen zertrümmert. Als benachbarte Hausbesetzer von diesen Vorgängen Wind bekamen, alarmierten sie Presse und Wohnungsbaugesellschaft. Es stellte sich heraus, daß die Bauarbeiter keinerlei Legitimation für ihr Tun besaßen. Kluge, Köhler und Co. hatten das Haus von einer Erbengemeinschaft erworben. Die allerdings hatte beim Amt für offene Vermögensfragen lediglich einen Rückübertragungsantrag gestellt, dessen Bescheid damals noch ausstand. Weder Erbengemeinschaft noch DATA konnten somit eine Vollmacht, geschweige denn einen Grundbucheintrag vorweisen. Die Zerstörungen waren nicht nur ein politischer Skandal, sondern obendrein völlig illegal. Dies war auch der Wohnungsbaugesellschaft Mitte (WBM) zu viel. Als sich tags darauf die DATA-Bauarbeiter noch immer im Gebäude befanden, stellte WBM-Direktor Jürgen Adam gegen Michael Kluge Strafantrag. Der Vorwurf: Hausfriedensbruch und Sachbeschädigung.

Zwei Tage später war das Haus besetzt. „Wir wollen nicht zulassen, daß nach und nach Häuser in Mitte, aber auch Prenzlberg und Friedrichshain wegen ihrer Innenstadtlage luxusmodernisiert und die alten BewohnerInnen damit vertrieben werden", hieß es in einem an die Nachbarschaft verteilten Flugblatt. Von der Forderung nach sofortiger Vermietung der leerstehenden Wohnungen (um so eine mietpreistreibende Privatmodernisierung zu erschweren) wollte man bei der WBM aber nichts wissen. Die vom Amt für offene Vermögensfragen vor-

geschriebene „Notgeschäftsführung" würde längerfristige Geschäftstätigkeiten, zu denen auch der Abschluß von Mietverträgen gehöre, nicht
zulassen. Ferner gelte immer noch die „Berliner Linie", nach der Neubesetzungen nicht zulässig seien, so Jürgen Adam. Statt sich in Zusam-
menarbeit mit den Besetzern für den Erhalt billigen Wohnraums einzusetzen, drohte die WBM, die Vertragsverhandlungen mit den restlichen
in Mitte besetzten Häusern platzen zu lassen, falls die Besetzerinnen und
Besetzer das Gebäude nicht verlassen würden.

Dieses Ultimatum wirft ein Licht auf die Rolle der Wohnungsbaugesellschaften. Im Spannungsfeld zwischer aktiver Wohnungsbestandspolitik und zögerlicher KWV-Nachlaßverwaltung bestimmt nach wie
vor die Angst vor Regreßansprüchen künftiger Privatbesitzer das Handeln der Verantwortlichen. Insbesondere in Häusern, für die bereits ein
Rückgabeantrag vorliegt, beschränkt man sich auf das Allernotwendigste
und mitunter nicht einmal darauf. Kein Wunder also, wenn so mancher
Mieter mit einem Privatbesitzer die Hoffnung auf Veränderung verbin-
det. In der Alten Schönhauser Straße hatte eine Mieterin die Moderni-
sierungsabsicht Kluges sogar ausdrücklich begrüßt: „Die Kommunale
Wohnungsverwaltung habe früher nie etwas gemacht. Die Sanitäranlagen
seien ‚runter', in den Wänden gäbe es lange Risse. Kluge habe versprochen, alles zu sanieren. Die Mieten würden dafür natürlich teurer werden. Wenn wir dann ausziehen wollten würde er möglicherweise für eine
Ersatzwohnung sorgen." Eine Haltung, die, wie es scheint, noch weit
verbreitet ist. Die von dieser Mieterin erhofften Reparaturen machen
freilich nicht zwangsläufig eine Modernisierung notwendig. Instandsetzung oder Modernisierung, der Unterschied – hier Wiederherstellung des
ursprünglichen, dort Erhöhung des Standards – ist allerdings wesentlich,
drückt er sich doch vor allem darin aus, wie tief man nach den Bauarbeiten in die Tasche greifen muß.

Einen Tag nach dem Ultimatum der Wohnungsbaugesellschaft verlie-
ßen die Besetzerinnen und Besetzer das Hinterhaus in der Alten Schönhauser Straße 43/44. Jürgen Adam indes verwies auf ein Schreiben des
„Amtes für offene Vermögensfragen", wonach die „Restitution", die
Rückgabe des Gebäudes, unmittelbar bevorstehe.

„Alte Schönhauser Straße 43: Data Domizil blieb Sieger", meldete die
„Berliner Morgenpost" am 20. April 1991 und fuhr fort: „Bahn frei für
Luxusmodernisierung! Die Zukunft des besetzten Hauses Alte Schön-
hauser Straße 43/ 44 scheint besiegelt. Das Gebäude – einst in Privat-

besitz, zu Zeiten der DDR zwangsverwaltet – wird rückübereignet. Der Verwalter, die Wohnungsbaugesellschaft Mitte (WBM), wurde vom Vermögensamt schriftlich aufgefordert, eine Abrechnung vorzulegen. Die 20 Besetzer mußten räumen, da die WBM sonst anstehende Nutzungsverträge mit anderen Besetzergruppen ausgesetzt hätte ... Ähnlich dem Fall Fehrbelliner Str. 50 müssen die verbliebenen Mieter nun mit saftigen Mieterhöhungen rechnen."

Wer zwischen den verbliebenen Mietern und der DATA tatsächlich Sieger bleibt, ist allerdings noch offen und hängt nicht nur von den Mietern selbst ab, auch die Staatsanwaltschaft hat inzwischen ein Wörtchen mitzureden.

DATA's neues Domizil

Anfang Mai 1991 bekam Michael Kluge Besuch. Otto Edel, baupolitischer Sprecher der Berliner SPD, hatte sich eigens nach Schlachtensee bemüht, um dem Geschäftsführer der DATA-DOMIZIL Ehre zuteil werden zu lassen. Die Nachrichtenagentur ADN meldete dazu am 4. Mai 1991:

„Einen Preis für ‚unlautere Methoden im Wohnungswesen‘ konnte am Freitag die Westberliner Baufirma Data-Domizil entgegennehmen. Bei der Übergabe des von der SPD Berlin gestifteten Wanderpreises betonte der baupolitische Sprecher der sozialdemokratischen Fraktion, Otto Edel, diese Firma habe ‚die Wohnungsnot in Berlin zum Nachteil der Mieter ausgenutzt und dabei auch vor mieterfeindlichen Praktiken nicht haltgemacht.‘ Edel listete eine Reihe von Mietervorwürfen gegen Data-Domizil auf, so unter anderem Abrechnung nicht ausgeführter Modernisierungen, Abrißarbeiten ohne Verfügungsgewalt, rechtswidrige Räumung eines Hauses, Zerstörungen in noch vermietbaren Wohnungen und Kündigung von Mietern wegen ‚Aufmüpfigkeit‘".

Nun mag man vom Eintreten der von Bauskandalen geschüttelten Berliner SPD gegen Spekulation zwar etwas überrascht sein, nicht überrascht hat allerdings die Reaktion von Michael Kluge auf die Auszeichnung:

„Der Geschäftsführer der Immobilien Treuhand GmbH, Michael Kluge, wies diese Vorwürfe als generell ungerechtfertigt zurück." („Der Morgen", 4.5.1991) Im Gegenteil, es gebe eine „zufriedene Mehrheit" von Mietern, die nun renovierte Wohnungen von Data-Domizil besäßen.

Michael Kluge bei der Übergabe des „Wanderpreises für unlautere Methoden im Wohnungswesen" durch Otto Edel (oben rechts)

Die „Zufriedenheitsquote" liege bei 95 Prozent. Auch habe man „keine Leute vertrieben, sondern umgesetzt."

Otto Edel hatte Glück. Hätte er die Fahrt nach Schlachtensee nur einen Monat später angetreten, er hätte Michael Kluge nicht mehr angetroffen. Der DATA-Chef hatte nämlich ein zweites Mal Besuch erhalten. Dieser ließ sich freilich im Gegensatz zum SPD-Bauexperten nicht so leicht abfertigen. Es handelte sich um eine Sonderkommission der Berliner Kriminalpolizei.

„Der Berliner Polizei ist offenbar ein Schlag gegen die organisierte Schwarzarbeit gelungen", meldete der „Morgen" am 6. Juni 1991. Im „Tagesspiegel" hieß es am selben Tag:

„In einem Großeinsatz hatte die Gemeinsame Ermittlungsgruppe Schwarzarbeit (GES), in der neben der Kriminalpolizei unter anderem auch die Steuerfahndung vertreten ist, am Mittwoch die Berliner Geschäftsräume von Data-Domizil in Zehlendorf und die Wohnung eines Mitarbeiters in Neukölln durchsucht. Außerdem wurden die Firmenräume in Senftenberg (Brandenburg) und Neumünster (Schleswig-Holstein) durchsucht. Dabei sei Beweismaterial sichergestellt worden."

Michael Kluge und Reinhard Truschkowski wurden verhaftet und in der Untersuchungshaftanstalt Moabit einem Haftrichter vorgeführt. Die Anschuldigungen lauten: „Steuerverkürzung und Nichtabführung von Versicherungsbeiträgen in Höhe von mindestens acht Millionen Mark durch die Beschäftigung von Schwarzarbeitern." Gegen die beiden Festgenommenen wurde noch am selben Tag Haftbefehl erlassen. Im „Tagesspiegel" wurde im Zusammenhang mit den Festnahmen einmal mehr auf die Machenschaften der DATA hingewiesen:

„Die Firma Data-Domizil, die am Mittwoch zu der Polizeiaktion keinen Kommentar abgeben wollte, war im Oktober (1988) ins Blickfeld der Öffentlichkeit gerutscht. Damals war von der Polizei rechtswidrig das der Firma gehörende Wohnhaus an der Gitschiner Straße 87a in Kreuzberg geräumt worden. Später entschuldigten sich sowohl der damalige SPD-Innensenator Pätzold als auch Polizeipräsident Schertz bei den Mietern. Im Mai vergangenen Jahres war auf die Zehlendorfer Geschäftsräume ein Brandanschlag verübt worden, bei dem Sachschaden in Höhe von mehreren 100 000 DM entstanden war."

Als mögliches Motiv für die Tat wurden die Bemühungen der Firma in Prenzlauer Berg angenommen.

Die DATA in Prenzlauer Berg

„Der Prenzlauer Berg wird Opfer der Westberliner Baumafia: Die dortige KWV, die staatliche Kommunale Wohnungsverwaltung, verhandelt mit der berüchtigten Westberliner Spekulantenfirma Data-Domizil über die Gründung einer gemeinsamen Joint-venture-Gesellschaft nach dem zu erwartenden neuen DDR-Recht. Dies bestätigte gestern Data-Geschäftsführer Kluge. Man berate derzeit die KWV, wie sie die Haus- und Grundstücksverwaltung ihrer 85 000 Wohnungen, davon 50 000 volkseigen, besser organisieren könne. Eine spätere Joint-venture-Gesellschaft könne die Verwaltung dann selber übernehmen. Man verhandele nicht nur mit der KWV Prenzlauer Berg, sondern auch mit der von anderen Bezirken."

So die „taz" am 8. März 1990. Zu diesem Zeitpunkt dauerten die Verhandlungen bereits zwei Monate an. Nur zwei Monate nach der Maueröffnung streckte die West-Berliner Wohnungsmafia ihre Finger gen Osten aus. Im Januar 1990, aus dem das obige Schreiben datiert, war noch völlig unklar, was aus den Kommunalen Wohnungsverwaltungen der elf Ost-Berliner Bezirke werden sollte. Die politische Situation war weitgehend offen, das Urteil über die Zukunft des kommunalen Wohnungsbestands noch nicht gesprochen. Es war die Zeit der Runden Tische, Utopien und Verfassungsentwürfe. Die Bürgerbewegungen setzten sich im Vorfeld der Märzwahl für eine soziale Wohnungspolitik ein, deren wesentliche Bestandteile staatlich geförderte Instandsetzungsprogramme und der Erhalt billigen Wohnraums waren.

In diese gleichsam nachrevolutionäre und Vor-Anschlußzeit schlug die Nachricht des geplanten Joint-Ventures zwischen der DATA-DOMIZIL und der KWV-Prenzlauer Berg wie eine Bombe ein. Die Geheimdiplomatie war erst öffentlich geworden, nachdem der Runde Tisch Prenzlauer Berg von dem Vorgang Wind bekommen und die Presse informiert hatte. KWV-Direktor Michael Thiele erklärte damals gegenüber ADN: Seine Kontakte mit dem Unternehmen wären rein informativ gewesen.

Wie konkret die Verhandlungen aber schon gediehen waren, belegt ein Schreiben der DATA vom 26. Januar 1990 an KWV-Direktor Thiele:

„Konzeption zur Umstrukturierung
(Wir haben) zu dem Komplex Umstrukturierung eines VEB Kommunale Wohnungsverwaltung folgende Konzeption als Denkmodell entwickelt:
1. Umwandlung des bestehenden volkseigenen Betriebs in eine Gesellschaft nach bürgerlichem Recht.

2. *Bei dieser Umgründung sollte eine Aufspaltung der neu zu schaffen-den Gesellschaft in zwei Teile erfolgen:*

a) eine reine Verwaltungs- (=Dienstleistungs-)gesellschaft, am zweck-mäßigsten in der Rechtsform der GmbH ohne eigenen Grundbesitz.

b) eine Besitzgesellschaft, am zweckmäßigsten in der Rechtsform der Aktiengesellschaft, die Eigentümerin des Grundbesitzes ist. Das Kapital dieser Gesellschaft würde vorerst in staatlicher Hand liegen."

Die Betonung dürfte hier auf dem Wort „vorerst" liegen. Für das „da-nach" hatte sich der DATA-Chef einiges vorgenommen:

„ Qualitativ hochwertiger Altbauwohnraum wird gerade in Ballungs-gebieten extrem nachgefragt und bietet eine maximale Wohnqualität. Daß die Ware , Wohnen' einen Preis hat, der vom Nutzer zu entrichten ist, muß sich als Erkenntnis erst noch durchsetzen, hier ist der Staat auf-gerufen, die notwendigen Rahmenbedingungen zu schaffen, z. B. durch weitgehende Freigabe der Mieten, Fortfall der Subventionen, Aufstellung eines Mietspiegels unter Zuarbeitung der Wohnungsunternehmen, um Obergrenzen zu fixieren und Auswüchse zu vermeiden."

Was Michael Kluge unter „Vermeidung von Auswüchsen" versteht, findet sich unter der Rubrik „Überlegungen zur Mietenpolitik": „Selbst unter Berücksichtigung der niedrigen Einkommen wäre eine monatliche Mietbelastung ... für Altbausubstanz von ca. 4 bis 6 Mark pro qm Wohnfläche ... zumutbar." Wohlgemerkt in nichtmodernisiertem Zu-stand! Erst „die Erreichung einer derartigen Größenordnung", die „schnellstmöglich anzustreben ist", sei überhaupt die Grundlage für eine sinnvolle Bewirtschaftung des vorhandenen Altbauwohnraums:

„Die Belastungsgrenze der Haushalte, die anzustreben ist, liegt bei etwa 25 bis 30% des Haushaltseinkommens, insofern wäre im Ostteil der Stadt noch ein erheblicher Spielraum für durchzuführende Moderni-sierungen, die mit zur Zeit 11% auf die Miete umgelegt werden können."

Was damals noch den Geruch eines Skandals hatte, ist heute freilich Realität. Mieten von vier bis sechs oder gar sieben DM pro Quadratme-ter. Allein das Wohngeld verhindert (noch), daß die von Kluge „anzu-strebende Belastungsgrenze" niedriger liegt.

Das angestrebte Joint-venture scheiterte schließlich an den Protesten der Bürgerbewegungen: „Nachdem der Rat des Stadtbezirks aus Westberlin zahlreiche Warnungen erhalten hatte, ließ das Neue Forum am Runden Tisch des Stadtbezirks mit einer Fülle von Material die Angelegenheit platzen. (aus: „telegraph" – Nachfolgezeitschrift der „Umweltblätter",

März 1990) Der Chef der KWV, Thiele, leugnete Stein und Bein. Er habe „lediglich informierende Gespräche geführt". Auch im Hause des Bausenators wollte man pötzlich von derartigen Plänen nichts gewußt haben.

Das Material, das dem Rat des Stadtbezirks vorgelegt wurde, beinhaltete auch den Fall, mit dem die DATA in West-Berlin schlagartig bekannt geworden war.

Die DATA in Kreuzberg

„Sehr geehrter Herr H.,

die Vorgänge am 18. Oktober 1988 im Zusammenhang mit der richterlich angeordneten Durchsuchung Ihrer Wohnung werden Ihnen noch in Erinnerung sein, insbesondere weil Vertreter der Firma Data-Domizil nach der polizeilichen Durchsuchung Zugang zu Ihrer Wohnung erhielten und diese daraufhin räumen ließen.

(...)

Aus meiner kritischen Haltung als seinerzeitiger Abgeordneter ... habe ich nunmehr als Senatsmitglied eine gründliche Überprüfung in meiner Verwaltung veranlaßt.

Das Ergebnis dieser Untersuchung ist äußerst unbefriedigend und veranlaßt mich, Sie für die Vorfälle im Anschluß an die Durchsuchung um Entschuldigung zu bitten und Ihnen mein Bedauern über die erlittenen Unannehmlichkeiten auszudrücken.

Erich Pätzold
Senator für Inneres
14. Februar 1990"

Was war geschehen? Was hatte den Innensenator, der wenige Monate später die Räumung der Mainzer Straße zu verantworten hatte, dazu veranlaßt, sich wegen einer anderen Räumung bei den Betroffenen zu entschuldigen? Die Antwort auf diese Fragen liegt in der Kreuzberger Gitschiner Straße.

Am Morgen des 18. Oktober 1988 um 8.30 Uhr wurden die Bewohner und Bewohnerinnen der Gitschiner Straße 87a unsanft aus dem Schlaf gerissen. Kripo und Polizeibeamte in Kampfanzügen waren in die Wohnungen gedrungen und hatten die überraschten Mieter aufgefordert, ihre Sachen zu packen. Was vom zuständigen Gericht lediglich als Durchsuchung genehmigt worden war, hatte sich schnell zur handfesten Räumung entwickelt. Anlaß für die Polizeiaktion: eine Anzeige des Hauseigentümers, der DATA-DOMIZIL. Nach Auffassung von Michael Kluge handelte es sich bei den Bewohnern der sechs betroffenen Wohnungen um illegale Hausbesetzer. Was Kluge verschwieg: Er hatte seit Monaten die Mietzahlungen der angeblichen Besetzer eingestrichen. Für die Geräumten und ihren Rechtsanwalt lagen die Dinge eindeutig: Es bestand ein faktisches und somit rechtskräftiges Mietverhältnis, zumal die jetzigen Bewohner schon in den Wohnungen gelebt hatten, bevor das Haus von der DATA wegen Modernisierung gekauft wurde. Die Polizei zeigte sich von diesen Argumenten freilich unbeeindruckt. Die Beamten stellten die Personalien der Bewohner fest und nahmen ihnen die Wohnungsschlüssel ab. Die Möbel wurden wenig später von der DATA in ein Schöneberger Lagerhaus verbracht.

Zwei Tage später hatte sich das Amtsgericht Kreuzberg/Tempelhof mit der Angelegenheit zu befassen. Hausfriedensbruch, wie von der DATA behauptet, lag nach Ansicht der Richter nicht vor. Der Vermieter habe den Aufenthalt der Kläger, so das Urteil, „wenigstens vorübergehend geduldet". Wenn er diesen Zustand beenden wolle, müsse der Eigentümer den Rechtsweg beschreiten; er dürfe „nicht im Weg der verbotenen Eigenmacht vorgehen". Einer einstweiligen Verfügung der Bewohner wurde stattgegeben. Sie durften in ihre Wohnungen zurückkehren.

Was nun folgte, war ein Possenspiel allererste Ranges. Entsetzt über den Aufschrei der Öffentlichkeit und die offenbar illegale Räumung schoben sich die Beteiligten den Schwarzen Peter gegenseitig zu:

Die Staatsanwaltschaft habe der Polizei keinen Auftrag zur Räumung und zum Abtransport von Möbeln erteilt, erklärte Justizsprecher Achammer. „Es habe auch keinen Auftrag an die Polizei gegeben, die Wohnungen an den Vermieter zu übergeben oder Räumungsmaßnahmen des Vermieters zu unterstützen. Der Auftrag der Staatsanwaltschaft sei mit den Durchsuchungen, Feststellung der Personalien sowie der ‚Bitte' an die Bewohner, die Räume zu verlassen, erledigt gewesen." („Tagesspiegel", 20.10.1988)

Einen Tag später wurde wieder Strafanzeige erhoben. Diesmal von den geräumten Mietern und Mieterinnen. Der Vorwurf an Polizei und Staatsanwaltschaft: Nötigung im Amt, der an DATA-DOMIZIL: Hausfriedensbruch, falsche Anschuldigung und Vortäuschung einer Straftat. Michael Kluge spielte den Ahnungslosen: „Wir hatten nicht im Traum daran gedacht, daß die Polizei räumen würde. Wir waren davon ausgegangen, daß wir den Rechtsweg beschreiten und Räumungsklagen gegen die Bewohner einlegen müssen. (...) Wir akzeptieren nicht, daß wir in der Öffentlichkeit dargestellt werden, als hätten wir Polizei und Staatsanwaltschaft hinters Licht geführt." („Tagesspiegel", 22.10.1988)

Hatte letztendlich die Polizei eigenmächtig gehandelt? Die Staatsanwaltschaft nahm die Ermittlungen auf. Dies gab eine Woche später auf einer Sondersitzung des Bauausschusses der damalige Justizstaatssekretär und heutige Generalbundesanwalt Alexander von Stahl bekannt. Innenstaatssekretär Müllenbrock, inzwischen Geschäftsführer der Klingbeil-Gruppe, einer der größten Berliner Baukonzerne, räumte gegenüber dem Ausschuß „Mißverständnisse" zwischen Polizei und Justiz als möglich ein. Müllenbrock bestritt jedoch mit Nachdruck, daß es sich um eine Räumung gehandelt habe. Dazu erklärte der SPD-Abgeordnete Otto Edel, eine „in einem Kampfanzug geäußerte Bitte" habe auch durchschlagende Wirkung. „Auf die Bitte der SPD hin soll Müllenbrock jetzt schriftlich definieren, was der Senat unter Räumung versteht." („Volksblatt", 27.10.1988)

Ein Jahr später beschäftigte sich ein Untersuchungsausschuß des Innenausschusses mit den Vorgängen in der Gitschiner Straße. Ins Schußfeld geriet der damalige und noch lange danach amtierende Landespolizeidirektor Manfred Kittlaus. Vor dem umstrittenen Räumungseinsatz, so berichtete der Einsatzleiter vor Ort, habe er sich an Kittlaus gewandt und genau die Bedenken angemeldet, die das Amtsgericht nachher bestätigt hatte. Kittlaus habe ihn daraufhin angewiesen, trotzdem räumen zu lassen, „es sei denn, es seien Kinder in der Wohnung". („taz", 25.10.1989)

Die „taz" kommentierte bereits damals: „Das Verhältnis zwischen Pätzold und Kittlaus gilt, trotz gleichen Parteibuchs, seit Monaten als chronisch gespannt." Erst nachdem anderthalb Jahre später, im Frühsommer 1991, nahezu die gesamte Polizeiführung dem Polizeidirektor ihr Mißtrauen ausgesprochen hatte, sah sich der neue Innensenator Heckelmann (als Hausbesitzer im übrigen bekannt durch unkorrekte Betriebskostenabrechnungen und illegale Kündigungen) zum Handeln veranlaßt. Er schlug vor, Manfred Kittlaus zum leitenden Ermittler der Sonderkommission DDR-Regierungskriminalität zu „degradieren".

Den Mietern der Gitschiner Straße konnte es egal sein, sie leben auch heute noch in ihren Wohnungen. Die DATA hatte kurz nach der Affäre das Haus verkauft. Vorher mußte sie allerdings die Wohnungen wieder herrichten. Angesichts der Verwüstungen, bei denen auch die Kachelöfen zertrümmert worden waren, keine billige Angelegenheit. Die Mieter wird es gefreut haben. Mußte die DATA damit doch – ganz im Gegensatz zur üblichen Praxis – ihrer Pflicht auf Instandsetzung nachkommen.

Der heiße Immobilienmarkt: Grundstücksversteigerungen in der ehemaligen DDR

An „historischen" Ereignissen mangelte es wahrlich nicht im Jahr der „Wiedervereinigung". Den ersten gesamtdeutschen Wahlen seit 1933 folgte das erste Gesamtberliner Parlament seit 1948, dem ersten West-Berliner Polizeieinsatz im Osten die erste Straßenschlacht. Man gewöhnte sich. In Zeiten, in denen die Wahrheiten von heute schon morgen keine Gültigkeit mehr haben, gerät das Bemühen um Superlative freilich nicht selten zur abgeschmackten Groteske.

Von der Gier nach spektakulären Premieren blieb auch eine Veranstaltung nicht verschont, die Anfang Dezember 1990 über die Bühne ging: die erste Versteigerung von Ost-Immobilien auf dem Gebiet der ehemaligen DDR. Sollten die Ost-Mieter einmal mehr vom gründerzeitähnlichen Boom des „heißen Immobilienmarktes" überrollt werden, oder handelte es sich bei einer solchen Veranstaltung lediglich um einen „ganz normalen" und darüber hinaus „fairen", weil „transparenten" Verkaufsvorgang, wie Auktionator Plettner meinte? Kamen mit den „Modernisierungsobjekten" auch die darin lebenden Menschen unter den Hammer? Auktionator, Mieter und Bieter konnten jedenfalls nicht über mangelndes öffentliches Interesse klagen.

„Wie lästiges Zubehör ..."

Berlin-Prenzlauer Berg, Kollwitzstraße 52. Hier, im Kiez rund um den Kollwitzplatz, wo bis 1943 Karl Kollwitz, der Ehemann der Namensgeberin Käthe Kollwitz, seine Arztpraxis betrieb, hat sich auch Ingeborg Beck niedergelassen. 1 800 Patienten betreut sie im größten Berliner Altbaukiez. Die möchte sie, so Frau Beck am 12.12.1990 gegenüber der „BZ", „nicht wegen erhöhter Mieten im Stich lassen". Frau Beck ist eine von 13 Mieterinnen und Mietern des um die Jahrhundertwende errichteten Altbaus. Große Fensterfronten und noch größere Wohnungen – ein Traum für viele, nicht nur für die Mieter.

„18. November (1990). Von diesem Tag an registrierte nicht nur Ronald Weiß, Pädagoge und Mieter aus dem zweiten Stock, einen merkwürdigen Andrang von ‚Herren mit schwarzen Trenchcoats' in der Kollwitzstraße. Die unangemeldeten Herrschaften puhlten auch schon mal im Putz des Treppenhauses, um die Substanz des ‚modernisierungsgeeigneten Altbaus' abzuklopfen." („Frankfurter Rundschau", 13.12.1990)

Seit dem 3. Oktober sind sie wie eine Heuschreckenplage über's Land gekommen, die Damen und Herren in ihren schwarzen und metallicgrauen Limousinen mit Münchner, Hamburger oder Frankfurter Kennzeichen. Manche auf der Suche nach längst vergessenem oder verloren geglaubtem Familienbesitz, die anderen kalte und kühle Rechner auf der Suche nach dem Markt der Zukunft. Die Mieter der Kollwitzstraße befürchteten Schlimmes. Anfang Dezember 1990 wurde die Ahnung zur Gewißheit. Zusammen mit 13 weiteren „Objekten" stand die Kollwitzstraße 52, und mit ihr die betroffenen Mieter und Mieterinnen, zur Versteigerung. Man hatte es zufällig aus einer Anzeige in einer West-Berliner Tageszeitung erfahren. Termin: wenige Tage später, am 11. Dezember, 18 Uhr, Großer Saal des „Klubs der Kulturschaffenden", heute „Club von Berlin", Otto-Nuschke Straße 2/3, Berlin-Mitte.

„Wir waren wie vor den Kopf geschlagen." Susanne Rothmaler, Psychologin an einer Poliklinik in Prenzlauer Berg, hatte ähnlich wie die anderen Mieter in der Kollwitzstraße 52 ihre Wohnung selbst in Schuß gebracht. Gasetagenheizungen waren eingebaut, Bäder gefliest und Dielen verlegt worden. Die Hausgemeinschaft hatte sich bei der Wohnungsbaugesellschaft Prenzlauer Berg nach einer Möglichkeit erkundigt, das Haus selbst zu kaufen und in Selbstverwaltung zu bewirtschaften. Doch die Gesellschaft winkte ab. Ein Privateigentümer allerdings hatte sich bis zum 1. Oktober 1990, zwei Wochen vor Ablauf der vorgesehenen (dann aber immer wieder verlängerten) Frist, nicht gemeldet. So wiegten sich die Bewohner in Sicherheit, bis zu jener öminösen Anzeige. „Kurz darauf", so Susanne Rothmaler, „brach hier ein wahrer Ansturm von potentiellen Interessenten aus. Es war schon richtig erniedrigend, zu erleben, wie die dicken Westler hier mit ihrem Mercedes vorfuhren, Einlaß in die Wohnung begehrten und uns, die wir das Haus seinerzeit mit so viel Mühe hergerichtet hatten, ansahen wie das lästige Zubehör, das sie halt eben mitkaufen müssen." („taz", 10.12.1990)

Dem ersten Entsetzen folgte das Zusammensetzen. Auf einer Hausversammlung beklagte man sich in Anwesenheit des Auktionators vor allem über den kurzfristigen Termin und die Tatsache, daß man weder von der Besitzerin noch vom Auktionator Plettner etwas von der Versteigerung erfahren hatte. Selbst mitzusteigern, sah man sich kaum mehr in der Lage: „Unter Berücksichtigung der für die ostdeutschen Bürger erheblich schwierigeren Bedingungen (noch nicht ausgebautes Bankwesen, Kreditberatung und Kreditgewährung etc.) einen Kauf des Hauses überhaupt in Erwägung zu ziehen, ist die Frist zwischen erstmaliger Bekanntgabe ... und dem Versteigerungstermin ... entschieden zu kurz. Der immer wieder propagierte Gleichheitsanspruch ist damit eklatant verletzt, da es für potentielle ostdeutsche Bewerber unmöglich ist, sich an der Versteigerung zu beteiligen." In der Presseerklärung der Mieter hieß es darüber hinaus:

„Unabhängig vom Ausgang dieser Versteigerung Ostberliner Miets-
häuser rufen die Mieter der Kollwitzstraße 52 alle Mieter in Ostberlin und
Ostdeutschland auf, sich umgehend über die tatsächlichen Eigentums-
verhältnisse der von ihnen bewohnten Häuser zu informieren, um nicht
von Verkauf, Versteigerung, Kündigungen etc. überrascht zu werden,
sondern diese schon im Vorfeld zu verhindern.

Nur durch umfassende Informationen sowohl über eventuelle Über-
nahme der bewohnten Häuser in eigene Regie (Modelle des genossen-
schaftlichen Wohnens, Unterstützungen durch die Kommunen oder an-
dere öffentliche Institutionen etc.) als auch über die sich durch einen
Besitzerwechsel ergebenden Folgen für die Mieter (Kündigungen, Mo-
dernisierungen, Eigenbedarfsklagen, Mietvertragsänderungen etc.) kön-
nen die wenigen Rechte der mit der westdeutschen Wohnungswirtschaft
noch nicht vertrauten Ostdeutschen in den neuen Bundesländern gesi-
chert werden."

Die Presse reagierte durchweg positiv auf die Proteste der Mieter. Derart ins Schußfeld geraten, bemühte sich Hans Peter Plettner, „vom Senator für Wirtschaft bestellter und vereidigter Grundstücksauktionator", sanftere Töne anzuschlagen: Eine derartige Auktion sei letztlich „nichts anderes als ein ganz normaler Verkaufsvorgang, jedoch fairer als eine stillschweigende Veräußerung, bei der die Mieter vor vollendete Tatsachen gestellt würden". Außerdem, so Plettner, seien Mieterhöhungen „auch nur im gesetzlichen Rahmen auf der Basis des Einigungsvertrages möglich". („Tagesspiegel", 11.12.1990)

Das konnte freilich wenig beruhigen. Wie in West-Berlin, so ist auch im Ostteil der Stadt seit dem 3. Oktober eine Mieterhöhung nach §3 Miethöhegesetz möglich, vorausgesetzt, es wird mit privaten Mitteln modernisiert. Genau dies stand aber in der Kollwitzstraße zu befürchten.

Der in einer Auflage von 20 000 Exemplaren verteilte Auktionskatalog sprach jedenfalls Bände:

„Durch die Vereinigung der beiden deutschen Staaten ist der Groß-raum Berlin sicher einer der interessantesten Immobilienmärkte Europas geworden, zumal man davon ausgehen sollte, daß die Hauptstadt Berlin Regierungssitz der Bundesrepublik Deutschland wird."

Dieser Markt mußte freilich erst einmal ausgelotet werden. „Die erste Versteigerung sieht der Auktionator deshalb als eine Art Börse, auf der erstmals etwas wie ein ‚objektiver Wert' für Immobilien in Ost-Berlin ermittelt werde." („Tagesspiegel", 11.12.1990)

Der Skepsis gegenüber den Beschwichtigungsversuchen Plettners wurde mit dem Versteigerungskatalog neue Nahrung gegeben. Zur Koll-witzstraße 52 hieß es unter anderem:

„5geschossiger modernisierungsgeeigneter Altbau. Grundstücksgröße 792 m². Vorderhaus mit rechtem und linkem Seitenflügel. 5 Garagen auf dem Hof. Anhand alter Bauzeichnungen errechnet sich die Wohnfläche mit 1 520 m², wobei sich bis auf die Wohnungen im 4. OG die Vorder-haus-Wohnungen bis in die Seitenflügel hinein erstrecken. Insgesamt 12 Wohnungen, davon eine Arztpraxis mit ca. 115 m² Nutzfläche. (...) Alle Wohnungen haben Bäder und Toiletten. Die Treppe im Vorderhaus ist bis zum 2. OG in Marmor gehalten. Nicht ausgebautes Dachgeschoß mit einer Größe von 450 m². Das Haus befindet sich in unmittelbarer Nähe zum historisch restaurierten Kollwitzplatz und der Husemannstraße.

Verkehrswert lt. Gutachten .... DM 875 000.-
Jahresmiete zur Zeit ....ca.DM   14 600.-
Mindestgebot (Auktionslimit) .... DM 495 000.-
zzgl. Auktionscourtage auf den Zuschlagspreis"

Die Ankündigung als „Modernisierungsobjekt" inmitten eines „der inte-ressantesten Immobilienmärkte"– Plettner sprach aus, was andere nur dachten. „Selbst bei einer Verdoppelung der Miete", so errechnete die „Berliner Zeitung" vor der Versteigerung, „müßte der neue Besitzer 17 Jahre warten, bis er den Einsatz wieder hereingewirtschaftet hat."

„Ihre Besorgnis ist völlig unbegründet"

„Die Bewohner des Hauses Kollwitzstraße 52 hatten gerade mal zehn Minuten ihre Transparente aus dem Fenster gehängt, da bog auch schon ein Polizeikonvoi um die Ecke. ‚Sie haben das Haus besetzt?' fragte ein

„Mieterbesetzung" in der Kollwitzstr. 52, Dezember 1990

aus dem Wagen springender Beamter und wies auf ein entsprechendes Spruchband an der Fassade. Der Angesprochene bejahte, konnte aber ebenso wie seine Mitbewohner auf einen gültigen Mietvertrag mit der Wohnungsbaugesellschaft Prenzlauer Berg verweisen – abgeschlossen schon vor vielen Jahren. Hier, so klärte man den staunenden Beamten auf, handele es sich um eine Mieterbesetzung." ("taz", 10.12.1990)

Der Versuch der Kollwitzstraßenbewohner, mit der Besitzerin, einer Charlottenburger Erbin, Kontakt aufzunehmen, hatte nicht den gewünschten Erfolg gebracht. Die alte Dame wollte offenbar schnellstmöglich verkaufen, schließlich war das Grundstück mit einer Hypothek von 200 000 DM belastet. Wenn man als Hausgemeinschaft die Versteigerung schon nicht verhindern und auch selbst nicht mitsteigern konnte, so wollte man doch wenigstens ein Signal setzen, um die anderen Mieter in der Stadt für eine solche Problematik zu sensibilisieren. Unorthodox, wie Prenzelberger zuweilen sind, entschloß man sich, neben der bereits erwähnten Presseerklärung, schließlich für die Form der „Mieterbesetzung", hängte Transparente aus dem Fenster („Heute Kollwitzstraße, morgen ihr") und lud die Presse ein. Das Echo war überraschend. Die Mieter eines einzigen Hauses hatten es geschafft, die geplante Versteigerung bereits im Vorfeld in die Schlagzeilen zu bringen. Sehr zum Ärger von Hans Peter Plettner. Der schrieb am 10.12., einen Tag vor der Versteigerung, den Bewohnern der Kollwitzstraße:

„Sehr geehrte Mieterin, sehr geehrter Mieter,
der bevorstehende Verkauf (Versteigerung) des Hauses, in dem sie wohnen, hat, offensichtlich in Unkenntnis des wahren Sachverhaltes, Ihrerseits zu Reaktionen geführt, die nicht notwendig waren.(...) Ihre Besorgnis, daß
– die Wohnungen in Eigentumswohnungen umgewandelt werden,
– Eigenbedarf angemeldet wird,
– die Mieten erhöht werden,
ist völlig unbegründet.
(...)
Auf alle Fälle dürfen wir sie schon jetzt höflich bitten, die Plakate und Fahnen vom Haus zu entfernen, da es sich hier um eine rechtlich unzulässige Aktion handelt.
Mit freundlichen Grüßen
Hans Peter Plettner"

Man ließ sich freilich nicht einschüchtern und hielt an den für den Versteigerungstag angekündigten Protesten fest. Auch anderswo regte sich erster Widerstand. Hausbesetzer und Berliner MieterGemeinschaft riefen zur Kundgebung vor Ort, und auch die Mieter der anderen betroffenen Häuser hatten ihr Erscheinen angekündigt.

„Ich bin Bieter, Sie sind nichts!"

Dienstag, 11. Dezember 1990, 18 Uhr. Die Dunkelheit hatte sich bereits über die leeren Straßen der Friedrichstadt gelegt. Naß war es und offen die Frage, wer denn nun die kalten Füße bekommen würde: Hans Peter Plettner, die Demonstranten oder das schick-schrille Bieterpublikum.

„Der große Musiksaal des ehemaligen Kulturbundclubs, in dem die Auktion unter der Leitung des West-Berliner Maklers Hans-Peter Plettner über die Bühne gehen sollte, war bereits lange vor Auktionsbeginn hoffnungslos überfüllt. Neben Bietern waren es vor allem Mieter der betroffenen Ost-Berliner Häuser sowie Vertreter der von Räumungs- und Privatisierungsangst heimgesuchten Hausbesetzerszene, die diesen denkwürdigen Akt miterleben wollten. Da aus diesem Grunde einige der später erschienenen potentiellen Käufer keinen Platz mehr im Saal bekamen, forderte Plettner alle ‚Nichtbieter' auf, den Saal zu verlassen – ansonsten lasse er räumen." („taz", 12.12.1990)

So hatte sich Herr Plettner das nicht vorgestellt. Adresse, Ambiente, Angebot, alles stimmte und hatte Stil. Sollten ihm nun etwa die ungebetenen Besucher das Geschäft vermasseln? Die hatten freilich bis dato nichts anderes unternommen, als die handverlesenen Versteigerungsobjekte mit Buhrufen zu quittieren. Was der Yuppie aus München vielleicht als diskreten Charme großstädtisch schmuddeliger Protestkultur empfand, brachte andere freilich in Rage: „Ich bin Bieter, Sie sind nichts!", echauffierte sich eine ältere Dame. Berlin ist schließlich eine Reise wert. Dies durchzusetzen, ließ Herr Plettner keinen Zweifel. Als die Demonstranten auch nach der fünften Aufforderung den Saal nicht verlassen hatten, wurde die Staatsgewalt zu Hilfe gerufen. Die war nicht zimperlich. Um sicherzugehen, daß der Veranstaltungsort hinterher wirklich „störerfrei" war, mußte man allerdings den ganzen Saal räumen. Sehr zum Unmut so manchen Bieters, von denen ein Großteil eigens aus Westdeutschland oder dem Ausland angereist war. Ein Reporter meinte gar gehört zu haben: „Komm Henry, wir gehen zu einer ruhigeren Auktion im Westen." („BILD", 12.12.1990)

„Robin Hood der Mieter"?

Mit zweistündiger Verspätung fand die Versteigerung schließlich doch noch statt. Hans Peter Plettner zeigte sich auf der anschließenden Pressekonferenz ob der überstandenen Saal-Räumung und vor allem der erzielten Ergebnisse mehr als zufrieden: Die Masurenstraße 1a-2 in Pankow erzielte 830 000 DM, das 69-fache der Jahreskaltmiete, bei der Treskowstraße 26, ebenfalls in Pankow, war der Hammer bei 610 000 DM gefallen.

Für das Hamburger Nachrichtenmagazin „DER SPIEGEL" waren solche Summen schlicht „astronomisch". Die neue Attraktivität des „heißen Immobilienmarktes" habe offensichtlich ganz neue Käuferschichten erschlossen: „Vorbei sind die Zeiten, da Berlins Immobilienbranche ihr Stadt-Monopoly im Familienkreis spielen durfte. Rund 500 Freaks und Schicki-mickis aus München, Wien und Turin haben die heimischen Spekulanten aufgemischt. Die Neuen kamen, sahen und boten Traumpreise." („SPIEGEL", 51/1990) In der Tat. Die bei der Auktion am 11. Dezember erzielten Verkaufspreise lagen im Schnitt 43 Prozent über dem ermittelten Verkehrswert. Da mußte selbst Altprofi Hans Peter Plettner eingestehen: „Diese Preise sind der Wahnsinn." („SPIEGEL", 51/1990)

Die Kollwitzstraße erbrachte das höchste Versteigerungsergebnis. Für 1,05 Millionen DM, das 72fache der Jahresmiete, ging der Zuschlag an zwei Hamburger. Klaus Schmidt und Christoph Radke, Lehrer und Bildhauer von Beruf, hatten das Haus zwar erst am Vortag besichtigt, waren aber spontan begeistert: „Haus, Gegend und Mieter sind toll." („Tagesspiegel", 13.12.1990) Mit 70 DM Bargeld und einem Scheck von 100 000 DM nach Berlin gereist, wollten sie so gar nicht ins Bild des kalt kalkulierenden Spekulanten passen. „Wir wollen die Probleme gemeinsam mit den Mietern lösen. Vielleicht kommt es sogar zur Gründung einer Mieter GmbH", so der 37jährige Schmidt. („Berliner Morgenpost", 13.12.1990) Ob es sich bei den beiden Käufern allerdings tatsächlich, wie vom „Volksblatt" mit Erleichterung festgestellt, um den „Robin Hood der Mieter" handelte, blieb zunächst offen. Die Aussagen über die künftigen Mieten jedenfalls widersprachen sich. „Er (Schmidt, d. V.) habe bei einigen Mietern vorgefühlt und festgestellt, daß sie auch bereit sind, 2,40 DM pro Quadratmeter zu zahlen." („Tagesspiegel", 13.12.1990) „Die Mieten für die Bewohner sollen in den nächsten fünf Jahren nicht mehr als fünf bis sieben Mark pro Quadratmeter betragen." („Volksblatt",

13.12.1990) Inzwischen sind Mieter und Besitzer übereingekommen, bei der Wohnungsbaukreditanstalt einen Antrag auf eine öffentlich geförderte Modernisierung zu stellen. Bisher konnten die Stadterneuerungsgelder allerdings nicht in Anspruch genommen werden. Der Grund: Im Landesamt für offene Vermögensfragen in der Klosterstraße ließ man sich, anders als im Falle Alte Schönhauser Straße 43/44, mit der Bearbeitung der Eigentumsverhältnisse Zeit.

Am Abend des des 11. Dezember 1990 lud Hans Peter Plettner zum Buffet. Nicht ohne vorher die Pressekampagne gegen ihn gescholten zu haben, gab er sich, ganz im Trend des Tages, ebenfalls als Robin Hood und kündigte „eine Spende in Höhe von 5 000 DM für das Diakonische Werk im Ostteil der Stadt an, zweckgebunden für die Betreuung von Obdachlosen." („Tagesspiegel", 13.12.1990)

Seine Courtage, das sei hier hinzugefügt, belief sich an jenem „historischen" Abend auf schlappe 600 000 DM. („SPIEGEL", 51/1990)

Plettner unter Beschuß

Am 5. März bekam die Berliner MieterGemeinschaft einen Brief. Absender: Hans Peter Plettner:

„Sehr geehrte Damen,
sehr geehrte Herren,
im Hinblick auf unsere nächste Auktion am 14. März '91 erfahren wir,
daß sie den Mietern der von uns zu versteigernden Häuser das in Foto-
kopie beigefügte Rundschreiben überreicht haben. (...)
Sie werden sich sicher an unsere erste Auktion in Berlin-Mitte erinnern,
in deren Verlauf es zu Gewalttätigkeiten kam, die von der Kreuzberger
Berufs-Besetzer-Szene initiiert wurde.
Ihr Verein war, jedenfalls indirekt, an dem Verlauf der Veranstaltung,
die im übrigen nach Beendigung der gewalttätigen Demonstration zur
vollen Zufriedenheit aller Beteiligten zuende geführt wurde, beteiligt. Sie
haben, wie uns mitgeteilt wurde, indirekt zur demonstrativen Gewalt mit
dem Sender Radio 100 in der Potsdamer Straße aufgerufen.
Wir können nur hoffen, daß Sie sich zukünftig jedweder Aktivitäten,
die nicht im Rahmen bestehender Gesetze legalisiert sind, enthalten wer-
den.
Mit freundlichen Grüßen
Hans Peter Plettner"

Sollte die Versteigerung am 11.12.1991 doch nicht „zur vollen Zufriedenheit aller Beteiligten" zu Ende gegangen sein? Oder waren es die für die zweite Versteigerung angekündigten Proteste, die Herrn Plettner sich im Ton vergreifen ließen? Was die Kollwitzstraße 52 betraf, so waren in der Tat Fragen offengeblieben. Es hatte sich nämlich im Nachhinein herausgestellt, daß das Gebäude im Jahre 1937 „arisiert" worden war. „Wenn sich bis zum 31.3.91 die jüdischen Vorbesitzer melden, ist das Haus laut Einigungsvertrag ihres", enthüllte die „taz" am 15. Dezember unter der Überschrift „Die Auktion war ein Flop". Ungeklärt war darüber hinaus der Verfahrensweg: „Für einen Verkauf muß zudem der Magistrat eine Genehmigung geben, die eine Klärung anderweitiger Besitzansprüche voraussetzt. Der zuständige Sachbearbeiter hat sogar ausdrücklich davon abgeraten, (im Falle der Kollwitzstraße) eine solche Genehmigung zu geben." „Ein anständiger Auktionator hätte so was nicht machen dürfen", kommentierte ein Mitarbeiter der Abteilung Finanzen die voreilige Versteigerung der Kollwitzstraße 52 gegenüber der „taz"(15.12.1990). Hans Peter Plettner war unter Beschuß geraten.

„Die Berliner MieterGemeinschaft hat auf ihrer heutigen Pressekonferenz den Senator für Wirtschaft aufgefordert zu prüfen, ob der Makler Hans Peter Plettner seine spektakulären Versteigerungen immer mit der Seriösität und Gewissenhaftigkeit vorbereitet, die von einem ‚öffentlich bestellten und vereidigten Grundstücks-Auktionator' erwartet werden muß." (Pressemitteilung der MieterGemeinschaft vom 14.3.1991)

Es war unterdes bekannt geworden, daß Hans Peter Plettner nach einem 1980 beim Landgericht ergangenen Urteil als „Täuscher" bezeichnet werden kann. „Diesen Fakt mußte der Wirtschaftssenator ... im Senatspressedienst ebenso bestätigen, wie die Tatsache, daß Plettner 1982 vom Kammergericht verurteilt worden war, eine durch Täuschung beim Verkauf einer Eigentumswohnung ergaunerte Summe von 10 000 DM samt Zinsen zurückzuzahlen." („Die Wahrheit", 12.9.1985) Zu Konsequenzen führten diese Enthüllungen allerdings nicht. Dem Senat waren die Urteile nach eigenen Angaben bei der Bestellung Plettners zum Auktionator nicht bekannt, so die Antwort auf eine Anfrage der AL-Abgeordneten Ahme im März 1985. Der damals zuständige Wirtschaftssenator hieß im übrigen Elmar Pieroth, heute Senator für Finanzen und verantwortlich für das „Landesamt für offene Vermögensfragen".

Nicht nur die Seriosität des Auktionators Plettner war von der MieterGemeinschaft in Frage gestellt worden, kritisiert wurde vor allem die
preistreibende Funktion von Grundstücksversteigerungen. Der Markt
werde durch die überhöhten Verkaufssummen angeheizt, und die Käufer müßten sich anschließend an den Mietern schadlos halten. Normalerweise, so die Mieterorganisation, sei ein Verkaufspreis vom 10fachen
der Jahreskaltmiete üblich. Bei Plettners Auktionen wurde aber das 70 bis
103fache der Jahresmiete erzielt. „Jeder Ersteigerer muß versuchen, den
gezahlten Kaufpreis wieder herauszuwirtschaften; üblicherweise rechnet
man, daß ein Haus sich binnen sieben Jahren amortisieren muß. Das bedeutet: Wenn ein Haus für das 70fache der Jahresmiete gekauft wurde
(wie im Fall der Kollwitzstraße, d. V.), so muß die Miete schnellstmöglich
um mindestens das zehnfache erhöht werden, damit der Käufer kein
Verlustgeschäft macht. (Hat der Ersteigerer den Kaufpreis durch Kredite finanziert, so ist der ökonomische Verwertungsdruck noch wesentlich
höher.)" („MieterEcho", 226/1991)

Risiko Eigentümerwechsel

Über einer Versteigerung schwebt demnach fast immer das Damoklesschwert einer Privatmodernisierung. Ausnahmen wie in der Kollwitzstraße bestätigen nur die Regel. Selten sind die neuen Besitzer freilich so
offen wie die Reinickendorfer Baufirma „Korrekto". Die hatte im März
1991 ein Haus in der Eichenstraße in Niederschönhausen ersteigert. Er-
lös: Das 70fache der Jahreskaltmiete. Geschäftsführer Kocak damals zur
Presse: „Ich spreche so schnell wie möglich mit den Mietern. Wir wollen
modernisieren, den Lagerplatz hinter dem Gebäude umgestalten."
(„Berliner Kurier", 15.3.1991) Vorsorglich wurden schon einmal Kündigungen wegen Eigenbedarfs in Aussicht gestellt.
   Nicht viel besser ging es den Mietern dreier Pankower Häuser, die von
einem Geschäftsmann als „Kapitalanlage" ersteigert wurden:
   Sehr geehrte Damen und Herren,
   hiermit teilen wir Ihnen mit, daß sich die Eigentumsverhältnisse bezüg-
lich des von ihnen bewohnten Hauses geändert haben. Der neue Eigen-
tümer Herr Arslan hat uns mit der Verwaltung des Hauses beauftragt.
   Vorsorglich bitten wir Sie, Ihre Mietvertragskopien an uns zu senden."
(Schreiben vom 8.2.1991)
   „Ferner bitten wir Sie, bis zum 15. März 1991 zwecks Feststellung der

Identität, Fotokopien Ihres Personalausweises und Anzahl der Personen,
die in Ihrer Wohnung leben, uns umgehend mitzuteilen.
Mit freundlichen Grüßen
UNICORN Grundstücksgesellschaft mbH"
(Schreiben vom 26.2.1991)
Die Mieter quittierten diese Unverschämtheit auf ihre Weise und taten das einzig Richtige: Sie warfen den Brief in den Papierkorb, nicht
ohne vorher freilich die Mieterberatung aufgesucht zu haben. Dort hatte
man erfahren, daß „solche Aufforderungen datenschutzrechtlich nicht
zulässig sind und im übrigen jeder gesetzlichen Grundlage entbehren".
(Rundschreiben der Berliner MieterGemeinschaft vom 4.3.1991)
Ob Versteigerung oder „normaler" Verkauf, Eigentümerwechsel
bringen immer soziale Unsicherheiten mit sich. Die Zeiten, in denen in
den Großstädten „Oma ihr klein Häuschen" für'n Appel und'n Ei vermietet hat, sind endgültig vorbei. In West-Berlin ist seit Mitte der siebziger Jahre ein Wechsel der Besitzerstruktur eingetreten: weg vom Klein-
besitzer, hin zu den großen Verwaltungen, Abschreibegesellschaften und
Modernisierungsspekulanten. Wem heute mitgeteilt wird, daß „sein"
Haus verkauft wurde, kann sicher gehen, wenig später eine Modernisierungsankündigung im Briefkasten zu finden. Nicht selten versuchen die
neuen Eigentümer, insbesondere in Ost-Berlin, die Unwissenheit der
Mieter auf ihre Weise auszunutzen. Ein Beispiel: In der Simon-Dach-
Straße 3 in Friedrichshain schrieb die neue Hausverwaltung den überraschten Mietern:

„Es dürfte Ihnen aus der Vergangenheit nicht entgangen sein, daß die
von Ihnen gezahlte Miete in keinem Verhältnis zu den für das Wohnhaus
geleisteten Aufwendungen stand. Da wir aber zumindest mit einer Ko-
stenhöhe rechnen müssen ... und wir aus sicherlich Ihnen verständlichen
Gründen nicht bereit sind, diese auch zukünftig aus unserem persönlichen
Einkommen zu bestreiten, müssen wir bis auf weiteres ab dem 1. Febru-
ar 1991 Ihnen eine Miete in Höhe von DM 110,00 berechnen. (Die alte
Miete betrug 53DM, d. V.)
Mit unseren besten Wünschen für ein gesundes und erfolgreiches Neu-
es Jahr verbleiben wir
Gisela und Horst Schütz
Moltkestr. 21
W-3450 Holzminden. "
Datum des Schreibens: 31. Dezember 1990. Manch einer der neuen
Hausbesitzer wollte offensichtlich die Bonner Mieterhöhungsverord-

nung nicht abwarten und versuchte, obwohl dies rechtlich unzulässig war, auf eigene Faust Fakten zu schaffen. Am 14. Januar 1991 meldete die „Berliner Zeitung":

„In Ost-Berlin häufen sich die Fälle von Mieterhöhungen vor der Schaffung entsprechender gesetzlicher Grundlagen durch die Bundesregierung. Viele Häuser werden derzeit an die ehemaligen Eigentümer zurückgegeben und aus der Verwaltung der Wohnungsbaugesellschaften gelöst. ‚Oft haben dann die alten/neuen Eigentümer nichts Eiligeres zu tun, als die Mieter unter Druck zu setzen, um mehr Geld aus ihnen herauszupressen', hieß es in einer Pressemitteilung der Berliner MieterGemeinschaft e.V. Zu den Spielarten gehörten Hauruckmodernisierungen ohne die gesetzlich vorgeschriebene Ankündigungszeit, die Umlegung von Betriebskosten ohne gesetzliche Grundlage auf die Mieten oder die lapidare Begründung, die Miete sei nicht kostendeckend."

Auch unerlaubte Eigenbedarfskündigungen gehören mitunter zum Repertoire der neuen Eigentümer, obwohl dieser Kündigungsgrund für die Neuen Bundesländer bis zum 31.12.1992 ausgeschlossen ist (es sei denn, es sei für den Eigentümer damit eine unerträgliche Härte verbunden). Gekündigt wird zuweilen unter abenteuerlichen Vorwänden. Im folgenden Fall wurde die Rechnung allerdings ohne den Mieter gemacht:

„Sehr geehrter Herr H.,

wir vertreten Ihre Hauseigentümerin, Frau Ursula Hoffmann, diese vertreten durch die Hausverwaltung, die HAWOGE, Gipsstr. 8-9, 1054 Berlin.

Es ist festzustellen, daß Sie die Mieten Januar und Februar à 49,15 DM verschulden.

Wir kündigen Ihnen daher das bestehende Mietverhältnis fristlos und fordern Sie auf, die Räumlichkeiten bis zum

14. März 1991

zu räumen.

Einer Fortsetzung des Mietverhältnisses wird ausdrücklich widersprochen." (Schreiben des Rechtsanwalts der Hauseigentümerin vom 4.3.1991)

Der Grund für die versäumte Miete: Das Postgiroamt hatte einen Antrag auf Änderung des Dauerauftrags nicht rechtzeitig befolgt. Der Mieter machte in einem Antwortschreiben seinem Ärger über das „unverschämte Vorgehen" der neuen Besitzer Luft:

„Offenbar haben Sie, anstatt mit mir Rücksprache zu nehmen, in Unkenntnis der tatsächlichen Tatbestände, Ihr unerhörtes und unmenschli-

ches Schreiben aufgesetzt. Stellen Sie sich einmal vor, dieser bürokratische und angstauslösende Text wäre herzkranken Rentnern zugegangen, die sich nicht zu helfen gewußt und nicht die wirkliche Rechtslage überschaut hätten. (...)

Ich bestehe darauf, daß Sie ihre Forderungen umgehend zurücknehmen."

Die Kündigung wurde zurückgezogen.

„Sie sind hier unerwünscht"

Am 14. März 1991 fand die zweite Versteigerung von Ost-Immobilien statt. Diesmal im West-Berliner Palace-Hotel im Europa-Center. Ost-Berlin als Standort hatte sich aufgrund der Proteste offensichtlich als unkalkulierbare Größe erwiesen. Außerdem hatte sich Professor Dr. Fritz Klein, Vorsitzender des Berliner Klubs der Kulturschaffenden, von der ersten Auktion in der Otto-Nuschke-Straße distanziert:

„Der Vorstand des Klubs der Kulturschaffenden legt Wert auf die Feststellung, daß die Versteigerung von Mietshäusern in diesem Haus ohne sein Zutun erfolgte. Nach Meinung des Vorstands entsprechen solche Veranstaltungen nicht dem Charakter des Hauses." (Erklärung vom 13.12.1990)

Bereits zwei Stunden vor Versteigerungsbeginn glich das Europa-Center einer Festung. Zusätzlich zur Polizei sorgte eine private Bodyguard-Truppe Plettners dafür, daß die Auktion diesmal reibungslos über die Bühne ging. Wer als Bieter den Saal betreten wollte, mußte drei Sicherheits- und Gesichtskontrollen über sich ergehen lassen. Schon beim geringsten Zweifel an der Seriosität des Geprüften wurde der Einlaß verweigert. Auch ein Reporter der „Berliner Zeitung" mußte außen vor bleiben. Begründung des Türstehers: „Ihr Blatt druckte den Demonstrationsaufruf ab. Deshalb sind sie hier unerwünscht." („Berliner Zeitung", 16./17.3.1991)

Zur Demonstration aufgerufen hatte diesmal das „Aktionsbündnis gegen Mietenexplosion". Man wollte den Protest gegen die Versteigerung in einem größeren Zusammenhang verstanden wissen. Schließlich war einen Monat zuvor in Bonn der Startschuß für die Mieterhöhungsdebatte um die ehemalige DDR gefallen.

Um den Bonner Mieterhöhungsplänen „den Protest und den Widerstand der MieterInnen entgegenzusetzen", hatte man ein breites Bünd-

Protestkundgebung gegen die Versteigerung am 14. März 1991

nis ins Leben gerufen: „Im Aktionsbündnis gegen Mietenexplosion haben sich zahlreiche MieterInneninitiativen, -läden, besetzte Häuser, die MieterGemeinschaft, sowie VertreterInnen von Parteien zusammengeschlossen, um die zahlreich geplanten Aktivitäten gegen Mietenexplosion und Vertreibung vorzubereiten, bzw. zu koordinieren." (Demonstrationsaufruf zum 14.3.1991)

Die Kundgebung vor dem Palace Hotel fiel allerdings bescheiden aus. Nur knapp 50 Personen waren gekommen, um ihre Ablehnung gegen diese Form der Wohnraumspekulation zum Ausdruck zu bringen. Anders als in den Betrieben, wo es nicht selten noch einen kollektiven Zusammenhalt gibt, ist es unter vereinzelten Mietern viel schwieriger, gemeinsame Aktivitäten gegen die „Abwicklung im Wohnungswesen" in Gang zu bringen. Die Versteigerung von Haus und Mensch konnte nahezu ungestört über die Bühne gehen.

Die Bewohner der Eichenstraße 56 in Niederschönhausen hatten sich indes im Saal eingefunden, um ihr Haus selbst zu ersteigern. Zu diesem Zwecke hatte man eigens eine GmbH gegründet. Für Hans Peter Plettner eine tolle Sache: „Mit neunzigprozentiger Wahrscheinlichkeit werden sie ihr Haus bekommen", so der Auktionator gegenüber dem „Volksblatt". Doch bei der Summe von 470 000 DM war ihnen die Puste ausgegangen. Den Zuschlag erhielt die bereits erwähnte Baufirma „Korrekto" aus West-Berlin. Versteigerungssumme: 480 000 DM. Bis heute halten sich unter den Mietern Gerüchte, daß Plettner über die finanziellen Möglichkeiten der Mieter-GmbH informiert war.

Ein weiteres Ost-Berliner Mietshaus, die Ackerstraße 19 in Berlin Mitte, kam für 710 000 DM unter den Hammer, dem 32-fachen der Jahreskaltmiete. Das Haus ersteigerte Dr. Martin Hellweger (32) aus Bozen, Präsident der italienischen Unternehmensgruppe „Heller Finance".

Binnen eines halben Jahres sind nunmehr fünf Versteigerungen über die Bühne gegangen. Die Attraktivität der Auktionen ist ungebrochen. Inzwischen muß Berlins „öffentlich bestellter und vereidigter Auktionator" wegen der Fülle der Angebote die Veranstaltungen auf zwei Tage ansetzen.

Auch auf dem „normalen" Verkaufsmarkt treibt das Geschäft immer größere Blüten.

„Zwei Millionen DM für ein Wohnhaus mit Kuhstall"

Als die potentiellen Käufer Ende Mai 1991 ihr „Objekt der Begierde" besichtigten, staunten sie nicht schlecht. Was vom Immobilienhändler als leerstehend deklariert worden war, erwies sich als legal bewohnt: der Kotikowplatz 2 in Berlin-Friedrichshain. Noch zu KWV-Zeiten hatten die Mieterinnen und Mieter, die meisten von ihnen Kunststudenten und Designer, einen Wohn- und Gewerbemietvertrag abgeschlossen. Laufzeit: fünf Jahre mit Option auf Verlängerung bis ins Jahr 2000.

Angepriesen wurde das „Modernisierungsobjekt" in einem Katalog der Firma „Plettner Immobilien GmbH". „Der Seitenflügel und das Quergebäude werden frei von Mietverhältnissen übergeben", hieß es in der Offerte. Kostenpunkt: zwei Millionen DM. Die Mieter, die sich in einem „Designhaus e.V." zusammengeschlossen hatten, waren ratlos. Man hatte bereits 30 000 DM in die Renovierung investiert. Aus einem ursprünglichen Selbsthilfevertrag mit der Wohnungsbaugesellschaft Friedrichshain war allerdings nichts geworden. „Eine 16-köpfige Erbengemeinschaft hatte im Juni vergangenen Jahres Antrag auf Rückübertragung ihres Eigentums gestellt" („Tagesspiegel", 5.6.1991), worauf die WBF die Bewohner aufgefordert hatte, das Gebäude zu verlassen. Die wiederum verwiesen auf ihren Vertrag mit der KWV und weigerten sich, der Aufforderung nachzukommen.

Die Versuche der Mieter, der Erbengemeinschaft ein Kaufangebot zu unterbreiten, waren gescheitert. Ein weiterer Käufer hatte sich bis dato allerdings noch nicht gefunden.

Hans Peter Plettner indes hat dem „Tagesspiegel" unter Androhung der Klage untersagt, die Firma „Plettner Immobilien GmbH" mit ihm in einen Zusammenhang zu bringen. „Das Grundstück Kotikowplatz 2 wird weder von mir persönlich noch von unserem Auktionshaus angeboten und auch bin ich kein Immobilien Händler. Sicherlich verwechseln Sie dies mit der Fa. Plettner Immobilien GmbH, die sich im 100%igen Besitz der Grundkreditbank befindet und mit der ich nichts zu tun habe." (Schreiben Plettners vom 7.6.1991)

Bis kurz vor seiner Bestellung als Auktionator durch Elmar Pieroth war Plettner freilich Geschäftsführer der Plettner Immobilien.

„Werra-Block":
Leerstand, Luxusmodernisierung und
unterlassene Instandhaltung

Der „Werra-Block" liegt im West-Berliner Stadtbezirk Neukölln – genauer im Südosten - abseits der hektischen Betriebsamkeit einer Karl-Marx-Straße oder Sonnenallee. Hier am Schiffahrtskanal, wo die Miets-häuser den Fabriken und Laubenkolonien des Industriegebiets weichen, kommt nur hin, wer hier auch wohnt. Das hat sich selbst nach der Maueröffnung nicht geändert. Und trotzdem ist der „Werra-Block" weit über den Kiez hinaus bekannt. Der Grund: Hier wurde ein Stück Berliner Skandalgeschichte geschrieben. Leerstand, Mietwucher, Mängel und ein schier unglaubliches Gebahren gegenüber den Mietern ließen den Arzt und Geschäftsführer der IMMOBILIEN BRAUN, Roman Skoblo, zweifelsohne Einlaß in die Galerie stadtbekannter Spekulanten finden.

Öffentlich wurde diese Geschichte am 1. November 1989, begonnen hatte sie schon früher. An jenem 1. November, einem Mittwoch, berichtete die „Berliner Morgenpost" über die Verhängung eines Leerstands-bußgeldes in Höhe von 140 000 DM. Adressat: die IMMOBILIEN BRAUN, eine Charlottenburger Firma, die in den Häusern Werrastraße 36-38, Treptower Straße 19-23 und Weigandufer 36-38 über 70 Wohnungen leerstehen ließ – und dies zum Teil über Jahre hinweg. Die lapidare Begründung: Modernisierung. Wie und vor allem wie schnell modernisiert werde, sei schließlich Sache des Eigentümers, so Roman Skoblo. Sprach's, überwies die 140 000 DM und machte weiter wie bisher.

Skandal, Alltag? Wo offensichtlich das Grundrecht auf Profit dem auf menschenwürdiges Wohnen vorangestellt ist, kann sich derartige Arroganz der Macht unbekümmert breitmachen. Wo staatliche Bußgelder die Summe der erwarteten Mieteinnahmen nach privater Luxusmodernisierung weit unterschreiten, wird die Grenze administrativer Maßnahmen deutlich und mit ihr das ganze Dilemma der sozialen Wohnungspolitik.

Normalerweise wäre ein solcher Fall in der Anonymität bezirklicher Verwaltungsvorgänge untergegangen. Juristen beider Seiten hätten Briefe und Drohungen ausgetauscht, bis der Vorgang schließlich in mehr oder weniger gütlichem Einvernehmen zu den entsprechenden Akten gelegt worden wäre. Hier lagen die Dinge jedoch anders. Die Tatsache, daß vor dem Hintergrund einer dramatisch wachsenden Wohnungsnot und Obdachlosigkeit in nur elf Häusern 70 Wohnungen leerstanden, rief Wohnungssuchende und politische Öffentlichkeit gleichermaßen auf den Plan. Die Ansichten und Praktiken des Roman Skoblo wurden der Anonymität entrissen und der „Werra-Block" avancierte zum Neuköllner Ärgernis Nummer Eins und beschäftigte in Hochzeiten ganze Verwaltungsabteilungen, Lokalredaktionen, Mietervertretungen, Juristenstäbe, den Bausenat und die Berliner Polizei.

„Überwiegend unhaltbare Vorwürfe"?

„Sehr geehrte Mieterinnen und Mieter, Sie haben uns durch ihre Abordnung einen Offenen Brief überreichen lassen, zu dem wir wie folgt Stellung nehmen. Die in dem Offenen Brief enthaltenen Vorwürfe gegen uns sind überwiegend unhaltbar und durch keinerlei Fakten beweisbar. Wir möchten uns aber nicht auf langwierigem schriftlichen Weg mit Ihnen auseinandersetzen, sondern haben vielmehr die Absicht, durch ein kooperatives Gespräch mit Ihnen persönlich alle Mißverständnisse auszuräumen, uns Ihre Sorgen anzuhören und womöglich baldige Abhilfe zu schaffen. Wir laden Sie daher ein zu einer Mieterversammlung am 15. Januar (1990, d. V.) ...

Wir möchten Ihnen als Mieter eine sachliche Diskussion ohne Übergriffe von externen Gruppen ermöglichen. Bitte legen Sie vor Versammlungsbeginn Ihren Personalausweis bzw. Anmeldebestätigung vor, da nur Mieter eingeladen sind. Aufgrund der Ihnen bekannten Übergriffe der vergangenen Wochen bitten wir um Verständnis für diese uns alle betreffende Schutzmaßnahme.

Mit freundlichen Grüßen
gez. Dr. Skoblo"

Man stelle sich vor, man wohnt im vierten Stock, unter dem Dachboden. Eines Tages entdeckt man einen Wasserfleck an der Decke. Er wird größer und größer, und der Putzeimer wird unter der Spüle hervorgeholt. Die Hausverwaltung hat am Telefon versichert, den Schaden zu beheben. Man wartet, einen Tag, zwei Tage, eine Woche. Auf dem Dach wird das ganze Ausmaß des Schadens ersichtlich. Wo früher Dachpappe gelegen haben muß, blankes, morsches Holz. Beim Anwalt erfährt man, was zu tun ist. Der Verwaltung wird die Minderung der Miete um 25 Prozent angekündigt. Diese Sprache verstehen sie. Das Dach wird notdürftig repariert. Man freut sich. Doch dann: Die geminderte Miete soll plötzlich zurückbezahlt werden, ansonsten würde fristlos gekündigt werden.

So geschehen im November 1989 in der Treptower Straße. Wenn es auch für solche Unverschämtheiten eines Eigentümers keine Rechtsgrundlage gibt, so muß man doch ständig auf der Hut sein, und immer wieder darum kämpfen, sein eigenes Recht auch geltend zu machen.

Ein Einzelfall? Offenbar nicht. Am 27.12.1989 schilderte das SFB-Stadtradio anläßlich einer von den Mietern und Wohnungssuchenden organisierten Versammlung den Fall einer türkischen Mieterin:

K.S. (Name vom Verlag geändert), im sechsten Monat schwanger, wohnt in einer 1-Zimmer-Parterre Wohnung in der Treptower Straße, zusammen mit ihrem Mann und ihrem sechsjährigen Sohn. Auch ihr Vater wohnt im „Werra-Block", zwei Häuser weiter. Früher sei es hier besser gewesen, berichtet sie. Der alte Besitzer, Samuel Braun, hätte sich noch um seine Mieter gekümmert. Doch seit Skoblo ... In der Wohnung ist es kalt. Der Allesbrenner funktioniert seit Wochen nicht mehr. Wenn die Mieterin über ihr heizt, bläst der ganze Rauch in ihr Wohnzimmer. In der Küche ist das Fenster kaputt. Handwerker haben es bei Bauarbeiten im Hof zerschlagen, repariert ist es, trotz mehrmaliger Anrufe, bis heute nicht. K.S. weiß sich nicht mehr zu helfen. Seit einem Monat zahlt sie keine Miete mehr, ohne dabei freilich einen Anwalt konsultiert zu haben. Sie kennt sich im deutschen Mietrecht, wie so viele, nicht aus und wird vom Eigentümer, wie so oft in solchen Fällen, schamlos ausgenutzt. Für ihre Wohnung zahlt sie pro Quadratmeter 7 DM – kalt! Türkische Mieter zahlen bei der IMMOBILIEN BRAUN in der Regel höhere Mieten als deutsche. K.S. hatte über Monate die Verwaltung zur Wahrnehmung ihrer Instandhaltungspflicht angehalten – vergeblich. Statt zu reparieren, bot ihr Skoblo eine Umsetzwohnung in einem anderen seiner Häuser an – kleiner natürlich und auch teurer. K.S. lehnte ab.

Wozu ein Eigentümer vom Schlage eines Skoblo alles fähig ist, mußte sie wenig später erfahren. Bautrupps drangen in die Wohnung ein, rissen den Putz von der Decke und zerstörten elektrische Leitungen. Begründung: Aus K.S. Wohnung soll eine sogenannte „Musterwohnung" werden, ein Ausstellungsstück für all diejenigen, die an Skoblo's „Puppenstube", seiner Vorstellung von „gehobenem Wohnen", interessiert sind und auch den dazugehörigen Geldbeutel besitzen. Schließlich plante man im Charlottenburger Sitz der Firma bereits für das Jahr 2000! Durch Staffelmietverträge wollte man die Miete einer frisch modernisierten Wohnung von anfangs 13,95 DM/qm kalt auf 20 DM im Jahr 2000 erhöhen. Berlins Entwicklung zur Metropole warf bereits ihre Schatten voraus.

Mängellisten und ein Offener Brief

Die Geschichte mit dem Dach und K.S.'s Fall waren nur zwei von vielen Beispielen „überwiegend unhaltbarer" Vorwürfe. Lange Zeit wußten die Mieter untereinander nichts von solchen Vorfällen. Man war mit seinen Problemen allein, fraß den Ärger in sich hinein und versuchte, so gut es ging, über die Runden zu kommen. Vereinzelte und gegeneinander ausspielbare Mieter machen bekanntlich keinen Ärger. Erst als im November 1989 die Mieter und Mieterinnen begonnen hatten, sich untereinander auszutauschen, kam der Stein ins Rollen. Als auf einer ersten Mieterversammlung von der Schwierigkeit die Rede war, die zuständige Sachbearbeiterin ans Telefon zu bekommen, brach im Saal Unruhe und Gelächter aus. „Was, dir gings genauso? Ich könnte dir ein Lied davon singen!" Fast alle hatten die gleichen Probleme und Erfahrungen, und alle wollten daran etwas ändern. Der erste Schritt: die Erstellung einer gemeinsamen Mängelliste. Aufgrund der Beratung durch einen Rechtsanwalt wußte man, wie man sich auch juristisch zur Wehr setzen konnte. Mietminderung, Ersatzvornahme, Mängelbeseitigungsklage, das waren zwar anfangs Worte mit sieben Siegeln, aber man wußte auch: nur wer sein Recht kennt, kann sich letztendlich auch durchsetzen.

In einem Offenen Brief wurden die Zustände im „Werra-Block" benannt: „Schäden in Wohnungen werden gar nicht oder nur unzureichend repariert. Höfe, Keller und Treppenhäuser verwahrlosen und gefährden die Gesundheit von MieterInnen und Kindern." Man wollte aber nicht, wie all die Jahre davor, auf eine Antwort Skoblos hoffen, sondern kündigte gleichzeitig an, mit den Problemen an die Öffentlichkeit zu gehen. Der Brief wurde, unterschrieben von über 70 Mietparteien, zusammen mit einer umfassenden Mängelliste am 6. Dezember 1989 der Verwaltung übergeben. Skoblos Antwort: die Versammlung am 15. Januar. Zahlreiche Presseartikel hatten ihre Wirkung nicht verfehlt. Die IMMOBILIEN BRAUN, zum ersten Mal im Rampenlicht der Öffentlichkeit, stand unter Druck.

Die mißlungene Show

Es herschte gespannte Neugier in den Tagen nach Neujahr. Skoblos Einladung war Gesprächsthema Nummer Eins. Ob im Blumenladen, im Lebensmittelgeschäft oder in der Kneipe. Überall dieselben Fragen. Würde er persönlich kommen und sich den Anschuldigungen stellen? Und vor allem: Wird es sich zum besseren ändern? Die Spannung war groß. Am 15. war der Saal in der „Uferlaterne", einer Kneipe auf der anderen Seite des Schiffahrtskanals, eine halbe Stunde vor Beginn bereits gerammelt voll.

Um es vorwegzunehmen: Ein „kooperatives Gespräch" wurde es nicht an diesem Montag abend. Dafür sorgte schon allein die Schlägertruppe am Eingang, die sich durch rüde Ausweis- und Gesichtskontrollen hervortat. Vor allem aber der viel zu kleine Raum, der nur etwa zwei Dritteln der Anwesenden Platz bot, erregte den Unmut der Mieter. Skoblo spielte, zur Überraschung aller, den Ahnungslosen. Eine besondere Anhäufung von Beschwerden sei ihm nicht bekannt, aber es werde selbstverständlich geprüft, ob es sich bei den beklagten Mängeln tatsächlich um unterlassene Instandhaltung handle. Skoblo, von den aufgeladenen Emotionen sichtlich verunsichert, trug sein übriges dazu bei, das Bild vom arroganten und ignoranten Spekulanten zu bestätigen: „Gehen Sie doch in den Sozialismus", war seine einzige Antwort auf die Frage, wer sich denn Mieten von 15 DM/qm noch leisten könne.

So endete denn die lang erwartete Versammlung im Chaos. Skoblo verlor unter den Augen seiner Mieter und Mieterinnen den letzten Rest an Glaubwürdigkeit. Er, der Monate später in der „Berliner Abendschau" vorgab, Mieter wären für ihn Partner, der angetreten war, „Mißverständnisse" auszuräumen, mußte mit einer Punktniederlage von dannen ziehen. Die von ihm für Februar versprochene und auch schriftlich zugesagte Anschlußversammlung fand nicht mehr statt. Er wußte selbst am besten, warum.

Damit wäre allerdings nur der eine Teil des Abends beschrieben. Während Skoblo in der „Uferlaterne" in Sachen Mängel baldige Abhilfe schaffen wollte, schritt die „Werra-Block-Initiative", eine Gruppe Neuköllner Wohnungssuchender, zur Tat. Sie machte damit schon zum zweiten Mal durch die „Beschlagnahmung" mehrerer Wohnungen auf die unhaltbaren Zustände aufmerksam. Doch auch diesmal gab es, wie von der Initiative gefordert, keine Mietverträge von der IMMOBILIEN BRAUN. Wie schon bei der ersten Besetzung im Dezember 1989 schritt

Roman Skoblo auf der Mieterversammlung vom 15. Januar 1990

auch diesmal die Polizei ein und nahm 18 Personen vorübergehend fest. Der Hintergrund von Wohnungsleerstand spielt bei Räumungen nach der „Berliner Linie" keine Rolle.

„Sanierung verschleppt - Stadtratsbüro besetzt"

Am Morgen des 8. Februar 1990 herrschte helle Aufregung im Büro des Neuköllner Baustadtrats. 20 Leute forderten Rechenschaft von der Neuköllner Bauverwaltung. Mittlerweile war die Zahl der leerstehenden Wohnungen im „Werra-Block" auf fast einhundert angewachsen und dies, obwohl vom Senat zum 1.1.1990 stolz eine drastische Erhöhung des Leerstandbußgeldes beschlossen worden war. Im Bezirksamt zeigte man sich dagegen hilflos. Die langjährige Modernisierung von mehr als 90 Wohnungen werde durchaus mit kritischen Blicken gesehen, so Sozialstadtrat Dieter Mey. Weil aber öffentliche Mittel nicht im Einsatz seien, „habe man keine Fristen setzen können". In der darauffolgenden Woche, so hieß es, wolle aber die Wohnungsaufsicht einen aktuellen Bericht über den Leerstand im Häuserblock vorlegen. Erweise sich darin die „Bewohnbarkeit", werde der Bezirk eventuell mit Beschlagnahme reagieren.

Leere Drohungen? Bereits ein Jahr zuvor hatte die Steglitzer Sozialstadträtin Witt sechs leerstehende Wohnungen beschlagnahmt. Doch statt ihr den Rücken zu stärken, war ihr von Seiten der Bezirks- und Senatsverwaltungen Ablehnung entgegengeschlagen. In Neukölln jedenfalls wollte man sich am Steglitzer Vorgehen kein Beispiel nehmen. Eine Karriere, das wußte man auch im Bezirksamt, kann schnell zu Ende sein.

Auf die IMMOBILIEN BRAUN schien diese Drohung ihre Wirkung allerdings nicht verfehlt zu haben.

Skoblo reagiert

Der „Werra-Block" bot Ende Februar 1990 ein anderes Bild als noch im November oder Dezember. Aufgeschreckt von den Protesten und dem überaus großen Interesse der Öffentlichkeit, hatte Skoblo damit begonnen, die Bauarbeiten voranzutreiben. Doch er kam nicht etwa der Forderung nach Instandsetzung – auch der leeren Wohnungen – nach, son-

dern trieb stattdessen die mietpreissteigernden Privatmodernisierungsmaßnahmen voran. Die Zeit lief all denjenigen davon, die sich für den
Erhalt bezahlbaren Wohnraums einsetzten.

Im März 1990 erhielten diejenigen, die sich bei der IMMOBILIEN
BRAUN um eine Wohnung beworben hatten, ein Schreiben der Part-
nerfirma „Kuppsch Gewerbeimmobilien Management GmbH". Darin
hieß es:

> *„Zur Auswahl stehen (im „Werra-Block", d.V.) elf 1-Zimmer-Woh-*
> *nungen ... sowie acht 2-Zimmer-Wohnungen. Mietvertragsbeginn wäre*
> *der 1.Mai 1990. (...) Die Grundmiete einschließlich Betriebskostenvor-*
> *schuß (die sog. Kaltmiete, d.V.) für die Wohnungen beträgt zwischen*
> *13,45 und DM 13,95 pro m². "*

Was vom Bezirksamt immer wieder heruntergespielt worden war, lag
nun schwarz auf weiß auf dem Tisch: Mieten, die kaum noch einer zahlen kann. Daß dies nicht von der Hand zu weisen, sondern ausdrücklich
gewollt war, bestätigte Roman Skoblo höchstpersönlich. Angesprochen
auf die hohen Mietforderungen, erklärte er in seiner unnachahmlichen
Weise: „Hier muß wieder gehobenes Wohnen möglich werden, zumal ja
bald der Treptower Park zugänglich sein wird. Hier müssen Leute wohnen, die eine Funktion in der Gesellschaft erfüllen."

Die Bewohner im Kiez, kinderreiche Familien, Arbeitslose, alleinstehende Mütter und die ausländischen Mitbürger hat er damit ausdrücklich nicht gemeint.

Besetzungen kontra Wohnungsnot und Wuchermieten

> *„Die 16 Leute, die am Dienstag abend im sogenannten Werra-Block*
> *mehrere Wohnungen besetzten, wurden noch in der Nacht von der Poli-*
> *zei geräumt. Das gestern folgende Vermittlungsgespräch zwischen dem*
> *Eigentümer Immobilien Braun, einem Mieter im „Werra-Block", dem*
> *Baustadtrat Wolfgang Branoner und Finanzstadtrat Heinz Buschkowsky*
> *verlief offenbar ergebnislos. " („taz", 26.4.1990)*

Wieder einmal war es eine Besetzung, die nunmehr dritte, die Bewegung ins Spiel brachte. Nach all den Unverschämtheiten des Besitzers
waren die Sympathien inzwischen eindeutig auf Seiten der Besetzer.
Selbst im Saalbau an der Karl-Marx-Straße, der an diesem Abend mit einem Festakt unter Anwesenheit der Bezirksverordneten eröffnet wurde,
fand die Nachricht von der Besetzung Beifall. Die Stadträte Branoner und

Buschkowsky begaben sich umgehend zum „Werra-Block". Ihnen war nach all dem Wirbel, den das Thema in den letzten Monaten ausgelöst hatte, mehr denn je an einer politischen Lösung des Problems gelegen. Allein Skoblo stellte sich dem entgegen. Er weigerte sich nach wie vor, der „Werra-Block-Initiative" und anderen Wohnungssuchenden Wohnraum zu den ursprünglichen Mieten zur Verfügung zu stellen. Er habe zügig modernisiert und sei sich keiner Schuld bewußt, seiner „sozialen Verantwortung" als Hausbesitzer nicht Genüge getan zu haben. Wohnungssuchende und Bezirksvertreter sahen das anders. Doch mehr als eine mündlich zugesicherte Prüfung der sozialen Notlage der Besetzer konnte auch Branoner der „Werra-Block-Initiative" nicht zusichern. Dazu kam es allerdings nicht mehr. Die Polizei räumte nach dem vorläufigen Scheitern der Verhandlungen noch in derselben Nacht.

Doch bereits wenige Tage später, zwischen dem 30. April und dem 3. Mai, wurden die leeren Wohnungen in der Treptower Straße erneut besetzt. Diesmal, so schien es, mit Erfolg. Trotz erneuter Räumung sah sich Skoblo gezwungen, mit der „Werra-Block-Initiative" zu verhandeln. Ein Neuköllner Pfarrer hatte sich als Vermittler zur Verfügung gestellt. In drei Verhandlungsrunden schien man sich auf ein Ergebnis geeinigt zu haben. Die Initiative sollte Mietverträge für 10 Wohnungen zu einem Quadratmeterpreis von 5 DM bekommen. Als dieses aber schriftlich unterzeichnet werden sollte, machte Skoblo einen Rückzieher. Der Pfarrer legte daraufhin sein Verhandlungsmandat nieder, das Bezirksamt bedauerte das Scheitern der Verhandlungen. Der „Werra-Block-Initsiative" blieb, um die IMMOBILIEN BRAUN unter Druck zu setzen, nichts anderes übrig, als noch einmal alle Kräfte zu mobilisieren. Doch die folgenden Kundgebungen, unter anderem vor Skoblos Villa im Grunewald, eine Bürobesetzung und Mieterversammlungen in anderen Skoblohäusern brachten letzlich nicht das gewünschte Ergebnis. Die leerstehenden Wohnungen wurden in Windeseile vermietet, und der Widerstand der Mieter verlagerte sich mehr und mehr auf die juristische Ebene. Zwei benachteiligte Gruppen wurden gezielt gegeneinander ausgespielt. Während der einen durch begonnene Mängelbeseitigung Zugeständnisse gemacht wurden, hielt man die andere hin und manövrierte sie schließlich aus. Selbst die in Anwesenheit des Pfarrers versprochene Rücknahme der Strafanzeigen wurde nicht eingehalten. Seit Februar 1991 wird gegen die Besetzer vor dem Amtsgericht Tiergarten verhandelt. Kriminalisiert werden diejenigen, die einen Skandal zum

SKOBLO, WIR LASSEN NICHT MEHR LOCKER!

- *Sofortige Instandsetzung aller Wohnungen im Block auf Kosten der "IMMOBILIEN BRAUN" / SKOBLOS!*

- *Sofortige Vermietung der über 90 leerstehenden Wohnungen, Mietverträge für die, die dort einziehen!*

- *Schluß mit den Schikanen gegen Mieterinnen und Mieter!*

- *Einstellung aller Ermittlungsverfahren gegen Wohnungssuchende und MieterInnen! Rücknahme aller Strafanträge!*

WIR UNTERSTÜTZEN DIESE FORDERUNGEN DER MIETER/INNEN UND WOHNUNGSSUCHENDEN:

Café Boddin, Herrmannstr. - **Linus**, Hertzbergstr. - **Taverna**, Pflügerstr. - **Call a Pizza**, Reuterstr. - **Döner Imbiß**, Karl-Marx Str./Flughafenstr. - **Orient Imbiß**, Karl-Marx Str. - **Sandmann**, Reuterstr. - **Jakob**, Weserstr. - **Pizza Zuma**, Karl-Marx Str. - **Syndikat**, Weisestr. - **Ton-Ton**, Boddinstr. - **Lumpenpuppe**, Maibach Ufer - **Rotkäppchen**, Maibach Ufer - **Ufer Cafe**, Friedelstr. - **Kroka**, Schillerpromenade - **Cafe Trilogie**, Hobrechtstr. - **Cafe Xenzi**, Selchower Str. - **Kopierladen**, Flughafenstr. - **Belegschaft Copy-Shop 18**, Schönstedtstr. - **Buchladen**, Karl-Marx Str. 72 - **Boxen Groß**, Maibach Ufer - **Waschsalon Ilona**, Herrfurth Platz - **Tischlereikollektiv**, Kottbusser Damm - **Birlik Discount**, Richardstr. - **Schallplattenladen**, Karl-Marx Str. 212 - **Blumenladen**, Flughafenstr. - **An- und Verkauf**, Herrfurthstr. - **Kohlenhändler**, Herrfurthstr. - **Kaufs im Kilo**, Herrmannstr. - **Selbstbaubedarf**, Erkstr. - **Heimtiercenter**, Wissmannstr. - **Änderungsschneiderei**, Herrfurth Platz - **Ausländische Lebensmittel**, Herrfurthstr. - **R+R Galerie**, Karl-Marx Str. - **Eierladen**, Bertelsdorferstr. - **Lokus**, Silbersteinstr. - **Radsport Hoffmann** - **Blumenladen**, Treptower Str. - **Blumenladen**, Mahlower Str. - **Änderungsschneiderei**, Reuterstr. - **Antiquariat**, Flughafenstr. - **Biolöden: Treublume**, Berthelsdorfer Str. - **Rübezahl**, Donaustr. - **Rumpelstilzchen**, Hertzbergstr. - **Kornblume**, Lipschitzallee - **Mehlwurm**, Panierstr. - **Neuköllner Oper**, Richardstr. - **Freies Schauspiel - Kino Passage**, Karl-Marx Str. - **MusikerInnenkollektiv schwarz-rotes Kabel: SapientiSat, Malakas Konsens, Vogelsang, Apoplexy, Krümel e.V.**, Weserstr. - **Dritte Welt-Laden**, Thomasstr. - **Antifasist Gençlik**, Gneisenaustr. 2a - **JFZ Wetzlar**, Rütlistr. - **Stadtteil und Infoladen Lunte**, Weisestr. - **Halk Evi**, Kottbusser Damm - **Hausgemeinschaft Weise 48 - Antifa-Ini Neukölln**, Galerie Olga Benario, Boddinstr. - **Kiezküche im Syndikat - Antifa-Jugendfront**, Gneisenaustr. 2a - **Weserstr. 39 e.V.** - **Anarchistisches Stadtteikomitee** und MieterInnenversammlung i.d. Lunte - **Schülerberatung**, Richardstr. - **Berliner Mietergemeinschaft**, Möckernstr. - **AStA-TU - AStA-FU - Häuser- und MieterInnenkampfplenum - BewohnerInnen Brümmerstr. 52 - Boris Becker**, Tennisas

Solidaritätsplakat Neuköllner Einzelhändler, Projekte und Initiativen, Februar 1990

Politikum gemacht hatten. Von den kriminellen Machenschaften Skoblos sprach niemand mehr. Auch die Medien hatten, nachdem der Skandal einmal vermarktet war, das Interesse am „Werra-Block" verloren.

Jenseits des Skandals

Mittlerweile gibt es keinen Leerstand mehr im „Werra-Block". Die ehemals leerstehenden Wohnungen sind modernisiert und vermietet. Eingezogen sind meist jüngere Leute, viele von ihnen Studenten und Akademiker aus Westdeutschland. Eine Klage wegen Mietwucher gegen die IMMOBILIEN BRAUN hatte inzwischen allerdings Erfolg. Das Amtsgericht Neukölln hat die von Skoblo verlangte Miete von 13,45 DM auf 11,59 DM/qm gesenkt. Das entspricht genau der Mietwuchergrenze von 20 Prozent Überschreitung der „ortsüblichen Vergleichsmiete". Das Urteil ist allerdings noch nicht rechtskräftig. Skoblo hat Widerspruch eingelegt. Begründung: Aufgrund der umfassenden Modernisierungsarbeiten habe die Wohnung nunmehr als Neubau zu gelten. Und da liegen die im Mietspiegel festgelegten „ortsüblichen Vergleichsmieten" wesentlich höher als im Altbau.

Nach dem Urteil des Amtsgerichtes haben sich auch andere Mieter der Klage angeschlossen, nicht nur im „Werra-Block". Der Wucherpraxis bei Neuvermietungen tut dies freilich keinen Abbruch. Die neueste Mietforderung im „Werra-Block": 16,02 DM pro Quadratmeter – kalt.

Das Gesicht des „Werra-Blocks" hat sich verändert. Es scheint nur noch eine Frage der Zeit, bis auch die alteingesessenen Bewohner an der Treptowerstraße eine entsprechende Modernisierungsankündigung im Briefkasten finden. Ob Skoblo dann ein leichtes Spiel haben wird, ob die „bewegten Zeiten" das Selbstbewußtsein der Mieterinnen und Mieter und ihren Willen zum Widerstand gestärkt haben, wird sich dann zeigen.

Mietschulden und Räumungsklagen

„Einer muß den Anfang machen"

Der Möbelwagen kam um 9 Uhr – und mit ihm der Gerichtsvollzieher. „Sechs Möbelträger schleppten die gesamte Einrichtung auf die Straße, hoben sie in den Möbelwagen. Nach zwei Stunden war die Aktion beendet, die vier Räume, Bad und Küche standen leer. Zuletzt wurde noch das Goldfischaquarium herausgetragen, in die Wohnungstür ein neues Schloß eingebaut." („Berliner Kurier am Morgen", 16.5.1991)

Frau L. aus Lichtenberg, eine von insgesamt rund 40 000 Mietschuldnerinnen und Mietschuldnern in Ost-Berlin, wurde zwangsgeräumt. Zuletzt hatte sich auf ihrem Schuldenkonto bei der Wohnungsbaugesellschaft Lichtenberg (WBL) eine Summe von 3 058,24 DM angesammelt. Für den Justitiar der WBL, Hermann, entschieden zuviel: „Wir glaubten nach dem jahrelangen Ärger nicht mehr daran, daß sie sich künftig bessern würde. Wir kommen ihr insofern entgegen, als sie nicht noch die Instandsetzung von Toilette und Küche bezahlen muß." („Neues Deutschland", 22.5.1991) Für die Räumungskosten von insgesamt 5 000 DM muß sie allerdings selbst aufkommen.

Einen Tag vor dem Räumungstermin hatte Frau L. die fälligen Schulden bezahlt, einschließlich der Gerichtskosten. Doch die WBL blieb bei ihrer harten Linie. Einer muß den Anfang machen. Hermann dazu gegenüber dem „Neuen Deutschland": „Übrigens war das meines Wissens die erste Zwangsräumung auf DDR-Territorium, was mich nicht besonders stolz macht, aber wir müssen ja auch an unser Geld kommen."

Das Geld hat die WBL nun und mit ihm den zweifelhaften Ruf, als erste Wohnungsbaugesellschaft eine ehemalige DDR-Mieterin in die Obdachlosigkeit geklagt zu haben. Weitere 31 Räumungsklagen gegen Mietschuldner sind zur Zeit allein in Lichtenberg anhängig. Nicht jede Wohnungsbaugesellschaft rief indes sofort nach dem Richter. In Hellersdorf wollte man vorerst auf das Mittel der Räumungsklage verzich-

ten. Dazu Geschäftsführer Schmidt von der dortigen Wohnungsbaugesellschaft: „In Hellersdorf hält man sich an die Devise: Überzeugungsarbeit statt rabiates Vorgehen." („Berliner Morgenpost", 6.6.1991)

„Warum soll ich für diese Bruchbude Miete blechen?"

Im Januar 1991 wurde das Ausmaß an Mietschulden in Ost-Berlin erstmals öffentlich. Rund 8 000 Privatpersonen und Firmen, so stand es in
den Tageszeitungen, wären mit ihrer Miete im Verzug. Die Außen-
stände der Wohnungsbaugesellschaften betrugen demnach etwa sechs
Millionen Mark. Bereits einen Monat später wurden die Zahlen in die
Höhe korrigiert:

*„Knapp 40 000 Mietschuldner für die gut 600 000 Wohnungen zählte
der Magistrat letztes Jahr (1990, d.V.). In ganz Berlin sind etwa 10 000
Verfahren deshalb rechtsanhängig. Bei diesen und bei weiteren 12 000
Fällen sind schon mehrere Monate an Mietschulden aufgelaufen." („taz",
22.2.1991)*

Allein in Hellersdorf betrug das Defizit der dortigen Wohnungsbaugesellschaft im Juni 1991 über 2 Millionen DM. Dagmar Neidig, Mitar-
beiterin der Geschäftsführung sprach von einer „dramatischen Entwicklung". Der Grund: Die Schulden hatten sich im Verlauf nur eines halben
Jahres nahezu verdreifacht.

Im Bezirk Mitte waren die Mietschulden im März 1991 auf eine
Million DM angestiegen. „Das entspricht etwa einem Fünftel unserer
monatlichen Mieteinnahmen aus 39 000 Wohnungen und 4 000 Ge-
werberäumen. Und die Tendenz ist steigend", klagt Falk Jesch, Geschäftsführer der Wohnungsbaugesellschaft Mitte (WBM). Die Hälfte
davon, fügt er aber hinzu, gehe auf das Konto von Gewerbetreibenden
und Firmen: „Manche davon gibt es schon gar nicht mehr, da wird
es schwierig, noch an das Geld ranzukommen." („Berliner Kurier",
28.3.1991)

Ähnlich verhält es sich in Prenzlauer Berg. „Wir haben schätzungsweise 5 000 Rechtsstreitigkeiten, davon ein Teil wegen Mietschulden",
meint Klaus Nicklitz von der Wohnungsbaugesellschaft, fügt aber hinzu: „Das sind oft so geringe Beträge, daß es sich nicht lohnt, das zu
forcieren." („taz", 22.2.1991)

Zahlen, hinter denen sich freilich unterschiedliche Motivationen und
Ursachen verbergen. Die zum Teil auf die alten Kommunalen Woh-

nungsverwaltungen zurückgehenden Schuldenstatistik der Wohnungs-baugesellschaften machen deutlich, daß es sich mit der Verweigerung der Mietzahlungen nicht nur um eine Folgeerscheinung des Anschlusses handelt. Zwar haben sich die Lebenshaltungskosten für ehemalige DDR-Bürger drastisch erhöht, die Mieten blieben aber bis zum Oktober 1991 weitgehend dieselben wie zu DDR-Zeiten. In der Höhe mag die Miet-verweigerung demnach nicht so sehr begründet liegen als in der mit der Miete gebotenen Leistung. „Warum soll ich für diese Bruchbude Miete blechen? Wegen jeder Reparatur hat man Rennereien und Scherereien mit der Hausverwaltung, nichts funktioniert richtig, und der Standard ist nachkriegsmäßig", macht Martin, ein Student aus Prenzlauer Berg, sei-nem Ärger Luft. Da seien selbst fünfzig Mark zuviel. („taz", 22.2.1991)

„Das ist vergleichbar mit den Steuern ..."

Was jedem „Wessi" die Haare zu Berge stehen läßt, ist in Ost-Berlin eine weitverbreitete Haltung. Anders als in West-Berlin oder den Neuen Bundesländern wurde in der ehemaligen DDR eine Wohnung als Be-standteil der Grundversorgung angesehen, auf die man einen verfas-sungsmäßigen Anspruch hatte. Die Miete, das Entgelt für diese Versor-gungsleistung, war „eine imaginäre Schuld gegenüber dem Staat ... und keine privatwirtschaftliche Geschichte zwischen Mieter und Vermieter", so Michael Roggenbrodt vom Ost-Berliner Mieterverein. „Das ist ver-gleichbar mit den Steuern, vor deren Bezahlung sich ja auch viele drük-ken. Der Zusammenhang mit einer Leistung - also dem Erhalt eines Hauses – wurde nicht gesehen." („taz", 22.2.1991)
    Das ist freilich nur die eine Sicht auf die Dinge. Ganz anders sieht Roggenbrodts Kollegin Grabowski das Problem: „Das ist so ein wider-liches Wohlstandsdelikt. (...) Die Rentnerinnen mit ihrem bißchen Geld haben immer überwiesen, aber viele, die es sich hätten leisten können, nicht." („taz", 22.2.1991)
    Dem Thema Mietschulden, lange Zeit ein Tabu, haftet noch heute das Stigma des Asozialen an. Werden Mietrückstände auf Versammlungen angesprochen, so fliegen schnell die Fetzen: „Das sind doch alles Assis!" lautet die zumeist einfache und (vor)schnelle Antwort. Die Ursachen scheinen indes vielschichtiger. Was für die einen ein „Kavaliersdelikt" sein mag, ist für andere wiederum tatsächlich einer Notlage geschuldet. Und nicht wenige, so scheint es, drücken mit der Mietverweigerung ih-

ren individuellen Protest gegen die uneingelösten Versprechungen in Sachen Währungsunion und Wiedervereinigung aus.

So sehr die meisten Mieter und Mieterinnen in den Neuen Bundesländern allerdings Verständnis dafür aufbringen, daß die Mieten steigen müssen, so schnell könnte dieses Verständnis sich in sein Gegenteil kehren, wenn auch nach den Mieterhöhungen vom 1. Oktober der Zustand von Wohnungen und Häusern weiterhin unverändert bleibt. Für dieselbe Leistung (bzw. Leistungsverweigerung) statt bisher 1 DM/qm nun plötzlich 4 bis 6 DM/qm? Liegt da die eigene Verweigerung nicht auf der Hand? Was viele dabei aber vergessen: Mit den West-Mieten kam auch das West-Kündigungsrecht. Und das führt schneller zum Verlust einer Wohnung, als man glauben mag.

In West-Berlin ist die Zahl der Räumungsklagen auf mittlerweile durchschnittlich 100 je Monat und Bezirk gestiegen. Bereits im Mai 1990 schlug Manfred Berner, Vorstandsmitglied des Diakonischen Werks Berlin, Alarm. 10 000 Berlinern drohe für 1990 eine Räumungsklage. Als Grund für die steigende Zahl der Räumungsklagen nannte er „vor allem das wachsende Interesse der Vermieter an neuen Mietern", von denen dann höhere Mieten verlangt werden können:

„Wer etwa durch Arbeitslosigkeit oder nach einer Ehescheidung in finanzielle Schwierigkeiten gerate und seine Miete nicht mehr zahlen könne, müsse jetzt also eher als früher mit einer Räumungsklage rechnen und schließlich damit, seine Wohnung zu verlieren. Eine neue Wohnung zu finden werde aber angesichts der zunehmenden Knappheit immer schwieriger: ‚Für kinderreiche Familien mit niedrigem Einkommen ist es inzwischen so gut wie unmöglich, eine bezahlbare und ausreichend große Wohnung zu bekommen'." („Volksblatt", 15.5.1990)

Bereits lange vor Maueröffnung und Wiedervereinigung klagten die West-Berliner Sozialämter über zunehmende finanzielle Belastung durch die Übernahme von Mietschulden. Allein in Kreuzberg lebt jeder zehnte Bewohner von Sozialhilfe.

„Sozialistisches Zusammenleben" statt Zwangsräumungen

„In der früheren DDR", so Bernd Hartig, Vorsitzender Richter am Berliner Landgericht, „waren Kündigungen fast ausgeschlossen. Es gab keine Räumungen. Das hatte zum Teil aber auch negative Auswirkungen auf die Zahlungsmoral der Mieter."

In der Tat hatte es in der früheren DDR keine Zwangsräumungen gegeben. Wer mit seiner Miete im Rückstand war, bekam es mit der Abteilung Mahnwesen der Kommunalen Wohnungsverwaltung (KWV) zu tun. „Sie werden dringend aufgefordert, ihre Mietschuld zu begleichen. Ansonsten sehen wir uns genötigt, gegen Sie Maßnahmen einzuleiten." Zeigte auch diese dritte Mahnung keine Wirkung, so wurde aus der Mieterakte des Säumigen ein Rechtsfall. Die angekündigten „Maßnahmen" freilich ließen mitunter Monate auf sich warten. Der Grund: Der Verwaltungsapparat der damaligen Verwaltungen hatte oft mehr mit sich selbst zu „kämpfen" als mit säumigen Mietern. Kam es dennoch vor, daß die Mieterakte an das „betriebliche Mahn- und Prozeßwesen" der KWV überstellt wurde, so hatte man als Mieter lediglich eine Lohn-, nicht aber eine Pfändung von Sachwerten zu befürchten. Auch in Mietrechtsfällen galt die für die DDR-Justiz charakteristische Priorität „gesellschaftlicher Lösungen". So kam im §119 des DDR-Zivilgesetzbuches der „Mietergemeinschaft", den damaligen Hausgemeinschaften mit ihren gewählten Leitungen (HGL), eine wesentliche Rolle zu:

„Die Mietergemeinschaft setzt sich mit Mietern kameradschaftlich auseinander, die ... insbesondere den Mietpreis nicht regelmäßig und pünktlich zahlen ... Die Mietergemeinschaft hilft Konflikte zu vermeiden und beizulegen." Neben der HGL wurden auch weitere „gesellschaftliche Kräfte" zur Hebung der Zahlungsmoral bemüht: Blieb aber auch die Tätigkeit des Abschnittsbevollmächtigten (in der BRD dem Kontaktbereichsbeamten der Polizei vergleichbar) sowie der Partei und des Betriebs ohne das gewünschte Ergebnis, mußten sich die Gerichte der Sache annehmen. Auch hier oberstes Prinzip: Vermeidung einer Räumungsklage.

„Vor einer Klage auf gerichtliche Aufhebung des Mietverhältnisses soll sich der Vermieter gemeinsam mit der Mietergemeinschaft oder einem anderen Kollektiv bemühen, den Mieter ... zu einem Verhalten zu veranlassen, das den Regeln des sozialistischen Zusammenlebens entspricht. (...) Das Gericht kann das Verfahren bis zu sechs Monaten aussetzen, wenn zu erwarten ist, daß der Mieter sein Verhalten ändert und damit die Gründe für die Klage entfallen." (§121, Zivilgesetzbuch der DDR)

Die Mühlen der Justiz mahlten langsam – das wußte jeder. Und wem schließlich doch das Mietverhältnis durch die Gerichte aufgehoben wurde, so galt, daß nur in eine andere Wohnung „geräumt" werden durfte. Angesichts der Verhältnisse im Ost-Berliner Wohnungsbestand ein Ding der Unmöglichkeit. Folglich durfte man in der alten Wohnung bleiben, die künftige Miete wurde allerdings gepfändet – und zwar im voraus.

Seit dem 3. Oktober 1990, dem „Tag der Deutschen Einheit", gilt aber auch in Sachen Mietschulden: Nichts mehr ist, wie es einmal war. Spätestens seit der Zwangsräumung von Frau L. dürfte jedem der Ernst der Lage klargeworden sein.

Kündigung und dann?

Die Haltung des Justitiars der Wohnungsbaugesellschaft Lichtenberg gegenüber der zahlungswilligen Frau L. war zwar ungerecht, aber rechtens. Den Kopf in den Sand zu stecken und der Dinge zu harren, die da kommen, mag zwar mitunter eine lobenswerte Haltung sein, im Falle einer Kündigung bzw. Räumungsklage ist sie jedoch fatal. Hätte Frau L. noch vor dem Räumungsurteil die fällige Miete bezahlt oder einen entsprechenden Antrag beim Sozialamt bewilligt bekommen, die Kündigung wäre hinfällig gewesen. Im bundesdeutschen Recht gilt, daß ein Rückstand von insgesamt zwei Monatsmieten dem Vermieter die Möglichkeit gibt, das Mietverhältnis fristlos zu kündigen. Eine solche Kündigung ist freilich kein Beinbruch. Wird die Schuld beglichen, entfällt auch der Kündigungsgrund. Dies gilt ausdrücklich auch für den Fall, daß der Vermieter bei Gericht eine Räumungsklage einreicht. Wer innerhalb eines Monats nach Zustellung der Räumungsklage die säumige Miete bezahlt, ist aus dem Schneider, selbst wenn der Vermieter „der Fortsetzung des Mietverhältnisses ausdrücklich widerspricht". Beliebig oft kann dieses „Katz-und-Maus-Spiel" freilich nicht wiederholt werden, sondern nur einmal innerhalb eines Zeitraums von zwei Jahren. In jedem Falle tut man, wie bei anderen Mietproblemen auch, gut daran, die Rechtsberatung einer Mieterorganisation zu Rate zu ziehen. Wer sich des Ernstes der Lage allerdings nicht bewußt ist, dem kann es gehen wie Werner B. Nach einem Unfall und einem fünfmonatigen Krankenhausaufenthalt drückten plötzlich Ratenzahlung und Miete. Nach einem Mietrückstand folgte die Kündigung. Man mißverstand die Auflage des Richters, zahlte zwar den Mietrückstand, nicht aber die laufende Miete. Werner B. und seine Familie wurden obdachlos. („Berliner Morgenpost", 7.12.1990)

Wird ab Herbst'91 zwangsgeräumt?

„Einen explosionsartigen Anstieg der Zwangsräumungen im Ostteil der Stadt erwartet der Vorsitzende des Vereins der Obergerichtsvollzieher, Gerd Schultz, in wenigen Monaten", so die „Berliner Zeitung" am 5. April 1991 unter der Überschrift „Ab Herbst wird zwangsgeräumt". Die Prognose des „Mannes mit dem Kuckuck" verweist auf eine mögliche Verschärfung des Mietschuldenproblems, wenn nach den Bonner Erhöhungen die Mieten gestiegen sind: „Über vielen Bewohnern der elf Ost-Bezirke schwebt zudem das Damoklesschwert der Arbeitslosigkeit. Manche Berliner werden Mietsteigerungen finanziell nicht verkraften. (...) Das Wohngeld bietet nur begrenzte Sicherheit, um die höheren Mieten abzufangen. Ganz zu schweigen von den bürokratischen Hürdenläufen."

Der Arbeitsplatz dieses Mannes scheint gesichert. Für seinen „Kundenkreis" freilich ist der Weg in die Obdachlosigkeit einer der einschneidendsten Eingriffe in das Leben. Zukunftsplanung, Freunde und das gewohnte Umfeld, alles ist dahin. Für viele endet die „Notunterkunft" in Heimen oder Pensionen in Alkoholismus und Depression. Der Teufelskreis ist programmiert.

Was für die Betroffenen einem Schicksalsschlag gleichkommt, dem man vermeintlich hilflos ausgeliefert ist, ist für die Sozialbehörde lediglich ein Verwaltungsakt, allerdings ein teurer. Bis zu 70 DM pro Person und Übernachtung müssen die bezirklichen Sozialämter bisweilen für die Unterbringung in Heimen und „Läusepensionen" aufbringen (siehe Report über die Obachlosigkeit). Grund genug für die Behörden, bereits im Vorfeld tätig zu werden. Dazu Rita Hermanns, Sprecherin von Sozialsenatorin Ingrid Stahmer: „Wir wollen, daß die Sozialämter möglichst großzügig zahlen, schließlich ist Obdachlosigkeit für den Steuerzahler viel teurer." Erich Jesse von der Senatsbauverwaltung sieht das ähnlich: Im Falle von Räumungsklagen „kann nur das Sozialamt die Mieten übernehmen, weil es für den Staat bis zu 30mal so teuer kommen kann, wenn diese Mieter ins Hotel müssen."

Die Sozialämter selbst tun sich allerdings oft schwer mit der Übernahme der Miete. Diese wird nach §15a des Bundessozialhilfegesetzes nämlich nicht generell, sondern nur „unter Umständen" übernommen. Insbesondere die rückwirkende Übernahme, d.h. das Aufkommen für länger zurückliegende Mietschulden, liegt im Ermessensbereich der Ämter. Für den Marzahner Sozialstadtrat Kühne Anlaß genug, genau hinzuschauen: „Bei Sozialhilfeempfängern übernehmen wir die Miete, aber wer sich von dem Geld vorher Autos oder Pelzmäntel gekauft hat, denen werden wir was husten". („taz", 22.2.1991) Ob man vielleicht zwei Monate nach Anschaffung eines Autos den Arbeitsplatz verloren hat und nun mit Mietsteigerungen und Ratenzahlungen zu kämpfen hat, scheint den Verwaltungsbeamten nicht zu interessieren. Man sollte solche Äußerungen freilich auch nicht zu ernst nehmen. In den Sozialämtern gibt es, wie überall, hilfsbereite, sture und überzeugungsfähige Beamte. Mitunter reicht es schon, mit der Faust auf den Tisch zu hauen, oder - wissenden Blickes – auf den §15a Bundessozialhilfegesetz und die Ausführungsbestimmungen für die „Gewährung von Hilfe zum Lebensunterhalt", Ziffer 43 und 44 hinzuweisen, um die notwendige Bewilligung zu bekommen. Wer auch damit keinen Erfolg hat, dem können eventuell die Obdachlosenberatungsstellen der Caritas oder des Diakonischen Werkes weiterhelfen. Es gibt indes nicht wenige, die – in Not geraten – sich scheuen, staatliche Hilfen entgegenzunehmen. In Konkurs geratene Unternehmer tun sich da weniger schwer. Die nehmen die zur Sanierung zur Verfügung gestellten Steuergelder mit Handkuß.

Ob im Herbst 1991, im Frühjahr darauf oder nach der nächsten Mieterhöhung tatsächlich geräumt wird, hängt unter anderem von den Mietern selbst ab. Zu Hilfe kommen könnte Ihnen freilich der Umstand, daß sich der Berufsstand des Gerichtsvollziehers offensichtlich keiner großen Beliebtheit erfreut: „Auf vollen Touren laufen die Werbeveranstaltungen, um ehemalige Gerichtsvollzieher aus den östlichen Bezirken für den Senatsdienst zu verpflichten", berichtete die „Berliner Zeitung" am 5. April 1991. „Die Resonanz ist mäßig: kaum Interesse." Eine in Zeiten des permanenten Ellenbogenkampfes zutiefst menschliche Haltung.

Im Schatten der Hauptstadt: Obdachlosenreport Berlin

„Haus der jungen Talente", Februar 1991: Dort, wo sonst das Festival des politischen Liedes, Autorenlesungen oder schwul-lesbische Disco-Veranstaltungen stattfinden, betritt ein Projekt die Bühne, das den Vorhang für ein Tabuthema heben soll: Obdachlosigkeit. Nicht professionelle Theatermacher oder Schauspieler sind es, die sich mit einem Theaterstück dieser Thematik annehmen, sondern die Betroffenen selbst. „Wir wollen hier nicht spielen, sondern unser Leben darstellen - spielen kann man in jedem Sandkasten", so einer der Aktivisten. Die Ernsthaftigkeit, mit der die etwa 20 Obdachlosen, die meisten von ihnen kommen aus Ost-Berlin, ihr Projekt aufgreifen, sprengt so manches Klischee. Sie, die sonst immer übersehen werden, von Behörden wie Passanten, gehen nun in die Offensive, lassen sich nicht behandeln, handeln selbst, zwingen zum Hinsehen.

Obdachlosentheater ist freilich nichts Neues. In Schottland findet das Stück „glad" der Obdachlosengruppe „Grassmarket Project" bereits seit langem beim Publikum Zuspruch. Als die Truppe Anfang 1991 in der Berliner Volksbühne gastierte, war man sich einig: So etwas muß es auch in Berlin geben. Rainer Röppke vom Bündnis 90, Sozialstadtrat im Bezirk Mitte, ließ den Worten Taten folgen. Um die benötigte finanzielle Grundausstattung aufzutreiben, ging er von Pontius zu Pilatus – mit Erfolg. Nachdem der Probenbetrieb der „Berliner Obdachlosen GmbH & Co KG" in eben jenem „Haus der jungen Talente" abgeschlossen war, hatte das Stück mit dem bezeichnenden Titel „Untergang", einer Inszenierung des jugoslawischen Theaterregisseurs Bernhard Wind, Anfang Juni 1991 Premiere. Das Publikum in der Parochialkirche war begeistert. Die „taz" schrieb: „Die Obdachlosen gaben den begeisterten Zuschauern mehr als das, was diese ihnen auf der Straße vermutlich verweigern würden. Zumindest im Theater revanchierten sich die Zuschauer: Nicht enden wollender Beifall ..." („taz", 5.6.1991)

Längst betrifft Obdachlosigkeit nicht mehr nur den Westen. Bereits vor der Maueröffnung waren es zunehmend mehr Menschen aus der damaligen DDR, die auf der Parkbank gestrandet sind, gescheitert an einem System, dessen Spielregeln sie nicht lernen konnten oder nicht lernen wollten. Seit der Wiedervereinigung gehören die Obdachlosen auch auf dem Ost-Berliner Hauptbahnhof zum alltäglichen Bild.

Obdachlosigkeit: ein Schicksal, das näher liegt, als so mancher glaubt. Arbeitslosigkeit, Mieterhöhungen, Verschuldung, Scheidung, Suchtprobleme lassen den Weg nach unten oft viel kürzer sein, als man gemeinhin annimmt.

Kein Anlaß zur Beunruhigung?

Statistiken können zwar keine Schicksale begreifbar machen, aber sie können Vergleichswerte liefern. Wie jedes Jahr, so fand auch 1990 die schon zur Routine gewordene Pressekonferenz des „Diakonischen Werkes" und der „Caritas" statt. Der Stadt Berlin wurde von beiden kirchlichen Wohlfahrtsorganisationen zum ersten Mal eine fragwürdige Auszeichnung verliehen: „Hauptstadt der Obdachlosen".

„Allein für West-Berlin haben die Experten ... eine neue Obdachlosenzahl von 16 000 bis 20 000 Männern und Frauen errechnet. Im Vorjahr ging man noch von 12 000 bis 16 000 aus. Davon leben 6 000 bis 7 000 ganz auf der Straße. Der Rest haust mehr oder weniger in Läusepensionen, Asylbehausungen, Heimen und Anstalten. Kenner der Ost-Berliner Situation gehen zudem von weiteren 4 000 wohnungslosen Menschen in den dortigen Bezirken aus, Zahlen, die Tag für Tag ansteigen." *(„taz", 7.12.1990)*

Von Senatsseite wurden vor allem die Ost-Berliner Obdachlosenzahlen heruntergespielt. Man hielt sich an die Werte der offiziell als wohnungslos gemeldeten Menschen. Demnach waren zu diesem Zeitpunkt im gesamten Bezirk Friedrichshain mit seinen 110 000 Einwohnern ganze zwei Personen obdachlos.

Während man auf behördlicher Seite die Wogen zu glätten versuchte, malten die Sozialarbeiter der bezirklichen Beratungsstellen ein düsteres Bild:

„Nichts spricht dafür, daß es nicht noch schlimmer kommt: Berlin erlebt derzeit die größte Wanderungswelle seit Kriegsende. Obdachlose Menschen aus allen Himmelsrichtungen, überwiegend aber aus der ehemaligen DDR, zieht die Stadt magisch an." *(„taz", 7.12.1990)*

Angesichts der Dramatik der Entwicklung forderte man vom Senat ein umgehendes Notprogramm, „um wenigsten den Betrieb in den wenigen vorhandenen Einrichtungen zu retten". Zudem wurde ein Maßnahmenkatalog vorgelegt, der mittelfristig an das Problem herangehen soll. Darin wird dringend eine Expertenkommission gefordert, die „ressortübergreifend für die Region Berlin weitere Obdachlosigkeit verhindern soll". Außerdem müßten im Ostteil der Stadt neue Angebote aufgebaut werden, um das „Chaos im Westen nicht weiter zu steigern". „In leerstehenden Häusern in Ost-Berlin", so Caritas und Diakonisches Werk, sollen „Obdachlosenzentren entstehen, und alle Bezirke müssen Wärmestuben bekommen. Außerdem braucht Berlin besondere, niedrigschwellige Angebote für Frauen, und Sozialhilfe müsse auch für längere Zeit, auf die Straße' ausgezahlt werden. Nicht hingenommen werden könne auch, daß Obdachlose nicht einmal den Dringlichkeitsvermerk zum Wohnberechtigungsschein erhielten." Bausenator Nagel reagiere darauf, so die Sozialarbeiter, „seit langem mit tauben Ohren". („taz", 7.12.1990)

Ein ebenso ambitionierter wie folgenloser Forderungskatalog. Der Senat beantwortete das Alarmsignal wie gehabt: Kein Anlaß zur Beunruhigung und demnach auch kein Handlungsbedarf. Statt Abhilfe zu schaffen, wurde um Zahlen gestritten.

Die Senatsverwaltung für Gesundheit und Soziales warf der Diakonie prompt „Panikmache mit dem Schreckgespenst vorhandener und drohender Massenobdachlosigkeit" vor. Die von ihr genannten Zahlen von bis zu 20 000 Obdachlosen könnten nicht stimmen, so Staatssekretär Armin Tschoepe am 18.12.1990 im „Volksblatt". Vielmehr sei für Berlin von einer Obdachlosenzahl von 7 000 auszugehen.

Das entspricht der Anzahl der in den Bezirken gemeldeten „Übernachtungsfälle". Wer dagegen „Platte macht", das heißt auf Parkbänken, Toiletten oder in U- und S-Bahnzügen oder -bahnhöfen die Nacht verbringt, fällt aus der Senatsstatistik ebenso heraus wie diejenigen, die in Übergangswohnheimen, Frauenhäusern oder psychiatrischen Anstalten leben müssen. „Verharmlosen wolle er das Problem nicht", sagte Tschoepe. „Aber seit der deutschen Vereinigung habe es noch keine ‚massiven sozialen Spannungen oder Verwerfungen gegeben'. Auch nicht bei der Obdachlosigkeit." („Berliner Zeitung", 18.12.1990)

Das Rezept des Staatssekretärs: massiver Wohnungsbau und die Wiedereinführung der Mietpreisbindung. „Dafür", so Tschoepe, „ist aber nicht die Sozialverwaltung verantwortlich".

Werden politische Erfolge gern auch von denjenigen beansprucht, die damit eigentlich nichts zu tun haben, verhält es sich mit der Verwaltung des Elends genau umgekehrt: Keiner will verantwortlich sein, selbst die kleinsten Notwendigkeiten, wie die Öffnung bestimmter U-Bahnhöfe im Winter, fallen im Hick-Hack hin- und hergeschobener Zuständigkeiten in der Regel unter den Tisch – zum Nachteil der Betroffenen. Die Tatsache, daß im Winter 1990/1991 kein erfrorener Obdachloser zu beklagen war, geht in erster Linie auf die milde Witterung zurück und ist keine Rechtfertigung für die untätige Haltung der Verantwortlichen. Angebote wie das von sieben Kirchengemeinden organisierte „Projekt Kältehilfe" haben das Problem nur vorübergehend in die Verantwortung privater Träger verlagert. Dabei ist es gerade die Stadt bzw. der Senat als politische Entscheidungsinstanz, die hier gefordert sind. Doch sowohl Sozial- wie auch Bauverwaltung stecken den Kopf lieber in den Sand. Über die gescheiterten Verhandlungen zwischen dem Arbeitskreis Wohnungsnot und den West-Berliner städtischen Wohnungsbaugesellschaften war bereits im ersten Fallbeispiel die Rede, ebenso wie vom freiwilligen Verzicht des Senats auf die Belegungsrechte der Wohnungsämter. Doch selbst wenn diejenigen, die näher an den Problemen dran sind, sich zu Wort melden, wird oft nur mit den Schultern gezuckt. So z. B. im Oktober 1990.

Auf einer gemeinsamen Sitzung der Baustadträte mehrerer Innenstadtbezirke stand auch das Problem der Wohnungsvergabe auf der Tagesordnung. Der Senat solle, so wurde gefordert, die Belegungsrechte für den sozialen Wohnungsbau sehr viel stärker als bisher wahrnehmen. „Es ist rechtlich möglich, daß die Wohnungsämter alle frei werdenden Sozialwohnungen mit Mietern ihrer Wahl belegen, das wird in München praktiziert", erklärte Schönebergs Baustadtrat Saager (SPD). („taz", 1.11.1990)

Auch der Berliner Mieterverein forderte die konsequente Wahrnehmung der Belegungsrechte: „In (West-) Berlin gibt es etwa 400 000 Sozialwohnungen, die alle mit öffentlichen Geldern gebaut worden sind. Davon gehört die eine Hälfte städtischen Wohnungsbaugesellschaften, die andere Hälfte privaten Unternehmen. Selbst deren Wohnungen könnten die Wohnungsämter mit ihren Mietern belegen", so Rainer Wild vom Mieterverein. Die Reaktion der Senatsbauverwaltung: „Das ist der Einstieg in die Wohnungszwangswirtschaft und in mehr Bürokratie." Nagels Referent Mathias Zipser: „Not ist nicht verteilbar, die bessere Lösung ist mehr Wohnungsbau." („taz", 1.11.1990) Wenn, wie seit dem Frühsommer 1991, über 1 000 neue Stellen geschaffen werden, um den bürokratischen Aufwand der Wohngeldvergabe zu bewältigen, ist von solchen Zweifeln freilich nichts zu hören, genauso wenig wie Herr Zipser sich dafür einsetzt, daß die Wohnungsämter mehr als nur zwei oder drei Stellen für Mietwucher- und Leerstandsüberprüfungen zugesprochen bekommen.

Das Geschäft mit der Obdachlosigkeit

„Im Haus Grüntal können 140 Wohnungslose untergebracht werden. In den meisten Fällen handelt es sich um 1 1/2-Zimmerwohnungen, die sich 8 Männer teilen. In wenigen 2-Zimmerwohnungen sind dann 10 Männer untergebracht. Der Preis für die Übernachtung in einem Mehrbettzimmer liegt bei 30,-DM. Die Wohnungen sind mit Ofenheizung ausgestattet – Heizmaterial wird nach Auskunft von Mietern willkürlich verteilt. Kurz gerechnet: DM 30,- pro Nacht ergeben DM 900,- für einen Alleinstehenden pro Monat. Bei 8 Männern in einer 1 1/2-Zimmerwohnung ergibt sich ein Betrag von DM 7 20,- (Das ganze für 140 Bewohner zu berechnen, ergibt auch ein interessantes Sümmchen – nämlich DM 126 000,- pro Monat und stolze 1 512 000,- DM pro Jahr.)" („Binfo", Zeitschrift der „Berliner Initiative für Nichtseßhaftenhilfe", c/o Beratungsstelle Levetzowstraße, März 1991)

Private Beherbergungsbetriebe, sogenannte Läusepensionen: von niemandem geliebt und dennoch gelitten. Sie sind die heimlichen Profiteure des Elends. Von den bezirklichen Übernachtungsplätzen geht ein Großteil auf ihre Kosten – oder besser auf Kosten des Sozialamtes. Eine Summe von 70 DM pro Person und Übernachtung ist mittlerweile keine Seltenheit mehr. „Wird eine vierköpfige Familie in einem Zimmer zusammengepfercht, könnten daher ‚Mieten' von 3 000 DM pro Monat und Zimmer entstehen." („taz", 29.5.1990) Kein Wunder also, wenn immer mehr solcher Betriebe, oftmals auch illegal, entstehen.

Als im Mai 1990 das Kreuzberger Sozialamt eine Überprüfung von 60 dieser Wohnheime anordnete, stellte sich heraus, daß weit über die Hälfte illegal betrieben wurde. „Das Ergebnis dieser Untersuchung ist noch viel schlimmer als wir uns das vorgestellt haben", meinte dazu ein Sprecher des Kreuzberger Bezirksamtes. („Volksblatt", 29.5.1990) Dies verwundert, lag doch in seinem Bezirk eine der ehemals berüchtigtsten Obdachlosenunterkünfte: das „Haus Sonnenschein" in der Schleiermacherstraße. Die Liste der Skandale und unhaltbaren Zustände um diese Pension aufzuzählen würde den Rahmen des Reports sprengen. Ein Beispiel soll stellvertretend allerdings geschildert werden:

Chef des „Haus Sonnenschein" war ein gewisser Herbert Haake. Weil Herr Haake sich mit dem Gedanken trug, seinen Betrieb zu erweitern, hatte er im Frühjahr 1989 ein leerstehendes Haus gemietet. Beusselstraße 67, Berlin-Moabit. Der alten Hausverwaltung war offensichtlich das Geld ausgegangen, der Instandsetzungsbedarf erheblich. Was liegt also näher, so mochte sich Herr Haake gedacht haben, als die Obdachlosen selbst mit dieser Aufgabe zu „betrauen". Sprach's und rief umgehend eine „Selbsthilfegruppe" ins Leben. „Diese Gruppe bestand aus acht bis zehn Personen, ‚Bettstattinhabern' im ‚Haus Sonnenschein' – Obdachlose, die von den Sozialämtern bei Kostenübernahme in das Wohnheim eingewiesen wurden. Für das Versprechen, die renovierten Wohnungen in der Beusselstraße künftig als reguläre Mieter beziehen zu dürfen, tapezierte die Gruppe alle Zimmer, flieste Bäder und Küchen und renovierte das Treppenhaus von Grund auf. 15 bis 20 DM am Tag ist der Lohn. ‚Bei ungebührlichem Benehmen' gibt es auch schon mal weniger. Den Obdachlosen kam das Angebot dennoch recht. Im Wohnheim ‚Haus Sonnenschein' hatten sie alles andere als Sonnenschein vorgefunden … 19 Personen in einer Kellerwohnung, ohne warmes Wasser und Dusche." („taz", 17.5.1989)

Vom Sonnenschein in die Traufe? Die Ernüchterung folgte alsbald. Herbert Haake wollte, je näher die Renovierungsarbeiten ihrem Abschluß kamen, von seinem Versprechen nichts mehr wissen. Die derart geprellten Obdachlosen alarmierten die Presse. Das lukrative Geschäft mit Obdachlosenasylen wurde einmal mehr öffentlich. „Alles in allem verbucht die Pension (in der Beusselstraße, d. V.) Einnahmen in Höhe von 28 835 DM", so haben es die Mitglieder der Selbsthilfegruppe errechnet. „Die Miete, die das 'Haus Sonnenschein' für das Anwesen abführt, beträgt nur 9 000 Mark." („taz", 17.5.1989)

Herbert Haake zeigte sich von den Vorwürfen überrascht. Er will der Selbsthilfegruppe ein solches Wohnungsangebot nie gemacht haben. Menschlich habe er sogar volles Verständnis für den Wunsch der Bewohner, beteuerte er. Nur: „Sie haben ein Anrecht auf eine Schlafstelle, aber nicht auf eine Wohnung." Daß der billige Renovierungstrupp jetzt rausgeschmissen werden soll, bestritt er. Für ihn handelt es sich um eine „innerbetriebliche Verlegung", die Selbsthilfegruppe könne „schließlich wieder im Wohnheim in der Schleiermacherstraße nächtigen". („taz", 17.5.1989)

Empfang für Obdachlose in der Weddinger Kapernaum Kirche,
Oktober 1989

Was sich anfangs wie ein böser Scherz ausnahm, wurde plötzlich bitterer Ernst. In der Beusselstraße hatte man es satt, weiterhin als billige und rechtlose Arbeitskraft mißbraucht zu werden, und schon gar nicht wollte man das neue Domizil gegen den „Kreuzberger Sonnenschein" eintauschen. Man entschloß sich zu bleiben, auch wenn man dabei Gefahr laufen sollte, als „Hausbesetzer" kriminalisiert zu werden. Ob „besetzt", „bewohnt", „belegt", den Beusselstraßenbewohnern war's gleich. Sie blieben und forderten, trotz massiver Einschüchterungen seitens des Herrn Haake, Mietverträge. Und sie hatten Erfolg. Auf Drängen der Alternativen Liste konnte beim Amtsgericht Tiergarten eine einstweilige Verfügung gegen das „Haus Sonnenschein" erwirkt werden. Die Bewohner konnten bleiben. „An die Geschäftsführung von ‚Haus Sonnenschein', insbesondere das Ehepaar Haake", so resümierte das „Volksblatt" am 18.5.1989, „werden nicht nur die Sozialämter nun einige Fragen stellen wollen. Es ist bedauerlich, daß die gesamte Buchführung von ‚Haus Sonnenschein' vor einigen Monaten durch einen bis heute nicht aufgeklärten Fall vorsätzlicher Brandstiftung vernichtet worden sein soll."

Unwissenheit schützt vor den Folgen nicht ...

Obdachlosentagesstätte am Wassertor in Kreuzberg:
„Bis zu 100 Obdachlose, fast nur alleinstehende Männer, essen hier täglich kostenlos Stullen, lesen Zeitung oder waschen unter der Dusche den Schmutz von der Straße ab. Gleich am Eingang sitzt etwas verschüchtert ein blonder Mann, der aus pechschwarzem Tabak einen Lungentorpedo dreht. Er sei aus dem ehemaligen Ost-Berlin erzählt er stockend. Die wirtschaftliche Umstellung habe ihn von seinem Job in der Landwirtschaft in die Arbeitslosigkeit katapultiert. Kein Arbeitslosengeld? ‚Da hätte ich von Amt zu Amt rennen müssen. Das hab ich nicht gepackt.' Nach der Arbeit ging die Wohnung flöten. ‚Mein erster Winter auf der Straße', dann sagt er nichts mehr". („Volksblatt", 28.10.1990)
Längst entspricht das Klischee vom „verwahrlosten Penner" und „Trunkenbold" nicht mehr der Realität. Arbeitslosigkeit, Verschuldung oder Krankenhausaufenthalt lassen auch ganz „normale" Menschen oft unvermutet die Wohnung verlieren. In vielen Fällen ist es allerdings die Unkenntnis der Betroffenen selbst, die zur Zwangsräumung und damit zur Obdachlosigkeit führt. So zum Beispiel im bereits angesprochenen

Falle von Werner B., 58, der mit seiner Ehefrau und seinen beiden Söhnen praktisch über Nacht auf der Straße stand. Nach einem Sprunggelenkbruch folgte im Sommer 1990 ein mehrmonatiger Krankenhausaufenthalt. Das Krankengeld reichte allerdings nicht, um die Miete und die fälligen Raten für einen Kredit zu Wucherbedingungen zu zahlen. „Plötzlich ergab sich ein Mietrückstand von anderthalb Monaten und wir wurden gekündigt." Das Amtsgericht wies die Räumungsklage für den Fall, daß die rückständige Miete bezahlt wurde, zurück. Werner B. freilich mißverstand die Auflage, zahlte zwar die säumige, nicht aber die laufende Miete, die Kündigung wurde wirksam. Heute weiß er es besser: „Ich bin selber schuld. Wir haben uns viel zu spät an die soziale Wohnhilfe im Bezirksamt Kreuzberg gewandt."

Hier wurde die Situation in Not geratener Menschen vom Vermieter schamlos ausgenutzt. Wer seine Rechte nicht kennt (und in diesem Fall auch vom Richter nicht nachdrücklich darauf hingewiesen wird), der wird in den meisten Fällen den kürzeren ziehen. Dies betrifft insbesondere die Mieterinnen und Mieter der ehemaligen DDR. Die Zeiten, in denen man wegen Mietschulden nicht auf die Straße geräumt werden durfte, sind ein für allemal vorbei (vgl. Report über Mietschulden und Räumungsklagen).

Wege aus der Obdachlosigkeit?

Die jeden Winter notdürftig bereitgestellten Schlafplätze privater, bezirklicher und kirchlicher Träger, 1990 waren es in Berlin 4 000, reichen bei weitem nicht aus. Ähnlich verhält es sich mit den Obdachlosenberatungsstellen: Teilweise müssen hilfesuchende Menschen abgewiesen werden. In den Wärmestuben das gleiche Bild. Wenige Minuten nach Öffnung müssen sie wegen des großen Andrangs wieder schließen. „Um alle zu versorgen, arbeiten wir im Schichtbetrieb", sagt Sozialarbeiter Hermann Pfahler. („Berliner Morgenpost", 7.12.1990) Die Lage scheint aussichtslos, die Sozialarbeiter und Wohlfahrtseinrichtungen sind hoffnungslos überlastet, und eine Besserung ist nicht in Sicht.

Ist man erst einmal auf der Straße gelandet, ist der Teufelskreis oft programmiert. Alkohol, Drogen, man fügt sich in sein Schicksal, sackt tiefer, hat nur noch den jeweiligen Tag vor Augen und die Frage, wo man die Nacht verbringt. Wer die Umgebung um sich herum nur noch aus dem Dunst von Alkohol und Depressionen wahrnimmt, dem fällt es zusehends schwerer, wieder auf die eigenen Beine zu kommen, Kraft und Energie zu finden, aus dem Teufelskreis auszubrechen. Das liegt auch daran, daß vielen der eigene Abstieg als unveränderbar erscheint, daß es offenbar wenig Beispiele gibt, die den Mut geben, es zu versuchen. Und doch: Es gibt sie! Menschen, die sich zusammengeschlossen haben, ihrem „Schicksal" den Rücken zu zeigen. Von staatlicher Seite und den Medien oft verschwiegen, haben sie begonnen, sich einzumischen. Mit zunehmendem Selbstbewußtsein: „Wir sind es leid. Wir haben es satt, das Maß ist voll!" In einem Aufruf zu „regelmäßigen Obdachlosenversammlungen am Breitscheidplatz" hieß es im April 1990: „Obdachlosigkeit wird mittlerweile als unabänderliche Tatsache und Entwicklung hingenommen und gesellschaftspolitisch eingeplant." Man wolle sich dagegen nicht länger verstecken, sondern sich „in aller Öffentlichkeit zeigen".

„Aus der letzten Aktionswoche gegen Obdachlosigkeit (im Januar 1990, d. V.) haben wir gelernt, daß allein der Protest der berufsbetroffenen SozialarbeiterInnen nicht ausreicht."

Gefordert wird unter anderem:

„1. Wohnraum für ALLE – und das sofort

2. MietpreisSTOP

3. Kontingentierung für sozial Benachteiligte

4. angemessener Wohnraum für Familien (mindestens ein Zimmer pro Person)"

Die in dem Aufruf angesprochene Aktionswoche war im Januar 1990 vom Arbeitskreis Wohnungsnot organisiert worden, nachdem die Verhandlungen mit den städtischen Wohnungsbaugesellschaften über die Vermietung von 240 Wohnungen gescheitert waren. (Vgl. Report über die Wohnungsbaugesellschaften) Kritisiert wurde einmal mehr auch der Senat. „So sind Sinn, Zweck und Ergebnisse der (vom rot-grünen Senat eingerichteten, d.V.) Leerstandskommission ebensowenig erkennbar wie nachvollziehbar. Der Arbeitskreis sieht in dem Mittel der Wohnungsbeschlagnahme im Prinzip einen Schritt in die richtige Richtung. Da eine Beschlagnahme jedoch nur zur vorübergehenden Unterbringung von Wohnungslosen bis max. 6 Monate möglich ist, fordern wir die gesetzlichen Grundlagen dafür zu schaffen, daß am Ende der Beschlagnahme ein regulärer Mietvertrag steht." (Pressemitteilung des AK-Wohnungsnot, Oktober 1989) Die geforderten „gesetzlichen Grundlagen" gibt es allerdings bis heute nicht. So leben die Bewohner der Ohlauer Straße 29 immer noch in der Ungewißheit, ob sie nicht eines Tages doch wieder rausfliegen. Die zuständige Sozialstadträtin, die das seit Jahren leerstehende und im Herbst 1989 besetzte Haus beschlagnahmte, ist, nach einer Klage des Besitzers, auf das Wohlwollen der Gerichte angewiesen.

Eine Forderung des Arbeitskreises Wohnungsnot wurde indes erfüllt: Die bei illegalem Leerstand vorgesehenen Bußgelder wurden im Januar 1990 auf bis zu 100 000 DM pro Wohnung erhöht. Nur: Zur Anwendung kam diese Regelung bis heute nicht. Der Grund: langwierige juristische Verfahren. Der Bezirk muß erst die Unrechtmäßigkeit des Leerstandes, nötigenfalls vor Gericht, nachweisen. Erst dann werden Bußgelder wirksam. Aber auch hier kann der Besitzer Widerspruch einlegen. Steht dann auch dieser Vorgang kurz vor dem gewünschten Abschluß, braucht der Besitzer sein Grundstück nur auf seine Ehefrau umzuschreiben, und die Bußgelddrohung wäre vom Tisch. Das Verfahren müßte erneut eingeleitet werden.

Solange die Durchsetzungsmöglichkeiten solcher Verordnungen derart gering sind, bleiben Bußgelderhöhungen oder Beschlagnahmungen lediglich Kosmetik. Überdies sind Fälle von Wohnungsbeschlagnahme durch die Bezirksämter mehr als selten. Einzig die Sozialverwaltungen in Steglitz, Kreuzberg und Wilmersdorf machten bislang davon Gebrauch. Im „Werra-Block", laut Bausenatsmitarbeiter Fuderholz bekanntlich der „skandalöseste Fall von Wohnungsleerstand der letzten Jahre", wurden (ob des illegalen Leerstands von 70! Wohnungen) lediglich Bußgelder in Höhe von 140 000 DM verhängt. Dem damaligen Baustadtrat Wolfgang Branoner war seine Karriere wichtiger, als sich mit einer Beschlagnahme der leeren Wohnungen die Finger zu verbrennen. Heute ist er Staatssekretär in der Senatsumweltverwaltung.

Wenn von Maßnahmen gegen Wohnungsnot und Obdachlosigkeit die Rede ist, so fällt in der Regel das Stichwort Wohnungsneubau. Ob dieser in der jetzigen Form zur Behebung der Not allerdings wesentlich beitragen wird, bleibt zumindest dahingestellt. 1990 wurden in West-Berlin 4.158 Wohnungen gebaut, in Ost-Berlin waren es 6.147. Der erste Förderweg im Sozialen Wohnungsbau wird dabei kaum noch in Anspruch genommen. Dabei liegen gerade hier – aufgrund des Zuschusses von 75 Prozent der Baukosten bzw. der Subventionierung der Diffenrenz zwischen „Mietermiete" und „Kostenmiete" – die Mieten nach Fertigstellung mit durchschnittlich 7 DM/qm weitaus niedriger als beim zweiten und dritten Förderweg. Für Dachgeschoßausbauten werden mittlerweile Quadratmetermieten von 25 DM und mehr verlangt. Bezahlbaren Wohnraum für sozial schwächer Gestellte gäbe es demnach nur im ersten Förderweg. Der weitaus größere Teil der Neubauten wird aber im für die Wohnungsunternehmen aufgrund der Steuerabschreibe-möglichkeiten lukrativeren zweiten und dritten Förderweg sowie im freifinanzierten Wohnungsbau hergestellt.

Seit Jahren fordern aus diesem Grund die Mieterorganisationen immer wieder, daß die Stadt in eigener, kommunaler Regie baut, anstatt die Wohnungsunternehmen mit direkten Subventionen oder Steuerab-schreibungen zum „sozialen" Wohnungsbau anzureizen. Dies käme auch den Steuerzahler letztendlich billiger, weil die gesamte Bauabwick-lung (einschließlich der einzelnen Bauaufträge) dann in der Verantwor-tung der Kommune läge und nicht vom Preiskartell der großen Bau- und Wohnungsunternehmen abhängig wäre. Mehr als ein – dann allerdings nicht zum Zuge gekommenes – Modellprojekt des rot-grünen Senats kam in dieser Hinsicht allerdings nicht zustande.

Von den Politikern und den Wohnungsunternehmen wird in diesem Zusammenhang dagegen immer wieder auf den „Sickereffekt" hinge-wiesen, den die Errichtung teuren Wohnraums nach sich ziehen würde. Besserverdienende würden in teurere Wohnungen ziehen und damit Schlechterverdienenden Platz machen. Allein, die Erfahrungen der letz-ten Jahre haben gezeigt, daß hier die Rechnung ohne den (Haus-)Wirt gemacht wird. Gerade im Bereich kleiner und billiger Wohnungen gab es in den letzten Jahren aufgrund des überaus hohen Nachfragedrucks bei gleichzeitiger Aufhebung der Mietpreisbindung die größten Preissprün-ge. Durch den wachsenden Bestand an teurem Wohnraum verringert sich zudem der Anteil billiger Wohnungen. Die Konkurrenz verschärft sich, die Preise ziehen an. Die Mietspiegelwerte der Jahre 1989 und 1990 haben gezeigt, daß gerade in sogenannten Substandardwohnungen (Ofen-heizung, Außentoilette) die Mieten um durchschnittlich 45 Prozent ge-stiegen sind. Grund: die überaus hohe Mieterfluktuation, die für solche Wohnungen charakteristisch ist. Wenn zum 31.12.1991 im Altbau die bisher geltende Preisbegrenzung von 10 Prozent bei Neuvermietungen wegfällt, wird es gerade der Bestand an (noch) bezahlbaren Kleinwoh-nungen sein, der sich den Wohnungssuchenden, und dazu gehören die Obdachlosen ja auch, durch die Preisexplosion entzieht.

Weitaus effizienter als die – langfristige – „Lösung" Neubau dürfte dagegen die kurzfristige Bestandspolitik durch die Kommune sein. Leerstandsbeseitigung und -bußgelder, Ersatzvornahme und Beschlag-nahme würden den Handlungsspielraum der Spekulanten erheblich ein-schränken, vorausgesetzt, die Wohnungs- und Sozialämter könnten sich zu einem offensiven Vorgehen entschließen. Fehlender Wille, unzureichendes Personal und umständliche Prozeduren bei Rechtsstreitigkeiten mit den Hausbesitzern ließen bisher eine deartige Bestandspolitik freilich wirkungslos bleiben. Und solange die Beschlagnahme von Wohnraum sowie die Wahrnehmung der Belegungsrechte durch die Wohnungsämter von der Senatsbauverwaltung immer noch als „Einstieg in die Wohnungszwangswirtschaft" diskreditiert werden, müssen sich zumindest die politisch Verantwortlichen den Vorwurf gefallen lassen, zum Erhalt billigen Wohnraums und zur Bekämpfung von Spekulation wenig beizutragen. Die Berliner Landesregierung liegt hier ganz im Trend der Bundespolitik. Der Kern der Sozialpolitik, so läßt sich am Beispiel des Wohnungsbaus deutlich machen, liegt nicht in der Förderung des sozialen Wohnungsbaus, sondern in der individuellen Eigentumsbildung. Werden für den Wohnungsbau im Bundeshaushalt rund zwei Milliarden DM jährlich veranschlagt, so sind es im Bereich vermögenswirksame Leistungen, Bausparprämien und Steuerabschreibungen acht Milliarden.

Von staatlicher Seite sowie vom Berliner Senat, so scheint es, ist derzeit wenig zu erwarten, auch nicht nach der Vereinigung beider Stadthälften. Die Forderung nach Bereitstellung leerstehender Häuser in Ost-Berlin durch die Wohnungsbaugesellschaften ist beim Senat genauso auf taube Ohren gestoßen wie die Forderungen des Arbeitskreises Wohnungsnot. Angesichts solcher Ignoranz bleibt den Betroffenen eigentlich nichts anderes übrig, als die Dinge selbst in die Hand zu nehmen.

Ein „Zentrum für Obdachlose": Beispiel „Plattengruppe"

Die „Plattengruppe" aus dem Charlottenbruger „Seelingtreff", einer bezirklichen Wärme- und Beratungsstube des Diakonischen Werkes, hatte das „Plattemachen" satt. Deshalb haben sie sich zusammengefunden – 20-25 Obdachlose – und sind an die Öffentlichkeit gegangen, genau am 9. November 1990 – ein Jahr „danach". Hinter der glänzenden Fassade der großen Ereignisse hatte sich der Alltag für die „ganz unten" erheblich verschärft. Die Verbitterung war groß: „Ein Mensch ohne Wohnung ist wie ein Fisch ohne Wasser. Um die Wasserqualität kümmert sich der Senat, um Wohnung und Arbeit für Obdachlose nicht!"

Bei einem offenen Gesprächskreis im „Seelingtreff" wurde man noch deutlicher. Konkretes Anliegen der Selbsthilfegruppe: „Wir wollen ein eigenes Haus für Obdachlose!" Ein durchaus verständliches Anliegen, führt man sich die Zustände im „Seelingtreff" vor Augen, wo bereits fünf Minuten nach Öffnung wegen Überfüllung wieder geschlossen werden muß. In den Notunterkünften und Pensionen sieht es, so der Charlottenburger Sozialreferent Bock, nicht besser aus. „Wohnungslose müssen sich zu acht ein Durchgangszimmer teilen, 40 bis 50 Personen eine Dusche. Aber solange man auf die Pensionen angewiesen sei, könnten keine Kriterien bestimmt werden." („taz", 9.11.1990)

In Anwesenheit der Senatorin für Soziales und Gesundheit, Ingeborg Stahmer, kündigte die „Plattengruppe" eine Vielzahl von Aktionen an. Bevorzugter Adressat des Unmuts: Bausenator Wolfgang Nagel. Er lasse zu wenig Wohnungen bauen und verhindere, daß die Ämter Wohnungen im sozialen Wohnungsbau belegen, was ihnen rechtlich möglich sei. Die „Plattengruppe" hatte es sich zum Ziel gesetzt, dem derartig gescholtenen Senator auf die Sprünge zu helfen, notfalls auch mit spektakulären Aktionen wie Kantinenbesetzungen in Rathäusern und anderen öffentlichen Gebäuden.

Berlin-Oberschöneweide, zwei Wochen später: Im kahlen, dunstigen Industrie- und Altbauquartier entlang des Kabelwerks Oberspree war in der Marienstraße ein leerstehendes Haus besetzt worden. Eigentümer: das Bezirksamt Köpenick. Die Besetzer hatten sofort den Kontakt zur unmittelbaren Nachbarschaft aufgenommen, verteilten Flugblätter und luden zum Kaffee. Ihr Anliegen: ein Obdachlosenzentrum mit einer Begegnungsstätte für Arme, so Hans-Jürgen Otto, der Sprecher der nunmehr in Aktion getretenen „Plattengruppe". Mehrere Schreiben an den Senat und Magistrat mit der Bitte um Hilfe seien unbeantwortet geblieben, man habe daraufhin eben die Initiative ergriffen und das leerstehende Haus besetzt. Mit der Aktion solle, so ein Flugblatt, vor allem auf den Wohnungsleerstand und die Not der Obdachlosen hingewiesen werden, die sich seit Maueröffnung dramatisch zugespitzt habe. Allein im Westteil der Stadt, so die Selbsthilfegruppe, seien rund 16 000 Menschen ohne Obdach, und bis zu 6 000 von ihnen lebten „auf Platte". „Die teure Unterbringung in Läusepensionen ist keine Lösung."

„Mit Decken, alten Sesseln, Matratzen wurde die für eine Einweihungsparty nötige Gemütlichkeit hergestellt. Die von Anwohnern gerufene Polizei ließ sich von der Freundlichkeit der Besetzer derartig entwaffnen, daß ihr nichts anderes übrig blieb, als sich wieder zu verziehen", beschrieb die „taz" die ersten Minuten der Besetzung. (19.11.1990) Das Haus wurde vorerst nicht, wie es eigentlich die „Berliner Linie" bei

Neubesetzungen vorsah, geräumt. Die herbeigeeilte Bezirksbürgermeisterin Monika Höppner setzte sich persönlich für ein Moratorium ein und versprach, sich nach einem geeigneten Ersatzobjekt umzusehen. Welche Odyssee damit verbunden sein sollte, konnten die Betroffenen freilich nicht ahnen. Drei Tage später machten Bürgermeisterin Höppner und Siegfried Scheffler, Stadtrat für Bau- und Wohnungswesen, den Besetzern ihre Aufwartung. Sie bestanden nun auf der „Berliner Linie" und forderten den sofortigen Auszug der Besetzer. Die Köpenicker Wohnungsbaugesellschaft, so war von den Bezirksvertretern allerdings zu erfahren, würde den Obdachlosen innerhalb einer Woche ein anderes Haus zur Verfügung stellen. Die „Übergangsunterbringung" war überraschend schnell gefunden. Man zog also um. Die neue Adresse: Köpenicker Freiheit 16, ein leerstehendes Bürogebäude. In der Zwischenzeit begann Sozialstadträtin Helga Walter mit der Wohnungsbaugesellschaft nach einem Winterquartier für die Obdachlosen zu suchen. Und auch hier wurde man fündig. Die „Plattengruppe" zog erneut um. Im Köpenicker Kietz 3 hofft man nun endlich das angestrebte Obdachlosenprojekt verwirklichen zu können.

Mittlerweile leben die 25-30 Mitglieder der „Plattengruppe" seit Ende Dezember 1990 in der Köpenicker Altstadt. Die Resonanz der Nachbarschaft ist überwiegend positiv. Gerd erzählt die Geschichte eines Mädchens aus dem Neubau gegenüber, das eines Tages vor der Tür stand: „Sie können sich von uns einen Schwarz-Weiß-Fernseher abholen." Gegenüber dem „Cöpenicker", der dortigen Kiez-Zeitung, schilderte Peter, 56 Jahre, seine Geschichte. Die Miete in seiner Moabiter Wohnung hatte sich um fast das Vierfache erhöht – auf 380 DM. Ein paar Mark mehr und er hätte Wohngeld bekommen. So aber war die Wohnung bald unbezahlbar, zumal ihm wegen allzu „forschem" Auftreten vom Sozialamt Tiergarten kurzerhand die Sozialhilfe gestrichen wurde. 1989 war er aus der Wohnung geflogen. „Seitdem bin ich obdachlos. Und das ist nun der Kreislauf: Wenn du keinen festen Wohnsitz hast, bekommst du keine Steuerkarte. Hast du keine Steuerkarte, bekommst du keine Arbeit. Hast du keine Arbeit, bekommst du keine Wohnung." („Der Cöpenicker", Juni 1991) Inzwischen allerdings haben sechs der Bewohner im Kietz 3 eine Arbeit gefunden. Man hat Pläne: ein Café für Arme als Begegnungsstätte, eine Wäscherei, einen Trödelabholservice und eine Wärmestube mit einer warmen Mahlzeit täglich.

Hatte sich die Wohnungsbaugesellschaft aufgrund ungeklärter Eigentumsverhältnisse bisher geweigert, langfristige Verträge für die „Platten-

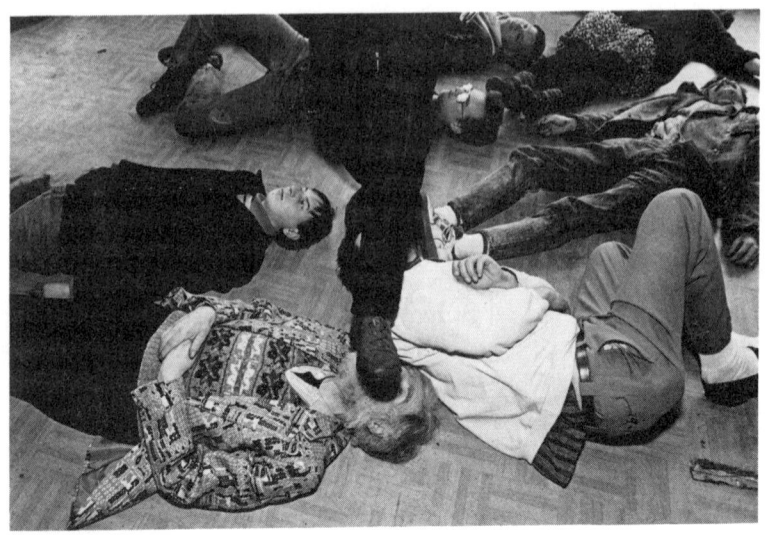

Theaterprobe der „Berliner Obdachlosen GmbH & Co KG" im „Haus der jungen Talente"

gruppe" zu unterzeichnen, scheint nun eine einvernehmliche Lösung in Sicht. An einem eigens eingerichteten Runden Tisch verwies man auf die Anweisung des Senats, daß auch im Falle eines Rückgabeantrags Mietverträge möglich seien. Die Köpenicker Wohnungsbaugesellschaft signalisierte Entgegenkommen, so daß der Verwirklichung des Obdachlosenzentrums bald nichts mehr im Weg stehen dürfte.

Mit diesem Erfolg haben die Mitglieder der „Plattengruppe" alle diejenigen Lügen gestraft, die sich ihrem Schicksal bereits ergeben haben, weil angeblich ohnehin nichts zu bewegen sei.

Das Geschäft mit der Wohnungsnot: Nepper, Schlepper, Mieterfänger

Bezahlbarer Wohnraum? Markt ohne Angebot

Selten waren sich Mieterorganisationen, Banken und Wohnungsunternehmen einmal so einig wie Ende 1990: „Die 90er Jahre", so ihre Befürchtung, „drohen zum ‚Jahrzehnt des Wohnungsmangels' zu werden". („metall", Zeitschrift der IG Metall, 2. November 1990) Allerorten wird Alarm geschlagen: Nicht nur in Berlin fehlen laut Bausenator Nagel 150 000 Wohnungen („Berliner Morgenpost", 16.4.1991), im gesamten Bundesgebiet, Ost und West, herrscht Wohnungsmangel; die Zahl der fehlenden Wohnungen beläuft sich nach Schätzungen des Deutschen Mieterbundes in Köln auf über 2,5 Millionen.

Allein in Berlin gibt es 300 000 Wohnungssuchende. Der allsamstägliche Kampf um die Telefonzelle nach dem Verkauf der ersten Zeitungen mit Wohnungsinseraten ist längst aussichtslos geworden, genauso wie die Massenbesichtigung am Tag darauf. Wenn überhaupt, gibt es in den Anzeigenspalten der Berliner Tageszeitungen nur noch teure Maklerwohnungen. Ein Mietvertrag wird heutzutage gehütet wie der Augapfel. Eine Folge davon: Die Zahl derer, die in unübersichtlichen und (laut Mietrecht) „illegalen" Untermietverhältnissen leben, ist sprunghaft gestiegen. Auch diese Menschen gehören zu den unmittelbar von der Wohnungsnot Betroffenen.

Die Mieten im Altbundesgebiet explodieren. Fallen die Steigerungen bei bestehenden Mietverhältnissen (Privatmodernisierungen ausgeschlossen) noch vergleichsweise „moderat" aus, so gibt es beim Neuabschluß von Verträgen oft kein Halten mehr. Nach Angaben des „Rings Deutscher Makler" (RDM) kassieren in Großstädten wie München, Hamburg, Stuttgart oder Frankfurt Wohnungseigentümer bei Neuvermietungen bis zu 50 Prozent mehr als vorher. „Sogar auf dem flachen Land und im ehemaligen Zonenrandgebiet ist die heile Welt zu Ende", klagte Mieterbund-Sprecher Stefan Kampmann. Grund: „Die Wohnungs-

not in den großen Städten hat viele Menschen ins Umland getrieben."
(„metall", 2. November 1990) In München, so ergab eine Auswertung
durch die Gewerkschaftszeitung, lag der Durchschnittsquadratmeter-
preis für 2-3-Zimmer-Wohnungen bei Neuvermietungen im Oktober
1990 bei 21,47 DM. In West-Berlin sind es mittlerweile, das hat eine
Auswertung des Berliner Mietervereins im Juli 1991 ergeben, 22 DM!

In der alten und neuen Kapitale, in deren Westteil als einziger Stadt der
alten Bundesrepublik bis Ende 1991 eine zehnprozentige Steigerungs-
grenze bei Neuvermietungen gesetzlich vorgeschrieben ist, sind Mietsprünge um 20 oder 30 Prozent dennoch gang und gäbe. Wer das Glück
hatte, eine Wohnung zu finden, dem fehlt hinterher eben oft die Energie,
den Vormieter ausfindig zu machen und darüber hinaus den (freilich
aussichtsreichen) ersten Konflikt mit dem neuen Vermieter zu beginnen.

Mit den Mieten steigt auch ihr Anteil am Einkommen. Insbesondere
in den Großstädten der alten BRD gehört die Zeit, in der die Miete rund
ein Fünftel des verfügbaren Einkommens ausmachte, längst der Vergangenheit an. 30 bis 40 Prozent sind, zumal bei Kleinverdienern, keine Seltenheit, nach oben gibt es keine Grenzen. In München, der selbsterkore-
nen „Weltstadt mit Herz" ist der „Markt" längst aus den Fugen geraten:

„*Tine Nüninghoff (29) und ihre sechsjährige Tochter Laura zogen vor
ein paar Monaten von Duisburg nach München. Die Frau hatte eine gute
Assistenten-Stelle bei einem bekannten Arzt bekommen, der AIDS-
Kranke behandelt. Runde 2000 DM bekommt sie auf die Hand. Noch
wohnt sie provisorisch mit der Tochter in einem kleinen Zimmerchen bei
einem alten Freund im Stadtviertel Haidhausen – und sucht und sucht
eine Wohnung. Um die Ecke, in der Haidhausener Kellerstraße, steht ein
großer Neubau mit dem schicken Namen „Philharmonie". Dort bot man
ihr eine Wohnung an, und sie eilte zur Besichtigung. Da erst erfuhr sie den
Mietpreis: 1700 Mark kalt. Bei Einzug wären über 10000 Mark für Provision und Kaution fällig gewesen. Tine Nüninghoff wird weiter suchen.*"
(„metall", 2. November 1990)

In der bayrischen Landeshauptstadt ist mittlerweile eingetreten, was in
New York seit längerem als Problem ausgemacht ist. Nicht mehr Arbeitsplätze sind es, woran es mangelt, sondern ausreichender Wohnraum.
Selbst qualifizierte Arbeitskräfte können in New York City die geforderten Mieten nicht mehr bezahlen. Die Worte von Daniel Rose, einem
der größten Bauspekulanten der Stadt, sprechen für sich: „Wenn einer
nach New York kommt, und reich ist, kann er sich eine Eigentumswohnung kaufen, doch selbst Angestellte mit mittleren bis höheren Gehältern

finden in New York keine Mietwohnung, und das ist betrüblich. Ich glaube, wir haben nun bald den Punkt erreicht, an dem Museen, Universitäten und medizinische Institute kaum mehr instande sind, helle junge Leute mit mäßigen Gehältern anzuziehen. Würden sie auch gerne nach New York kommen, die knappen Mietwohnungen würden sie davon abhalten." (Cihan Arin: Das vermarktete Wohnen. In: Becker/Schoen (Hg.): Die Janusgesichter des Booms. Hamburg 1989, S.119)

In München nimmt sich diese Entwicklung ähnlich aus. Selbst Polizeibeamte, bei der Durchsetzung von Wohnraumspekulation oftmals Freunde und Helfer der Miethaie, meiden die Stadt. Die Miete würde ihnen über die Hälfte des Einkommens wegfressen. Die Folge: Die fehlenden Ordnungshüter müssen in die Landeshauptstadt zwangsversetzt werden. Aus einem ähnlichen Anlaß sind Postbeamte in München bereits auf die Straße gegangen, Motto: „Der halbe Lohn allein für Mieten, da muß die Post mehr bieten!" So langsam wird die Lage an der Isar prekär. Oberbürgermeister Georg Kronawitter (SPD) sieht die Versorgung der Bevölkerung mit den grundlegendsten Dienstleistungen gefährdet: „Die Lücken bei Krankenschwestern und -pflegern, bei Erzieherinnen, Post- und Bahnbeschäftigten, bei Polizei und Feuerwehr, bei den Sekretärinnen werden immer größer." („metall", 2. November 1990) Im Großklinikum Großhadern mußten bereits ganze Abteilungen geschlossen werden. Selbst aus Wirtschaftskreisen ist aus diesen Gründen die Forderung nach verstärktem sozialem Wohnungsbau zu vernehmen. Was sich auf den ersten Blick recht merkwürdig ausnimmt, hat seinen durchaus realen Hintergrund. Die meisten Privatbetriebe sehen sich gezwungen, für ihre Mitarbeiter einen Großteil der Mietzahlungen zu übernehmen. Nicht zuletzt diese Praxis hat aber auch dazu geführt, das hohe Mietniveau an der Isar als feststehende Größe zu etablieren. Der Münchner Oberbürgermeister sieht daher zu einer Mietpreisbindung keine Alternative. Im Schußfeld seiner Kritik: die Bundesregierung. Sie habe, so Kronawitter verbittert, die Forderung nach einer Begrenzung des Mietanstiegs (15 Prozent in drei Jahren) noch in der alten Legislaturperiode abgeschmettert. Die Berliner Große Koalition, die mit dem Versprechen einer diesbezüglichen Bundesratsinitiative die Regierungsgeschäfte übernommen hatte, redet heute kaum noch von einer Mietpreisbindung, obwohl sich die Lage dramatisch verschärft hat.

So bleibt denn die sogenannte ortsübliche Vergleichsmiete, ablesbar im jeweiligen Mietspiegel, die einzige Einschränkung gegen allzuhohe Mietsprünge.

Rutscht das Verhältnis von Angebot und Nachfrage ins Bodenlose, haben diejenigen Konjunktur, die von der Not profitieren: Makler, Wohnungsvermittlungsvereine, unverschämte Untervermieter und kriminelle Entmietertrupps. Wohnungskriminalität hat sich in der Bundesrepublik, einschließlich der ehemaligen DDR, längst zu einer festen Größe auf dem Markt etabliert, Tendenz steigend.

Makler: Die „Buhmänner der Nation"

Im Westen waren sie bereits in den Siebzigern die „Buhmänner der Nation". Und sie sind drauf und dran, sich diesen Ruf neu zu verdienen. Gemeint sind die Immobilienmakler, für das Hamburger Nachrichtenmagazin „DER SPIEGEL" schlicht die „Profiteure der Wohnungsnot". („SPIEGEL"-Titel, 24/1990) Wohnungssuchende in West-Berlin können über ihre Erfahrungen mit ihnen ein Lied singen. Das unverschämte und arrogante Auftreten versetzt so manchen in regelrechte Ohnmachts-, aber auch Haßzustände. Einige von ihnen haben sich deshalb auch schon ein blaues Auge eingehandelt. Aber was nutzt es; solange man bei der Suche nach einer neuen Wohnung auf die Makler-„dienste" angewiesen ist, verhält man sich still und spielt das ungeliebte Spiel mit. Die Spielregeln: Man plündere den elterlichen Kleiderschrank, spare nicht an Schminke oder Rasierwasser, besorge oder fälsche sich eine Verdienstbescheinigung (Handwerker sind weitaus beliebter als Erzieherinnen) und ordne das Schmiergeld. Dann kann es losgehen; die „Mit"suchenden werden strategisch erfaßt, mögliche Konkurrenten eruriert, und man selber schiebt sich möglichst unauffällig in den Vordergrund. Besser ist es freilich, schon beim Telefonat die Karten, sprich Scheine auf den Tisch zu legen, wie im folgenden Beispiel: „Irgendwann im Laufe des ... Telefongesprächs legte die Maklerin eine wohlgesetzte Kunstpause ein. H. schaltete schnell: ‚Was halten Sie davon, wenn ich die Maklergebühr von mir aus einseitig etwas erhöhe?' Sein Gegenüber scheint darauf zunächst nicht weiter einzugehen. Es kommt lediglich ein: ‚Wie war doch gleich ihr Name...?' Am nächsten Tag wird der Mietvertrag unterzeichnet. 1 300 von insgesamt 3 000 Mark ‚Maklergebühr' werden quittiert, der Rest geht so über den Tisch: ‚Sehen Sie, mit ein bißchen Willen geht doch einiges', versucht die Maklerin die eisige Stimmung etwas aufzulockern." Die Berliner Jugendzeitschrift „Blickpunkt" gab im Januar/Februar 1991 Tips zum Umgang mit Wohnungshaien. Motto: Wie sag ich's meinem Makler?

Die Maklergebühr, dem Standesbewußtsein der Branche entsprechend „Courtage" genannt, beläuft sich in westdeutschen Großstädten in etwa auf das Zwei- bis Dreifache einer Monatsmiete. In Berlin wird die Vermittlungsgebühr durch das „Wohnungsvermittlungsgesetz" zwar auf 10 Prozent der Jahreskaltmiete oder das 1,2 fache einer Monatsmiete begrenzt. „Doch wie in vielen anderen Großstädten sind auch in Berlin die Makler die Stärkeren auf dem Wohnungsmarkt. Wer da eine Wohnung haben will, muß oft mehr bieten als die erlaubten 1,2 Monatsmieten." („SPIEGEL", 24/1990) Aber selbst das genügt den Wohnungshändlern oft nicht. So sind Schmiergelder, das heißt unquittierte Geldbeträge, in der Branche absolut üblich. Obwohl vom Berufsverband, dem „Ring Deutscher Makler", beklagt, sind auch RDM-Mitglieder kräftig am illegalen Abkassieren beteiligt.

Viel Geld für wenig Arbeit. Anders als etwa in Frankreich oder Holland genügt in Deutschland ein gewöhnlicher Gewerbeschein, um ins Geschäft mit der Wohnungsnot einzusteigen. Etwa 15 000 Makler tummeln sich nach Schätzungen des „RDM" auf dem Markt, Tendenz steigend. „Insbesondere in den Ballungsgebieten haben die gewerblichen Vermieter den freien Wohnungsmarkt fest im Griff. In Großstadtzeitungen wie dem ,Hamburger Abendblatt', der ,Frankfurter Rundschau' oder der ,Süddeutschen Zeitung' gehen rund 90 Prozent der angebotenen Mietwohnungen über Makler-Büros." („SPIEGEL", 24/1990)

Was den Wohnungssuchenden meist um die gute Laune und das letzte Ersparte bringt, ist dem Vermieter ein unschätzbarer Vorteil. Für ihn erwachsen aus der Maklertätigkeit keine Kosten, im Gegenteil: Man spart Zeit und Nerven, kein lästiges Geklingel am Telefon, keine Besichtigungen, der Makler wird's schon richten. Zynisch, aber treffend kommentiert „DER SPIEGEL": „Die Einschaltung eines Maklers erspart es sensiblen Menschen, ein wenig soziale Kälte zeigen zu müssen. So mancher geniert sich auch, einer Arbeiterfamilie von Angesicht zu Angesicht für ein mieses Loch in einer miesen Gegend zwölf Mark pro Quadratmeter abzuverlangen. Natürlich hat ein anständiger Deutscher nichts gegen Ausländer - aber eine türkische Familie im Haus? (...) Ein Makler weiß so etwas: keine Ausländer, keine Kinder, keine Mieter ohne sicheres Einkommen, keine Wohngemeinschaft." (24/1990) Längst hat sich Rassismus als gängiges Kriterium etabliert. Originalton der Berliner Hausverwaltung Rubinger an einen Mieter, der sich um eine größere Wohnung bemühte: „Anscheinend haben Sie noch nicht begriffen, daß sie derzeit in Deutschland und nicht in Anatolien leben. Folglich haben Sie sich nur nach dem deutschen Recht und nicht nach Ihren wirren Phantastereien zu richten. Sie als Mieter haben überhaupt keine Forderungen zu stellen. Sie haben Ihre Miete zu zahlen und sich vertragsgetreu zu verhalten. Unterlassen Sie dieses, fliegen Sie achtkantig aus ihrer Wohnung." („MieterEcho" März/April 1991) Und es sind nicht mehr nur Schmiergelder, die bei Maklern hoch im Kurs stehen. Immer mehr Frauen klagen über sexistische Übergriffe oder unzweifelhafte Angebote: „Elisabeth M., 23, Pharmastudentin in München, konnte wählen, wieviel Miete sie bezahlen will. Der Bauunternehmenr, der zweieinhalb Zimmer (45 Quadratmeter) für 900 Mark offerierte, wäre ihr ‚für zweimal lieb sein im Monat' im Preis entgegengekommen. Die Offerte: ‚600, und wir machen uns dann einen schönen Abend – oder 350 und öfter'". („SPIEGEL", 11/1991)

Einzelne Versuche, sogenannte schwarze Listen über bekannt gewordene rassistische und sexistische Makler zu erstellen, führten nicht zum gewünschten (Boykott-)Erfolg. Nach zwei, drei Monaten erfolgloser Wohnungssuche nimmt man es eben mit den moralischen Kriterien nicht mehr so genau: „Unter dem Druck, endlich auch mal zum Zuge zu kommen, verlieren immer mehr Wohnungssuchende die Contenance", klagt Hartmann Vetter vom Berliner Mieterverein. „Bei Besichtigungsterminen versuchen sich Intreressenten untereinander lautstark auszustechen. Die Solidarität ist weg, jeder ist sich selbst der Nächste." („SPIEGEL", 10/1991)

Seit geraumer Zeit allerdings wehren sich Betroffene und die Berliner MieterGemeinschaft gegen das kriminelle Geschäft. Der Erfolg ist zwar nicht überwältigend, aber so manch einer der „Buhmänner" mußte bereits zurückstecken. Folgendes Beispiel hätte es in der Tat verdient, Schule zu machen:

Überführt

Einmal angenommen: Mehrere junge Menschen, allesamt Studentinnen und Studenten, sind auf Wohnungssuche. Bevorzugt wird eine große Wohnung. WG-geeignet und vor allem billig muß sie sein. Tag für Tag wird die „BZ" gewälzt, zweimal die Woche die „Zweite Hand" und an Wochenenden die „Morgenpost" und der „Tagesspiegel". Das geht Wochen so, Monate. Man ist dem Aufgeben nahe, hat sich insgeheim schon wieder in der kleinen Einzimmerbude eingerichtet. Doch dann: Plötzlich tritt ein, was man längst nicht mehr für möglich gehalten hätte. Eine Wohnung, eine billige zumal, im besten Kreuzberg 61. Miete: 480 DM! Doch die Freude währt nicht lange. Die Gesten des Maklers sind eindeutig: Schmiergeld ...

So geschehen im Jahre 1987 in West-Berlin. Was für die meisten mit einem Fluch und der Fortsetzung der Wohnungssuche geendet hätte, war für mehrere Kreuzberger Jugendliche die Herausforderung schlechthin: Wer andern eine Grube gräbt ... Was anfangs nur als Idee im Raum stand, wurde schnell konkreter. Wenn alles gut ging, ließen sich zwei Fliegen mit einer Klappe schlagen: Man hätte erstens die gewünschte Wohnung und einen handfesten Skandal obendrein. Was nun folgte, glich eher einer Kriminalstory als einer tatsächlichen Begebenheit. Bei den folgenden Angaben handelt es sich ausnahmslos um Zeugenvernehmungsprotokolle vom 8.10.1988 und 12.12.1988 des Amtsgerichtes Berlin-Charlottenburg.

Ende Juni 1987 war es soweit. Die letzten Vorbereitungen waren getroffen, man traf sich ein letztes Mal zum Frühstück. Jörg W. (26) erzählt:

„An dem fraglichen Tag haben wir uns zunächst bei dem Zeugen G. in der Wohnung zum Frühstück getroffen und uns abgesprochen. Dann habe ich mitgeholfen, das Geld zu zählen, und zwar habe ich 6 100,00 DM abgezählt, von einem weiteren Zeugen noch einmal nachzählen lassen und in einen Umschlag geschoben, den ich verklebt habe. Auf die Umschlagklappe habe ich meinen Namen gesetzt. Ferner habe ich einen Betrag von 480,00 DM abgezählt und schließlich genauso verfahren wie mit den 6 100,00 DM.“

Am Eingang der Hausverwaltung Nehls in der Charlottenburger Kantstraße hatte man sich mit der anderen Gruppe, den künftigen Mietern, darunter auch Ulrich E., getroffen. Jörg W.:

„Mit diesen beiden Umschlägen bin ich dann zur Hausverwaltung gegangen und habe dem Kläger (Ulrich E., d. V.) den Umschlag mit 480,00 DM vor dem Haus übergeben und bin mit dem anderen Umschlag mit den 6 100,00 DM und unter anderem mit dem Zeugen I. in den zweiten oder dritten Stock gegangen.“

Ulrich E. war an diesem Tag mit dem Beklagten, dem Makler Siegfrid Nehls, verabredet. Gegen die Maklerprovision und das geforderte Schmiergeld von DM 5 000 sollte der Mietvertrag für die Wohnung Schenkendorfstraße 1/Bergmannstraße 19 unterzeichnet werden. Um einen vor Gericht haltbaren Beweis der Schmiergeldannahme zu erbrin-

117

gen, mußte man, vorausgesetzt es gab keine Zeugen während der Übergabe, insbesondere den Nachweis darüber erbringen, daß Ulrich E. vor seinem Eintritt ins Büro die betreffende Geldsumme bei sich trug und er nach Verlassen des selben Büros diese Summe nicht mehr bei sich hatte. Dazu E. vor Gericht:

„Ich war zweimal bei dem Beklagten. Beim zweiten Mal ging es darum, die strittigen 5 000,00 DM zu bezahlen. Bei mir hatte ich 6 100,00 DM und der Zeuge I. hatte weitere 2 000,00 DM bei sich. Ferner stand noch ein Betrag von 480,00 DM zur Verfügung, der allerdings nicht zum Tragen gekommen ist. Ich habe mit dem Beklagten allein in dessen Büro verhandelt, und zwar wollte er zunächst 5 000,00 DM von mir haben. Ich versuchte, den Betrag herunterzuhandeln, was der Beklagte jedoch ablehnte."

Die zuletzt in der Kantstraße eingetroffene Gruppe hatte sich unterdessen außer Sichtweite begeben. Jörg W.:

„Vom Stockwerk über der Hausverwaltung aus habe ich teils unmittelbar, teils über einen Spiegel verfolgt, wie der Zeuge E. zu den anderen, die vor der Hausverwaltung warteten, ging. (...) Nachdem die beiden weiteren Zeugen G. und K., die vor dem Haus gewartet hatten, heraufgekommen waren, gingen wir alle in den dritten Stock, es kann auch der vierte gewesen sein. Wir wollten ungestört sein und nicht auffallen ..."

Bis zu diesem Zeitpunkt war alles wie am Schnürchen gelaufen. Ulrich E. befand sich, zusammen mit seinen potentiellen Mitmietern, in den Räumen der Firma Nehls. Die anderen hielten sich unauffällig im Hintergrund. Ihr Einsatz sollte erst noch kommen. Vorerst aber ging es darum, den Mietvertrag unter Dach und Fach zu bekommen:

„Während des Gesprächs nahm mich der Beklagte in ein anderes Büro mit. (...) Auf meine Frage, ob wir, um die Wohnung zu bekommen, nun 5 000,00 DM zahlen müßten, erklärte er: ‚Ich bin ja auch nur korrupt. Von wem ich letztendlich das Geld bekomme, ist mir egal'. (...) Ich habe von den 6 100,00 DM die 5 000,00 DM gezahlt, danach verließ der Beklagte das Büro, um den genauen Mietzins zu ermitteln. Nach seiner Rückkehr wurde dann die Kaution, die Maklergebühr und eine sogenannte Vertragsgebühr gezahlt."

Wäre es dabei geblieben, hätte vor Gericht wohl Aussage gegen Aussage gestanden. Ulrich E. hätte die Übergabe und Annahme des Schmiergeldes behauptet. Siegfried Nehls, unter Berufung auf Zeugen, das Gegenteil beschworen. Es kam also vor allem darauf an, glaubhaft zu machen, daß sich zum fraglichen Zeitpunkt nur zwei Personen im

Raum befunden hatten. Diese Aufgabe kam den beiden zu, die sich vor der eigentlichen Bürotür befanden. Ulrich E:

„Ich weiß genau, daß zu keinem Zeitpunkt, als der Beklagte in seinem Büro war, außer mir noch andere Personen anwesend waren. Während der Beklagte das Büro verlassen hatte, waren der Zeuge I. und die Zeugin H. an die Tür getreten und hatten in das Büro geschaut. (...) Richtig ist im übrigen, daß später der Beklagte ein zweites Mal das Büro verlassen hatte. Als zu diesem Zeitpunkt u.a. der Zeuge I. in das Büro hereinkam, wurde er von dem zurückkehrenden Beklagten mit den übrigen Begleitern wieder vor das Büro geschickt."

Dies war der Punkt, in dem die Veteidigung in das Prozeßgeschehen eingriff. Renate Nehls, 47 Jahre alt, die Mutter des Beklagten:

„An dem fraglichen Tag hielten sich der Beklagte, die Hauseigentümer Ehrenkönig und ich in dem zweifellos sehr kleinen Büro des Beklagten auf, um die Frage der Übernahme einer Hausverwaltung durch mich zu klären. Während dieses Gesprächs wurden die künftigen Mieter der Wohnung Bergmannstraße angekündigt. Der Beklagte gab den vorbereiteten Mietvertrag heraus. Nachdem die im Flur verbliebenen Mieter den Mietvertrag gelesen hatten, meldete sich einer der Mieter, vermutlich der Zeuge E., und kam nun auch noch in das kleine Büro. Nach meiner Erinnerung war der Mietvertrag von den Mietern zu diesem Zeitpunkt bereits schon unterschrieben. Es ging nunmehr noch um die Bezahlung von Provision, Miete und Kaution. Es stellte sich heraus, daß der Zeuge nicht genügend Geld dabei hatte, um auch die Kaution bezahlen zu können. Weswegen er das Büro noch einmal verließ, um sich von den Wartenden weiteres Geld geben zu lassen. Wir kamen nach einigem Hin und Her überein, daß der Zeuge nur die Provision und die Kaution zahlt und daß die Miete überwiesen wird. Es sind nach meiner Kenntnis dementsprechend auch nur 2 Quittungen ausgestellt worden. Ich habe dann den Mietvertrag auch noch unterschrieben und damit war die Angelegenheit erledigt."

Weniger sicher war sich dagegen Matthias Ehrenkönig, ein Bekannter von Siegfried Nehls, der sich an diesem Tage in einer anderen Angelegenheit in der Kantstraße aufgehalten hatte:

„Ende Juli 1987 befand ich mich in den Räumen der Hausverwaltung Nehls wegen der Frage einer Übernahme der Hausverwaltung unseres Grundstücks durch die Zeugin Frau Nehls. Die Zeugin Nehls, meine Schwester als Miteigentümerin und ich führten dieses Gespräch in einem sehr kleinen Büro, rechts vom Flur aus gesehen. Der Beklagte befand sich

dort ebenfalls in dem Büro, nahm jedoch aber nicht an dem Gespräch teil.
Nach uns erschien eine männliche Person, vermutlich der Zeuge E., in ei-
ner Mietangelegenheit bei dem Beklagten. Ich habe mitbekommen, daß
ein Mietvertrag zumindest von Frau Nehls unterschrieben wurde und
daß der Zeuge Geldbeträge gezahlt hat. Ich hatte mich noch gewundert,
daß er sich, als es um die Kaution ging, noch Geld holen mußte. Soweit
ich weiß, ist eine Provision und die Kaution bezahlt worden. (...) Wie ge-
nau die Sitzverteilung war, bzw. die Verteilung der Standorte weiß ich
heute nicht mehr."

Für den Richter stand damit fest, „daß sich Herr E. während der Verhandlungen über den abzuschließenden Mietvertrag und der Bezahlung
diverser Geldbeträge allein mit dem Beklagten in dessen Büro befunden
hat. Dies ergibt sich aus den überzeugenden Aussagen der von dem Kläger benannten und hierzu gehörten Zeugen. Die Aussagen gegenteiligen
Inhalts der Zeugin Frau Nehls und des Zeugen Herrn Ehrenkönig müssen demgegenüber zurücktreten." (Urteilsbegründung durch das Amtsgericht Charlottenburg, 7.2.1989, Aktenzeichen 17 C 99/88)

Blieb also nur noch zu beweisen, daß Ulrich E. beim Verlassen des
Büros die betreffende Summe nicht mehr bei sich trug. Zu diesem Zweck
betrat die sich bis zu diesem Zeitpunkt im Treppenhaus befindliche
Gruppe, bei der sich auch der Rechtsanwalt der Studenten befand, den
Ort des Geschehens:

„Beim Verlassen der Hausverwaltung habe ich die Zeugen N. und W.
herbeigerufen, die einen Stock höher warteten. Beim zweiten Ruf kamen
sie, während wir die Tür der Hausverwaltung hinter uns schlossen. Wir
haben uns dann zunächst in den zweiten Stock begeben und abgewartet,
bis zwei weitere Zeugen von draußen heraufgekommen waren. Wir sind
dann in den vierten Stock hinaufgegangen, und vier von uns, d.h. außer
mir noch die Zeugin H. und der Zeuge I. und der Kläger, haben sich
entkleidet und die Kleidungsstücke in einem blauen Plastiksack gesam-
melt. Der Kleidersack ist dann verschlossen worden ... und wurde erst
wieder bei dem Zeugen G. geöffnet. Dort haben die Zeugen W., N., G.
und K. den Inhalt daraufhin überprüft, welche Geldbeträge noch vor-
handen waren und hierüber ein Protokoll angefertigt. (...) Für mich ist
dieser Vorgang einmalig..."

In der Tat. Man hatte einen Makler bei frischer Tat ertappt. Anderthalb Jahre später traf man sich vor Gericht wieder. Das Urteil lautete:

„Im Namen des Volkes
In dem Rechtsstreit des Herrn Harald B. ...

gegen Herrn Siegfried Nehls, Bregenzerstr. 10, 1000 Berlin 10
wegen Erstattung
hat das Amtsgericht Charlottenburg ... für Recht erkannt:
1. Der Beklagte wird verurteilt, an den Kläger einen Betrag von 5 000,00
DM nebst 4 % Zinsen seit dem 1. Januar 1988 zu zahlen.
2. Die Kosten des Rechtsstreits hat der Beklagte zu tragen.
3. Das Urteil ist gegen Leistung einer Sicherheit von 6 400,00 DM vor-
läufig vollstreckbar.

Tatbestand

Der Kläger macht gegen den Beklagten aus abgetretenem Recht des
Herrn Ulrich E. einen Anspruch auf Zahlung von 5 000,00 DM mit der
Begründung geltend, daß der Beklagte, der als Wohnungsmakler tätig ist,
ihm im Hause Schenkendorfstraße 1/Bergmannstraße 19 in 1000 Berlin
61 einen Wohnungsvertrag vermittelt habe, und zwar gegen Zahlung
nicht nur einer Maklercourtage, sondern eines unquittierten Betrages in
o.g. Höhe ...
Der Beklagte macht geltend, einen solchen Betrag nicht erhalten zu
haben. Während der Abwicklung der ganzen Angelegenheit, insbeson-
dere auch bei Entgegennahme diverser Beträge, die sämtlich quittiert
worden seien, hätten sich Dritte in seinem Büro befunden, die im übri-
gen bezeugen könnten, daß er Schwarzgeld nicht empfangen habe."
(Urteilsverkündung Amtsgericht Charlottenburg, 7.2.1989, Geschäfts-
nummer 17 C 99/88)
Der Richter hatte sich in seiner Urteilsbegründung den Aussagen der
Kläger angeschlossen:
„Die weitere Beweisaufnahme hat ergeben, daß der Beklagte tatsäch-
lich Empfänger einer unquittierten Zahlung in Höhe der Klageforderung
gewesen ist. Die in den wesentlichen Punkten übereinstimmenden Aus-
sagen der von dem Kläger benannten Zeugen lassen einen anderen Schluß
nicht zu. Insbesondere erscheint es ausgeschlossen, daß der Zeuge E. sich
habe zwar den Betrag von 5 000,00 DM aushändigen lassen, um ihn dann
jedoch nicht an den Beklagten zu zahlen, sondern beseite zu schaffen.
Nach der Beweisaufnahme ist davon auszugehen, daß nach Abliefe-
rung der Kleidungsstücke für den Zeugen E. die einzige Möglichkeit, das
Geld zu verstecken, darin bestanden hätte, es in die unstreitig nur noch
verbliebene Unterhose zu stecken. Selbst wenn jedoch der Geldbetrag
lediglich in fünf 1000,00-DM-Scheinen bestanden hätte, hätte er sich

unter dem Hosenstoff abzeichnen müssen. Hiernach bedarf ein solcher Geschehensablauf keiner zusätzlichen Erläuterung."

Am 24. August 1989 erstattete der Rechtsanwalt der nun glücklich und mit viel Phantasie zu einer Wohung Gekommenen Strafantrag „wegen aller in Betracht kommenden Delikte gegen

1. Herrn Siegfried Nehls, Bregenzer Straße 1/2, 1000 Berlin 10
2. Frau Renate Nehls, Bregenzer Straße 1/2, 1000 Berlin 10
3. Herrn Matthias Ehrenkönig, Seebergsteig 1, 1000 Berlin 33

insbesondere wegen Prozeßbetruges und uneidlicher Falschaussage."

Das Urteil, wiederum im Namen des Volkes: 6400 DM Strafe für Siegfried Nehls. Für einen Spekulanten wie ihn ein Fall für die Portokasse.

Der Trick mit der Bearbeitungsgebühr

Neben den „legalen" Wohnungsvermittlern, den Maklern, sind es vor allem die „illegalen", die versuchen, aus der Wohnungsnot und der Gutgläubigkeit der Bürger die schnelle Mark zu schlagen. „Wohnungsvermittlungsvereine", „Wohnungsagenturen" und wie sie alle heißen haben eins gemeinsam: viel Geld für keine Leistung, mithin Betrug. Ein Beispiel:

Eine Wohnungssuchende, die am 9.9.1990 auf eine Anzeige (3 Zimmer Berlin-Mitte 1200.-DM warm) in der „Berliner Morgenpost" antwortete, erhielt statt eines Besichtigungstermins folgendes Schreiben:

„Sehr geehrte Damen und Herren,
vielen Dank für Ihr Schreiben an unsere Gesellschaft. Als Anlage übersenden wir Ihnen gleichzeitig unsere Bewerbungsunterlagen, falls sie an einer weiteren Bearbeitung interessiert sind. Unsere Angebote werden ständig erneuert und z.B. können wir Ihnen 1-5 Zimmerwg. in Charlottenburg, Neukölln, Wedding, Waidmannslust, Reinickendorf, Hermsdorf und Lichterfelde-Ost offerieren. (...) Durch Anknüpfung guter Geschäftskontakte und ordentlicher Bestandspflege, sind wir in der Lage, Ihre anstehenden Probleme lösen zu können. Sie werden umfassend betreut und es werden keine langen Wartelisten von uns gehalten. Wir werden die beruflichen und finanziellen Möglichkeiten analysieren und für Ihre Zukunft berücksichtigen.

Nach Überweisung des Honorars oder Bareinzahlung bei der Post, erhalten Sie schnellstens unser Leistungspaket.

Und auch Sie können dann ein neues Domizil beziehen.
Höflichst verbleiben wir,
mit freundlichen Grüßen
Rainer Langer"

Das „Leistungspaket" hat freilich seinen Preis. Im von der „Immobilienanlageberatungsgesellschaft Höllein und Co.", deren einer Geschäftsführer obiger Langer ist, mitgesandten Vertrag heißt es:

„Der Kunde erhält innerhalb von 5 Werktagen, nach Vertragsunter-
zeichnung und Gutschrift des Honorars, ein gebündeltes Leistungspaket
mit Exposé zugesandt. Mit Auswahl von Objekten. Zugeschnitten auf die
Wünsche des Kunden im Fragebogenkomplex. Für dieses Leistungspaket
ist ein Honorar in Höhe von 140.-DM zu zahlen. Durch Überweisung
auf o.g. Bankverbindung"

Die verblüffte Wohnungssuchende schrieb daraufhin an die Berliner MieterGemeinschaft, die sich bereits seit längerem mit kriminellen Wohnungsvermittlungsvereinen und -agenturen beschäftigt und auch bereits einige Erfolge vorweisen konnte:

„Sehr geehrte Damen und Herren der Mietergemeinschaft,
Ich hatte mich auf eine Wohnungsanzeige in der Morgenpost vom
9.9.1990 beworben, in der von konkreten Wohnungen die Rede war.
Diese Wohnungsangebote werden nun in dem Schreiben, das ich darauf-
hin erhielt, nicht mehr erwähnt, stattdessen soll eine Maklerprovision von
DM 140,- für die Lieferung von Wohnungsangeboten überwiesen wer-
den – dies war aus der Anzeige in keiner Weise ersichtlich.
Ich möchte die Schriftstücke an die Mietergemeinschaft in der Hoff-
nung weiterreichen, daß Sie ein Auge auf derart unseriöse Firmen werfen."

Mehrere Hörfunksendungen über Wohnungsnepp und kriminelle Vermittler haben ihre Wirkung nicht verfehlt. Viele der derart Geprellten wandten sich infolge der Sendungen an die MieterGemeinschaft, die ihre Erfahrungen schließlich erneut der Öffentlichkeit mitteilte. Im Gegensatz allerdings zu den inzwischen bedeutungslos gewordenen „Wohnungsvermittlungsvereinen" (hier war die Mitgliedschaft in einem „gemeinnützigen" Verein die Voraussetzung dafür, wertlose Wohnungsangebote zu bekommen), treibt die Firma Höllein und Co. allerdings immer noch ihr Unwesen, unter anderem unter dem Firmennamen „O.V.A. Immobilienanlageberatung" mit Sitz in Berlin-Karlshorst.

„Prügel, Raub und heißer Abbruch"

Am 14. April 1991 erschien in der „Berliner Morgenpost" folgende Anzeige:

„Wir haben ein Mietproblem
und suchen professionelle Hilfe: Wir besitzen mehrere große Mietshäuser
und wollen sanieren. Aber unsere Mieter weigern sich, auszuziehen.
Wer weiß - gegen hohes Erfolgshonorar – Rat und Tat.
#23-9028 Morgenpost, Postfach 110 547, Berlin 11"

Klaus Nolden, Mitarbeiter der Berliner MieterGemeinschaft und Experte in Sachen Wohnungskriminalität, setzte sich an die Schreibmaschine. Falls es sich hier nicht um eine Finte handelte, bestand die seltene Chance, einen oder mehrere Vertreter der kriminellen Entmieterbranche dingfest zu machen. Bekanntlich sind für einen Hausbesitzer leerstehende Wohnungen ungleich lukrativer als bewohnte. Die künftigen Mieter können sich weder beim Vormieter nach der letzten Miete erkundigen, um so die gesetzlich zulässige Mieterhöhung zu prüfen, noch braucht sich der Vermieter mit renitenten Mietern und sozialen Härtefällen im Falle einer Privatmodernisierung herumzuschlagen. Er kann modernisieren, was das Zeug hält und hinterher die entsprechende Miete verlangen.

Klaus Nolden wußte um diese Vorliebe. Und er wußte auch, daß es in der Berliner Halbwelt einen entsprechenden Markt gibt. Die letzten Fälle, in denen die kriminellen Praktiken angeheuerter Vermietertrupps bekannt geworden waren, lagen allerdings einige Zeit zurück. Ende der siebziger Jahre war der „heiße" Abriß entmieteter und leerstehender Mietshäuser keine Seltenheit. Abriß und Neubau waren und sind für Spekulanten noch lukrativer als eine Modernisierung. Nachdem im Zuge der sich durchsetzenden Stadterneuerung Abrißgenehmigungen nicht mehr ohne weiteres erteilt wurden, schuf man eben Fakten und kassierte zudem hohe Versicherungssummen. Bekamen solche Praktiken erneut Konjunktur? Klaus Nolden wollte es wissen:

„Sehr geehrte Damen und Herren,
meine Mitarbeiter und ich haben o.g. Anzeige mit Interesse gelesen.
Wir sind bereit und in der Lage, Ihnen zur Lösung Ihres Problems individuelle und effektive Hilfestellung gegen ein angemessenes Honorar zu leisten.

Um die nötige Vertraulichkeit zu wahren, schlagen wir Ihnen zunächst eine telefonische Kontaktaufnahme unter o.g. Nummer vor.

In Erwartung Ihres Anrufes verbleiben wir,
Mit freundlichem Gruß
Klaus Nolden & Co." (Schreiben vom 15.4.1991)

Am 28. Mai kam es zum konspirativen Treff in West-Berlin. Ort des Geschehens: der Breitscheidplatz am Europa-Center. Noldens Konterfei, ein Herr „Meißner aus München", gab zu erkennen, daß er eigens in dieser Angelegenheit nach Berlin gereist sei. Insbesondere gehe es ihm um zwei Häuser, eines in Neuwestend, das andere im Ost-Berliner Bezirk Prenzlauer Berg. Hier, so Meißner, komme man juristisch nicht weiter, die verbliebenen Mieter wollen nicht ausziehen, obwohl er doch in beiden Häusern komplett modernisieren will.

Klaus Nolden und sein ebenfalls am Treffpunkt erschienener „Mann für's Grobe" berichteten im „MieterEcho" über den Gesprächsablauf:

„Als angebliche Sachverständige stellen wir Meißner unseren ‚bewährten Stufenplan zur Entmietung von Häusern' vor. Dabei greifen wir verbreitete Vorurteile und Ausländerfeindlichkeit auf. Dazu brauchen wir schließlich nur die ‚bewährten' Praktiken, die uns während unserer Beratungstätigkeit begegnen, zusammenfassen und uns in die Charaktere von skrupellosen Hausbesitzern hineindenken.

Als erste Stufe unseres Entmietungsplanes schlagen wir ihm zum Schein vor, mehrere MieterInnen mit kurzfristigen Mietverträgen in die Häuser zu setzen, die sich zu einer Belästigung für die übrigen HausbewohnerInnen entwickeln sollten, z.B. durch Rohrverstopfungen, Geruchs- und Lärmbelästigung und absolute Überbelegung. Die erste Stufe gefällt unserem Herrn Meißner, das kann er sich gut vorstellen. Die zweite Stufe ist der Einsatz von ‚Bauarbeitern', die mit vorgetäuschten Sanierungsarbeiten für Ruhestörung, Dreck, Lärm usw. sorgen. Auch diese Vorgehensweise scheint ihm geeignet, die Entmietung voranzutreiben. Lediglich mit der dritten Stufe unseres Entmietungsplanes hat Meißner Probleme. Wir wollen angeblich Hooligans, Schlägertrupps, Alkoholikern usw. Zugang zu den Häusern verschaffen und sich dort austoben lassen. (...) Alles in allem scheinen wir mit unserem Stufenplan Eindruck auf ihn gemacht zu haben." („MieterEcho", 229 / 1991)

Herr Meißner gibt den Zuschlag freilich nicht sofort. Er verabschiedet sich, um noch Angebote anderer „Spezialfirmen" einzuholen, verspricht aber, sich wiederum telefonisch zu melden. Klaus Nolden wartete allerdings vergeblich auf diesen Anruf. Stattdessen erschien drei Wochen später die Illustrierte „STERN" mit dem reißerischen Titel: „Prügel,

Raub und heißer Abbruch". Aufmacher ist Klaus Nolden: „Er redet über
Terror und Brandstiftung wie ein Bankbeamter über Zins und Belastung." Was man sonst nur im Film zu sehen bekommt, hier ist es tatsächlich eingetreten. Zwei Under-Cover-Agenten, die sich gegenseitig,
mit Teleobjektiv und Micro am Hemdkragen bewaffnet, überführen
wollen. Wäre die Geschichte an dieser Stelle zu Ende, man hätte über
diese „STERN"-Stunde des Journalismus herzhaft lachen können. Zwei
der vom STERN kontaktierten „Entmieter" erwiesen sich allerdings als
Figuren anderen Kalibers. Es handelt sich um alte Bekannte aus der Berliner Bau-Szene. Einer von ihnen, Kurt Andrèe, verdient es, näher betrachtet zu werden.

„Wir suchen uns möglichst gleich 'nen tapprigen Rentner"

Schönleinstraße 26 in Kreuzberg. Das Haus hatte 1985 den Besitzer gewechselt. Neuer Eigentümer: Kurt Andrèe. Wenige Wochen später
wurde Andrèe bei der Wohnungsbaukreditanstalt (WBK) vorstellig. Er
wolle mit öffentlichen Mitteln modernisieren. Daraufhin ging alles den
gewohnten Gang. Die Schönleinstraße wurde in ein Modernisierungs-
programm aufgenommen, und die Mieterberatungsgesellschaft SPAS
befragte die Mieter nach ihren Vorstellungen. „Im Seitenflügel gab es
zunächst Widerstand gegen die geplanten Wohnungszusammenlegun-
gen, später zeigten sich jedoch die MieterInnen kompromißbereit, um
eine private Modernisierung abzuwenden. Am 15.4.1987 fand eine
Mieterversammlung in Anwesenheit des Hauseigentümers statt, auf der
ein gemeinsam getragener Kompromiß zustande kam." („MieterEcho",
Mai/Juni 1988)
    Plötzlich allerdings hatte es sich Andrèe anders überlegt. Öffentliche
Zuschüsse, schön und gut, aber deshalb sich an Preisbindungen halten
müssen? Herr Andrèe fand Geschmack am privaten Modernisieren.
Schließlich, so mag er sich gedacht haben, kommt es nicht vorrangig auf
saubere, ordentliche Bauarbeiten, sondern vor allem auf hohe Rechnungen an. Und diese zu bekommen war kein Problem. Schließlich befand
sich im Besitz des Herrn Andrèe eine Baufirma mit dem Namen
ABEKO. Am 18. Februar 1988 erhielten die Mieterinnen und Mieter eine
Modernisierungsankündigung, rückwirkend zum 1. Februar. Andrèe
hatte, ohne die Mieter zu benachrichtigen, bereits vorher mit den Bauarbeiten begonnen. Ausführende Firma: die ABEKO. Die Miete sollte

nach Abschluß der Bauarbeiten von z.B. 2,70 DM/qm auf 9,56 DM kalt steigen. Dazu die Mieter in einem Offenen Brief:

„Die betroffenen Mieter und Mieterinnen können diese Mieten nicht zahlen! Wir fordern die zuständigen Bezirkspolitiker auf, ihrem politischen Auftrag nachzukommen. Wir denken, daß eine einvernehmliche Lösung nur dann möglich ist, wenn der im öffentlichen Förderungsverfahren zwischen Hauseigentümer und MieterInnen erreichte Kompromiß, der auch heute noch tragfähig ist, durchsetzbar wird." (Offener Brief der Mieter und Mieterinnen vom 7. März 1988)

Andrèe scherte sich freilich einen Dreck um die Sorgen der Mieter. Er hatte es sich in den Kopf gesetzt, zu modernisieren, und daran sollte ihn niemand hindern, schon gar nicht irgendwelche aufmüpfigen Mieter. Was das im einzelnen bedeutete, gelangte im März 1989 an die Öffentlichkeit:

„Seit einem Jahr sind die Mieter eines Aufganges ohne Wasser, werden Keller eingerissen, Öfen abgetragen, obwohl die Wohnungen noch bewohnt werden, lagern Müll- und Schutthaufen auf dem Hof." („Die Wahrheit", 22.3.1988)

„‚Jetzt habe ich ihm ein Ultimatum gestellt', empört sich Peter. Er steht zwischen den Zementbrocken auf dem neuen Teppich vor der Zentralheizung, die nicht funktioniert, im Zimmer neben dem abgetrennten Klo und der ausgeräumten Küche. Kurt Andrèe, Besitzer der Schönleinstraße 26, hat noch bis zum 1. April Zeit, die Wohnung in einen bewohnbaren Zustand zu versetzen. Dafür wird Andrèe die Miete - von 260 Mark für die Zwei-Zimmer-Altbauwohnung - auf 600 Mark kalt erhöhen. Soviel können und wollen nicht alle Mieter bezahlen. ‚Die Oma im Vorderhaus ist ausgezogen', meint die junge Frau, die Angst hat, ihren Namen zu nennen. Das Hinterhaus steht teilweise leer, die Verbliebenen halten die Türen vor den Handwerkern fest verschlossen. Das hilft nicht immer. Im Dezember wurde einem Mieter die Tür aufgebrochen, ein neues Schloß bekam er erst Wochen später." („taz", 25.3.1988)

Ein Jahr darauf waren die Modernisierungsarbeiten noch immer nicht abgeschlossen, die Folgen aber schon unübersehbar. Am 30. März 1989 berichtete die „taz":

„Im Hof türmen sich mehrere Kubikmeter Bauschutt und Abfall, Kabel ragen aus den Wänden, Gasthermen wurden nicht angeschlossen. (...) Seit über einem Jahr wird das Haus mit privaten Mitteln angeblich saniert. Von den 25 Altmietparteien ist nur noch ein Mieter übriggeblieben. Er soll nun für seine Wohnung, an der seit vier Monaten nichts mehr gemacht wurde, 200 Prozent mehr Miete bezahlen."

Die Baugenehmigung, mit der die Bauingenieurin Cornelia Wöhlk-Altmann 1987, als die öffentlich geförderte Modernisierung noch zur Debatte stand, beauftragt worden war, lag bei Baubeginn im Februar 1988 noch gar nicht vor. Damals hatte die Ingenieurin in einem Gutachten festgestellt: „Gefahr im Verzug". In der Tat:

„*In der Kneipe Pinocchio (damals in der Schönleinstraße 26, d.V.) krachte es vor vier Wochen fürchterlich. Der Flipper „Tomcat" hatte den schwammigen Boden mit seinem Gestell durchbrochen und offenbarte, was die Bauingenieurin Cornelia Wöhlk-Altmann schon vor zwei Jahren festgestellt hatte: Vor der beauftragten Modernisierung der Wohnung muß erst der Boden des Hauses erneuert werden: ‚Unten Schwamm, oben Modernisierung, das ist doch das Letzte'". („ Volksblatt", 31.3.1989)*

Andrèe indes wies alle Vorwürfe von sich: „Alles ist im Rahmen der gesetzlichen Normen vonstatten gegangen." Sprach's und erteilte Frau Wöhlk-Altmann Hausverbot.

Szenenwechsel. Zwei Jahre später, Breitscheidplatz, Charlottenburg. Der STERN-Redakteur mit dem bezeichnenden Pseudonym Unterkofer hatte nach der Begegnung mit Klaus Nolden einen weiteren Kandidaten für sein „Mietproblem" kontaktiert:

„Alles, was wir machen ist legal", sagt Andrèe. „Die Nummer mit dem großen schwarzen Neger und seinen Freunden im Stockwerk darüber, die wir die ersten Jahre durchgezogen haben, die läuft nicht mehr." Andrèe hatte sich dem „STERN"-Reporter als Teilhaber der Berliner Gesellschaft für Bau- und Wohnungswirtschaft mbH „Orgaplan" vorgestellt. Zuvor sei er Gesellschafter der Abeko-Bau gewesen, die allerdings pleite gegangen ist. Andrèe ist seit sieben Jahren im Entmietungsgeschäft, wie er sagt. Seine Masche: „Wir gehen da als ‚Mieterberater' rein und suchen uns möglichst gleich 'nen tapprigen Rentner. Den schicken wir als Sozialfall durchs Haus und zeigen allen, wie gut wir sind, weil wir den drin wohnen lassen. Aber die anderen, die aufmucken, die kommen in den Sack, und da geht's mit dem Knüppel drauf." Andrèe, der darauf hofft, daß Diepgen den „rot-grünen Scheiß" aus den Bezirksämtern ausmistet, plaudert aus dem Nähkästchen: „Vor ein paar Jahren hat uns eine Oma aus Hannover ein Haus gegeben. Das brachte 46 000 Mark Mieteinnahmen pro Jahr. Wir hatten drei Jahre und freie Hand und sollten das Haus auf über 100 000 DM bringen. Wir haben es auf 136 000 gebracht." Das Zauberwort in den meisten Fällen: Privatmodernisierung: „Da braucht man nur gute Kostenvoranschläge und Firmen, die mitmachen", sagt Andrèe, „dann kommen wir locker auf 30 000 DM Modernisierungskosten pro Wohneinheit. Die legen wir auf die Miete um und dann geht mancher freiwillig, weil's ihm zu teuer wird." („STERN", 13.6.1991)

Ein Mieter aus der Schönleinstraße 26 ist damals nicht freiwillig gegangen. Es handelte sich um einen der letzten Mieter, den türkischen Komponisten Tayfun Erdem. Er wurde Anfang November 1988 von unbekannten Tätern in seiner Wohnung brutal zusammengeschlagen: „Während Tayfun abends in der Wohnung an einer Filmmusikkomposition arbeitete, verlangten zwei junge Männer nach der Hauptmieterin der Wohnung, traten schließlich die Wohnungstür ein und schlugen Tayfun so brutal zusammen, daß er eine Gehirnerschütterung, einen Nasenbeinbruch und zahlreiche Platzwunden erlitt und das Bewußtsein verlor", so das „MieterEcho" (Januar/Februar 1989)

„Aber die, die aufmucken, die kommen in den Sack, und da geht's mit dem Knüppel drauf" (Kurt Andrèe). Es bleibt zu hoffen, daß die Staatsanwaltschaft, die im Fall Tayfun die Ermittlungen gegen Andrèe einstellte, selbige nach dem „STERN"-Report wieder aufnimmt.

Vom Schmuddelkiez zum Vorzeigeviertel: Umstrukturierung und Widerstand in Kreuzberg

Kreuzberger Zukunftsszenarien:

„Version eins: ein Luxuswohngebiet am Spreewaldgürtel, Mieten um 25 DM pro Quadratmeter – kalt, versteht sich." „In allen Wohnblocks gibt es Polizeistationen und privat organisierten Wachschutz. An markanten Stellen des Stadtteils stehen Hochhäuser mit luxuriösen Eigentumswohnungen." „Die Lohmühleninsel: eine Villenkolonie." „Der Eintrittspreis für den Görlitzer Park beträgt je nach Aufenthaltsdauer zwischen zehn und fünfzehn DM." („Berliner Morgenpost", „taz", 9.6.1990)

„Version zwei: In verfallenen Häusern hausen Autonome. Mehr als die Hälfte aller Kreuzberger bezieht Sozialhilfe, es regiert ein ‚Kiezrat', der einen Steuer- und Mietenboykott organisiert. Nach wochenlangen Straßenschlachten zieht sich der Staat aus Kreuzberg zurück, der Bezirk wird sich selbst überlassen." („Berliner Morgenpost", 9.6.1990)

Entworfen wurden diese Visionen Anfang Juni 1990. Der Kreuzberger Mieterberatungs-„Verein SO 36" hatte zur Diskussion geladen. Thema: Sind wir noch zu retten? Obwohl Ex-Baustadtrat Werner Orlowsky, selbst Mitglied des Vereins, prognostizierte: „Zwischen diesen beiden Polen wird sich die Entwicklung des Bezirks abspielen", bleiben doch Zweifel am „Realitäts"gehalt der zweiten Version. Das Bild vom autonomen, verfallenen Kreuzberg entspringt wohl eher den Alpträumen behutsamer Stadterneuerer als realen Entwicklungsoptionen. So unrealistisch das eine, so realistisch allerdings das andere. Bereits im Juli 1991 überschritten die Mieten bei Neuvermietung die 20 DM Schallgrenze. Bei den Neubaumieten hat Berlin die bayrische Landeshauptstadt München als bisherige Nummer Eins sogar schon abgelöst. Berlin ist nach Angaben von Wirtschaftsexperten seit Maueröffnung und Wiedervereinigung die attraktivste Stadt der Welt: allerdings nicht für seine Bewohnerinnen und Bewohner, sondern für Investoren jeglicher couleur! Und Kreuzberg ist mittendrin in diesem Berlin, einer Stadt, die sich anschickt, die Metropolenentwicklung anderer europäischer Städte binnen kurzer Zeit nachzuholen und sogar zu überflügeln, mitsamt allen Folgen und Konsequenzen für einen Großteil der eingesessenen Stadtbevölkerung.

„Unser Entschluß, hier zu investieren, lange vor dem Fall der Mauer, war kein Entschluß für Posemuckel, es war ein Entschluß für die deutsche Metropole in Europa", erklärte Daimler-Benz Chef Edzard Reuter im April 1991. („Volksblatt", 13.4.91) Mit den versprochenen Investitionen öffneten sich dem Daimler-Manager Tür und Tor. Reuter ließ diese Gelegenheit nicht ungenutzt. Zur weiteren Zukunft Berlins erklärte er anläßlich der Eröffnung des „Stadtforums", zum Zwecke der künftigen Stadtplanung von Stadtentwicklungssenator Hassemer (CDU) ins Leben gerufen: „Wer meine, Berlin brauche erst den großen visionären städtebaulichen Gesamtentwurf, bevor Weichenvorstellungen vorgenommen werden, ist schief gewickelt." Reuters Verdikt, Berlin sei zu einem klassischen Fall einer Krisenregion geworden, läßt zugleich die Lösungskonzepte der Investoren erahnen. Sein Vorschlag, eine „Entwicklungsgesellschaft" zu gründen, in der Verwaltung und potentielle Investoren zusammenarbeiten sollen, umreißt die Konturen einer Umstrukturierung à la Daimler. Was darunter zu verstehen ist, haben der Berliner Senat und der größte bundesdeutsche Rüstungskonzern am Potsdamer Platz unter Beweis gestellt: ein gigantisches Dienstleistungszentrum, die „Daimler-Benz-International-Services", gebaut auf einer Fläche von 61 710 Quadratmetern, vom Senat zum Spottpreis an Daimler verscherbelt.

Die Zukunft Berlins und mit ihr diejenige Kreuzbergs scheint also unter keinem guten Stern zu stehen. Daß die Umstrukturierung zur Metropole und mit ihr der Widerstand dagegen allerdings nicht erst am 9. November 1989 begonnen haben, zeigen die Kreuzberger Erfahrungen der letzten Jahre.

Ein Blick zurück

Das Jahr 1987 Jahr war für die Kreuzberger in verschiedener Hinsicht ein entscheidendes. Während der Senat und die „offizielle" Kultur mit Millionenaufwand und sinnlosem Pomp die 750-Jahr-Feier der Stadt Berlin begingen, brannte es in Kreuzberg lichterloh. Die Revolte vom 1. Mai hatte Politiker, Polizei und Autonome gleichermaßen überrascht.

„An den Zerstörungen und Plünderungen beteiligten sich nicht etwa nur, wie es der damalige Innensenator Kewenig (CDU) so gern wahrhaben wollte, die ‚Anti-Berliner‘, sprich: die Autonomen, sondern der Großteil der Kreuzberger Bevölkerung", erinnerte die nicht gerade autonomen-freundliche „taz" am 25.4.1990. Bereits am Morgen danach, die Akteure der Nacht schliefen noch ihren Rausch aus und Scharen sonstiger Ku'-damm Touristen fuhren mit der Hochbahn gen Osten, begannen Politi-ker und Soziologen mit der Ursachenforschung. Kreuzberg 36, der südliche Teil der alten Luisenstadt, über Berlins Grenzen hinaus als Problembezirk bekannt, zählt zwar nur 75 000 Einwohner, aber rund ein Fünftel von ihnen (14 000) bezieht Sozialhilfe. Etwa 40-50 Prozent der deutschen und 70 Prozent der ausländischen Jugendlichen sind ohne Arbeit und Ausbildung, so Kreuzbergs Bürgermeister König (SPD), der seinen Bezirk als „Nährboden für die, die nichts mehr zu verlieren ha-ben" charakterisierte. Daran hat sich bis heute nichts geändert.

Daß die Benennung sozialer Ursachen nicht unbedingt zu ent-sprechenden „Lösungen" führt, mußte man in Kreuzberg in den darauf-folgenden Wochen erfahren. Das ehemalige SO (Südost) 36 wurde zum Besatzungsgebiet für die Polizeitruppen des Innensenators Kewenig. Eine eigens gegründete Schlägertruppe, die „Einsatzbereitschaft für be-sondere Lagen und Trainingseinsätze" (EbLT), versetzte die Bewoh-nerinnen und Bewohner bei jedem nur erdenklichen Anlaß in Angst und Schrecken. Als im Juni 1987 der damalige US-Präsident Reagan nach Berlin kam, erklärte man ganz Kreuzberg kurzerhand zum Sicherheits-risiko. Sämtliche Straßen von und nach Kreuzberg wurden abgesperrt, der U-Bahn-Verkehr eingestellt. An „qualifizierten" Vorschlägen zum Umgang mit den ungelittenen Kiezbewohnern hatte es auch zuvor nicht gemangelt. Der CDU-Abgeordnete Kliem, im Kiez bekannt als „Abriß-Kliem", hätte Kreuzberg jedenfalls am liebsten als Parkplatz für die um-liegenden Bezirke gesehen.

Während die Politiker am grünen Tisch nach „Lösungen" suchten, entstand „von unten" das sogenannte „Kiezpalaver", ein unabhängiger Gesprächskreis von Bewohnern und Bewohnerinnen aus dem Kiez. Man wollte denjenigen, die immer nur *über* einen reden, nicht das Feld über-lassen, sondern aus Betroffenensicht die eigenen Probleme und mögliche Handlungsansätze diskutieren. Die Themen: Mieten, Weißer Kreis, Ge-werbevertreibung, Yuppisierung, Repression. Der Begriff Umstruktu-rierung wurde dabei zum Synonym für die aktuelle und befürchtete Umgestaltung im Stadtteil. Auswirkungen wie Hintergründe wollte man einer breiteren Öffentlichkeit vermitteln. Erster Schritt: eine Demonstration durch den Kreuzberger Kiez. Trotz massiver Einschüchterungen durch die Polizei nahmen am 14. November 1987 3 000 Menschen an der „tour de Kreuzberg", wie es die „taz" nannte, teil. Anhand verschiedener Beispiele wurde die Umstrukturierung im Kiez anschaulich verdeutlicht und auch die Möglichkeit aufgezeigt, sich dagegen zur Wehr zu setzen. Im Anschluß an diese Demonstration wurde das zum Abriß vorgesehene Haus Reichenbergerstraße 63a zum ersten von insgesamt drei Malen besetzt. Im Verlauf des darauffolgenden Jahres war es schließlich durch massiven politischen Druck gelungen, das Gebäude vor dem Abriß zu retten. Heute befindet sich darin unter anderem der „Infostützpunkt SO 36", ein Büro und Archiv zur Koordinierung der verschiedenen Stadtteilaktivitäten.

Das Kreuzberger Widerstandspotential begann sich seit 1987 neu zu formieren. Stadtteilthemen, d.h. Mieten, Leerstand oder Rausmodernisierung, rückten von nun an in den Vordergrund. Das neue politische Selbstbewußtsein fand unter anderem ein Jahr nach der Revolte, am 1. Mai 1988, einen ersten Höhepunkt. An einer gegen die sozialpartnerschaftliche DGB-Politik organisierten, unabhängigen 1. Mai-Demonstration in Kreuzberg beteiligten sich über 10 000 Menschen.

Der andere Brennpunkt des Jahres 1987 hieß „Weißer Kreis": Die Aufhebung der Mietpreisbindung, bereits 1981 geplant, aber unter anderem aufgrund der Hausbesetzerbewegung verschoben, sollte nun, zum 1. Januar 1988, unter Dach und Fach gebracht werden. Mieterorganisationen, Kiezinitiativen und Projekte organisierten daraufhin eine für West-Berlin bisher beispiellose Unterschriftensammlung. Über 500 000 Berliner Mieterinnen und Mieter sprachen sich für die Beibehaltung der Mietpreisbindung als Dauerrecht aus. Umsonst. Der „Weiße Kreis" wurde von der Bonner Regierung (mit einigen Abschwächungen) verabschiedet und vom Abgeordnetenhaus mit den Stimmen der SPD übernommen. Damit war das von den Haus- und Grundbesitzerverbänden immer wieder angeprangerte „letzte Relikt der Wohnungszwangswirtschaft" gefallen. Die Mieten konnten von nun an jährlich um fünf, bei Neuvermietung gar um zehn Prozent steigen. Die Hausbesitzer nahmen das Angebot dankbar an. Die Folge: Binnen Jahresfrist waren die Mieten bei Neuvermietungen um 15 Prozent gestiegen, bei billigem Wohnraum sogar um bis zu 30 Prozent. Der Berliner Wohnungsmarkt wurde für Investoren wieder attraktiv. Insbesondere außerhalb der angestammten Sanierungsgebiete floß das private Modernisierungskapital. Die damalige Forderung nach Instandsetzung statt Modernisierung, mit der man die Mieten stabil halten wollte, begann obsolet zu werden. Von nun an hieß die Alternative: öffentlich geförderte oder privat finanzierte Modernisierung, Mieterhöhungen auf 4,40 DM/qm sogenannte „Einstiegsmiete", oder auf acht bis zehn oder sogar 15 DM/qm nach Privatmodernisierung.

Laut einer von der Stadterneuerungsgesellschaft S.T.E.R.N. in Auftrag gegebenen Studie hatte die Anzahl der privatmodernisierten Wohnungen die der öffentlich geförderten Ende 1988 mit jeweils 3 000 Wohneinheiten bereits eingeholt.

Die Wohnungsnot avancierte, noch bevor Aus- und Übersiedler nach West-Berlin kamen, zu einem zentralen innenpolitischen Thema. 150 000 Wohnungssuchende und 20 000 Obdachlose, die Not war unübersehbar geworden, der Handlungsbedarf immens.

Als im März 1989 der rot-grüne Senat die CDU/FDP-Koalition ablöste, glaubten viele an die „Jahrhundertchance" eines sozialdemokratisch-alternativen „Reformprojektes". Insbesondere in der Wohnungspolitik hatte man sich einiges vorgenommen. Im sozialen Wohnungsbau wurden 7000 Wohnungen jährlich angekündigt, die öffentliche Förderung im Altbau sollte ausgeweitet, im Bundesrat eine Initiative zur Wiedereinführung der Mietpreisbindung unternommen werden. Zur Beseitigung des Wohnungsleerstandes wurde eigens eine Leerstandskommission gegründet.

Doch schon bald nach dem rot-grünen Regierungsantritt stellte sich heraus, daß die Taten auf sich warten ließen. Die vollmundig gepriesene Erhöhung der Leerstandsbußgelder auf bis zu 100 000 DM kam bis heute kein einziges Mal zur Anwendung, ebensowenig wie die im Zusammenhang mit dem „Werra-Block" in Aussicht gestellte Zwangsverwaltung bei wiederholten Spekulationsfällen. Im Gegenteil. Das den Bezirken zustehende Recht auf Belegung öffentlich geförderter Wohnungen wurde ausgerechnet unter dem rot-grünen Momper-Senat zugunsten eines unwirksamen Kooperationsvertrages mit den Wohnungsbaugesellschaften aufgegeben (siehe Kapitel über die Wohnungsbaugesellschaften). In der Wohnungsbestandspolitik kamen die rechtlichen Eingriffsmöglichkeiten gegen Wohnraumspekulation genausowenig zum Tragen wie die ambitionierten Vorhaben im Bereich des sozialen Wohnungsbaus.

Spätestens seit der Maueröffnung und der sich abzeichnenden Vereinigung war abzusehen, daß es mit der „Jahrhundertchance" nurmehr Schall und Rauch war. Zur Bewältigung standen nicht mehr vorrangig soziale Probleme, sondern die Entwicklung Berlins zur Dienstleistungs- und Finanz-Metropole. Statt über die Wiedereinführung der Mietpreisbindung diskutierte man über neue Großflughäfen, Stadtautobahnen und Zentral-Bahnhöfe. Doch die Mittel waren, insbesondere nach dem Wegfall der meisten Bundessubventionen, knapp. Die Folge: eine Rotstiftpolitik des Berliner Senats, die sich vor allem im Wohnungswesen bemerkbar machte. Die Stadterneuerungsmittel wurden zusammengestrichen, anstelle der öffentlichen Hand sollte, so Bausenator Nagel, das Privatkapital modernisieren. An dieser Entwicklung hat sich bis heute wenig geändert, mit der Ausnahme, daß auch in Ost-Berlin immer mehr Häuser von privater Spekulation betroffen sind.

Der Bedarf an Flächen für Büro- und Dienstleistungszentren in der neuen/alten Hauptstadt ist immens und mit ihm die Renditeerwartung der Investoren. Bedenkt man, daß bei der Vermietung gewerblicher Flächen ungleich mehr Gewinn erzielt wird als bei Wohnungen, so mag es nicht verwundern, wenn, statt in den Wohnungsbau, in die Errichtung von Büro- und Gewerbegebäuden investiert wird. Ein Beispiel dafür: das „Ost-West-Handelszentrum" am Moritzplatz.

Von der Sozialbehörde zum Handelszentrum

Wie für das gesamte Gebiet von Kreuzberg, so war auch für den Moritzplatz der 1. Mai 1987 ein folgenschweres Datum. Wenn man denn einen ganzen Stadtbezirk zum Sozialfall erklärt, so scheint es nur folgerichtig, wenn die Therapie vor Ort ansetzt:

„Die Ereignisse des 1. Mai und die Nachwehen haben bei Sozialsenator Fink wohl zu der Erkenntnis geführt, daß irgendetwas passieren muß. Am 20.6.87 wartete er mit der überraschenden Ankündigung auf, er wolle mit allen Dienststellen seiner Verwaltung nach SO 36 ziehen." (*„Drucksache"*, 8/1987)

Gewünschter Ort: der Moritzplatz. In der Weimarer Zeit einer der belebtesten Plätze Berlins (allein 17 Straßenbahnlinien fuhren rund um den Platz mit dem Kaufhaus Wertheim an der südwestlichen Seite), sollte nun auf dem kriegszerstörten Ödland die sozialtechnokratische Therapie für einen ganzen Bezirk ihren Ausgangspunkt nehmen – auf der

Palette der politisch-administrativen Mai-Verarbeitung nicht einmal der exotischste aller Vorschläge. Die Frage war nur, was sagte man in Kreuzberg selbst? Die Bürgergruppe Moritzplatz, eine Anwohnerinitiative, hatte bereits abgelehnt. Auch in der Kreuzberger Verwaltung herrschte Skepsis vor:

„Im Bezirk stoßen Finks Pläne auf wenig Gegenliebe. Nur Bezirksbürgermeister Krüger begrüßt den Vorschlag als wichtige Maßnahme zur Imageverbesserung des Bezirks. Baustadtrat Orlowsky lehnt das zentrale Konzept dagegen rundheraus ab ... Er hält es auch für problematisch, im ohnehin dicht besiedelten Kreuzberg die letzten Reserven an Baulücken und Freiflächen für eine Großverwaltung zu verwenden. Die Verlagerung der Sozialbehörde an den sozialen Brennpunkt sei außerdem nicht geeignet, soziale Probleme abzubauen." („Drucksache", 8/1987)

Anders dagegen die Kreuzberger CDU. Hier sah man die geplante Ansiedlung von Finks Verwaltung „positiv":

„Für den Moritzplatz könnte dadurch eine vernünftige städtebauliche Lösung gefunden werden, die Oranienstraße werde als Geschäftsstraße neu belebt, die Kaufkraft von 1 700 Beschäftigten und der Publikumsverkehr werde einen Nachfrageschub auslösen. Insgesamt erhofft man sich eine Stabilisierung und Strukturverbesserung für SO 36." („Drucksache", 8/1987)

Soziale Probleme erfordern soziale Durchmischung und Aufwertung, so die Devise von Finks Kreuzberger Parteifreunden. Manch einer wurde deutlicher. Besagter „Abriß"-Kliem führte das Wort von der zu leistenden „sozialen Gesundung" Kreuzbergs im Munde – keinesfalls ein Ausrutscher, wie sich herausstellte.

Begriffe wie „soziale Durchmischung", „Veredelung" oder „Gesundung" gehören heute zum gängigen Vokabular so manchen Politikers. Wen stört es da schon, daß vor 50 Jahren bereits einmal das Wort von der „Volksgesundheit" die Runde gemacht hat. Von der „Volksgesundheit" zu den „Volksschädlingen" war es bekanntlich kein weiter Weg.

Der Moritzplatz ist ein Paradebeispiel für den Anspruch und die Wirklichkeit von Bürgerbeteiligung in städtebaulichen Planungsverfahren:

„Seit 1983 arbeitet die IBA (Internationale Bauausstellung, d. V.) an der Entwicklung eines städtebaulichen Konzepts für den Platz und die umliegenden Blöcke. Bürgerbefragungen wurden durchgeführt, im Rahmen des Schinkelwettbewerbs legten junge Planer und Architekten 1983 ihre Entwürfe für den Moritzplatz vor. Seit 1986 ist die IBA-Nachfolge-

gesellschaft S.T.E.R.N. mit der Durchführung eines aufwendigen Pla-
nungsverfahrens beauftragt, das in vollem Gange ist und bis Ende des
Jahres abgeschlossen sein soll. Drei Gremien (das ,interdisziplinäre
Arbeitsteam', die ,Steuerungsgruppe' und der ,Koordinierungsausschuß'),
in denen unzählige Stadtplaner, Behördenvertreter aus Bezirk, Senat und
Bund sowie Bürgervertreter sitzen, arbeiten mit an dem städtebaulichen
Konzept. Auf dessen Grundlage soll dann ein Architektenwettbewerb
ausgeschrieben werden.'' (,,Drucksache'', 8/87)

Was nach den Bewohnerprotesten der siebziger Jahre und den Hausbesetzungen Anfang der achtziger als Beitrag zu einer „demokratischen
Planungskultur" und damit zur „bewohnerorientierten", sprich „behutsamen" Stadterneuerung entwickelt wurde, sollte sich im Fall der Mo-
ritzplatzplanung einmal mehr als stadtplanerische Spielwiese erweisen,
die im Zweifelsfall den Interessen von oben, sprich denen des Senats oder
potentieller Investoren, zu weichen hat.

Ende 1987 wurde die im wesentlichen aus kleinteilig ökologischem
Wohnungsneubau bestehende S.T.E.R.N.-Planung von einem weiteren
Querschläger getroffen: Die renommierte Klavierbaufabrik Bechstein,
bisher in der Reichenberger Straße ansässig, trug sich mit dem Gedanken,
auf den Moritzplatz umzuziehen – und zwar ausgerechnet auf das landeseigene Wertheimgelände, in den Planungen als kleinteilig zu bebau-
endes Areal vorgesehen. Damit wären zwei Moritzplatzblöcke, am städtebaulichen Verfahren vorbei, einer „ungewollten" Nutzung zugeführt
worden. Erst im Verlauf des Jahres 1988 zeichnete sich ein Kompromiß
ab. Die Sozialbehörde zog mit einem Teil ihrer Verwaltung in die ehemalige Reichsschuldenverwaltung in der Oranienstraße, und Bechstein
baute das freigewordene Nixdorf-Gebäude im Südwesten des Platzes zur
eigenen Nutzung um. Das Gröbste schien abgewendet ...

„Glasdächer und Laubengänge"

... bis ein Münchner Baulöwe im Spätsommer 1989 die Moritzplatz-
Bühne betrat: Auf dem Wertheim - Gelände sollte ein Ost-West-Handelszentrum entstehen. Der Finanzsenator hatte dem interessierten An-
leger, der „Scherf-Baulandentwicklungs GmbH" bei der Standortaus-
wahl gleich mitgeholfen. Und auch die Banken signalisierten Zustimmung. Als „Volltreffer" kommentierte denn auch die „Drucksache", die
Zeitschrift der Kreuzberger Erneuerungskommission, den coup des

bayrischen Investors: „Was schon damals eine kluge Wahl erschien, erwies sich mit dem 9. November als Volltreffer, und da beim Senat offenbar keine Bedenken bezüglich der Verläßlichkeit des Investors bestehen,
könnten die Baulandentwickler schon 1992, mit Eröffnung des EG-Bin-
nenmarktes, ein echtes Sahnestück ihr eigen nennen."

Aber nicht nur der Senat war begeistert, auch die Stadtplaner von
S.T.E.R.N.: Mit den ökologischen Bestandteilen sei das Projekt „genau
das, was wir brauchen", so der S.T.E.R.N.-Architekt Michael Kraus gegenüber dem „Tagesspiegel". (25.10.1990) Daß am Moritzplatz eine
Mischnutzung, einschließlich des Baus von Sozialwohnungen, vorgesehen war, schien nicht mehr zu interessieren. Von der sozialarbeiterischen
„Imageverbesserung" zum finanzkräftigen Standort des Ost-West-
Handels. Der Moritzplatz versinnbildlicht wie kein anderer Ort den
Paradigmenwechsel der West-Berliner und Kreuzberger Kommunalpolitik. Landete noch 1987 der Streit um das Gelände des Kinder-
bauernhofs in der Adalbertstraße als „Chefsache" auf dem Schreibtisch
des Regierenden Bürgermeisters, so sind es jetzt bereits die „behutsamen"
Stadterneuerer von damals, die der Finanz- und Handelsmetropole Ber-
lin den Weg ebnen. Wenn nur die Ökologie stimmt, tritt die Nutzung
schon einmal in den Hintergrund. Dabei ist es gerade die wirtschaftliche
Funktion, die die Brisanz eines solchen Vorhabens ausmacht. Ob nun
„Ost-West-", „Internationales" oder „Deutsch-Sowjetisches Handelszentrum", was sich dahinter verbirgt, ist offensichtlich. Nur mit Han-
dels- und Dienstleistungseinrichtungen dieser Art wird die künftige
Metropole ihrer neuen Rolle als Drehscheibe des Ost-West-Handels, als
Standort für die Erschließung des osteuropäischen Marktes gerecht
werden können. Die Nachfrage ist riesig. Bereits im Januar 1991 hatte die
Scherf-Gruppe nach eigenen Angaben 180 Verträge mit Firmen aus dem
RGW-Bereich abgeschlossen. Die Ost-Vermietung sei „damit fast beendet, die Vermietung an westliche Unternehmen werde über das internationale Handelszentrum an der Friedrichstraße laufen". Ein entsprechender Kooperationsvertrag sei vorbereitet. Es werde kein Problem
sein, 370 Büros zu füllen. („Tagesspiegel", 8.1.1991)

Die 20 000 Quadratmeter große Büroraumfläche soll zu einem
Quadratmeterpreis von 86 DM (Stand Januar 1991) vermietet werden.
„Der Markt gibt den durch Qualität gerechtfertigten Preis her", so die
„Scherf-Baulandgesellschaft", eine Annahme, die in jüngsten Markt- und
Gewerbeentwicklungsprognosen Bestätigung findet: Entfielen im Jahre
1989 auf Frankfurt 12 qm und auf Hamburg 5,75 qm Bürofläche je Ein-

wohner, so waren es in West-Berlin „nur" 2,65 Quadratmeter. (City-Report Berlin, Jones Lang Wooton GmbH, 1990) Den ca. 9 Millionen qm-Büroflächen (6 Mio. in West-Berlin, 3 Mio in Ost-Berlin) steht ein geschätzter Bedarf von 20 Millionen Quadratmetern in den nächsten Jahren gegenüber. „Bis 1993/94 dürften rund eine Million Quadratmeter neue Büroflächen erstellt werden." Im City-Report werden auch schon die geplanten Standorte genannt. In Kreuzberg sind dies: Das „York-Plaza" zwischen Gleisdreieck und Anhalter-Bahnhof mit 80 000 qm, das „Ost-West-Handelszentrum" mit 20 000 qm und ein nicht näher definiertes Bauvorhaben im Bereich Koch-/südliche Friedrichstraße. Kreuzberg nimmt damit hinsichtlich der geplanten Bürofläche den ersten Rang unter den Berliner Bezirken ein.

Wer investiert angesichts solcher Renditeerwartungen sein Geld schon in den Bau von Sozialwohnungen. Die Interessen der Bewohner und Bewohnerinnen haben im Strudel der boomenden Hauptstadt keine Lobby mehr – auch nicht am Moritzplatz. Befürchtungen der Anwohner, daß mit dem Handelszentrum die Mieten und Lebenshaltungskosten im Kiez steigen, gingen in der Freude über das „Handelszentrum mit Glasdächern und Laubengängen" („Tagesspiegel") unter.

Kreuzberg, das ehemalige Dorf im Schatten der Mauer, soll, geht es nach dem Willen von Politik und Wirtschaft, ein boomendes innerstädtisches Dienstleistungsquartier werden, mit Wohnungen für den aufstrebenden Mittelstand und dem dazugehörigen kulturellen und kulinarischen Ambiente.

„Wir bleiben in SO 36"

Die „Aufwertung" von Altbaugebieten hat inzwischen ihren eigenen Fachausdruck: „gentrification" (gentry = Oberschicht), zu deutsch: Veredelung. Durch umfangreiche Modernisierung der Bausubstanz und der Infrastruktur sollen diese Quartiere wieder für einkommenskräftige Bevölkerungsschichten attraktiv gemacht werden. In Wirtschaftskreisen gehört „gentrification" bereits zur gängigen Vokabel. Nicht mehr Nationalökonomien seien es, die untereinander konkurrieren, sondern das Standortprofil europäischer Ballungszentren. Sogenannte „weiche" Standortfaktoren haben den „harten" (Lohnniveau, Steuersätze, Verkehrswege) bereits den Rang abgelaufen. Wer die gefragten hochqualifizierten Arbeitskräfte in der Stadt halten will, muß kräftig auffahren, schließlich gehört das „savoir vivre" genauso zum Bedürfnis des CAD-Programmierers wie der entsprechende Kontoauszug. „Weiche" Standortfaktoren: das sind kulturelles Ambiente, nostalgische Gründerzeitensembles und das dazugehörige Großstadtflair, von der Dachgeschoßwohnung bis zum Görlitzer Park und dem Spreewaldbad. Kein anderer als Roman Skoblo, Geschäftsführer der IMMOBILIEN BRAUN und Neuköllner Mietpreistreiber, hat das Anliegen der „gentrification" besser auf den Punkt gebracht: „Hier sollen Leute wohnen, die eine Funktion in der Gesellschaft erfüllen", sprich: Computerfachleute, Techniker, Bankkaufleute, Versicherungsmanager, Gastronomen und Verwaltunsangestellte. Nicht wohnen dürfen sollen die, die diese „Funktion" entweder nicht erfüllen können oder wollen: einfache Arbeiter und Angestellte, Arbeitslose, Kranke, Alte, Alternative, „Asoziale". Weil man allerdings in einem Rechtsstaat lebt und die Politiker (immer noch) eine gewisse Scheu davor haben, Menschen zwangsweise umzusiedeln, verläßt man sich auf die Gesetze des Marktes. Auch hier haben Roman Skoblo und die IMMOBILIEN BRAUN vorgeführt, wie dies zu bewerkstelligen ist: Verfall, Schikanen, Leerstand, Luxusmodernisierung. Die Folgen: Vertreibung der eingesessenen Bewohner und Zuzug zahlungskräftiger Mieter. Skoblos Spitzenmiete lag im Mai 1991 bereits bei 16 DM pro Quadratmeter – kalt! Würden Gesellschaften wie S.T.E.R.N. einmal ein Gutachten über den Verbleib von Mietern nach Privatmodernisierungen in Auftrag geben, Begriffe wie der der Umstrukturierung oder Vertreibung würden schnell ihrer Abstraktheit und ihres Schlagwortcharakters beraubt werden. Solche Prozesse vollziehen sich nicht in großen Schüben, sondern kleinteilig, nach und nach, versteckt, für viele Anwohner gar nicht nachvollziehbar. Die Lehmann's sind eben weggezogen, „wie gut, daß wir unsere Miete noch bezahlen können". Daß man vielleicht einmal selbst wieder in der Nachbarschaft der Lehmanns wohnt, dann aber in Rüdersdorf, Marzahn oder am Falkenhagener Feld, das mag man erst wahrhaben, wenn die Mieterhöhung oder die Modernisierungsankündigung auf dem Tisch liegt. Nach wie vor handelt es sich hier um individualisierte Vorgänge, die weder kollektive Betroffenheit noch gemeinsamen Widerstand auslösen.

Aber auch dabei bestätigen Ausnahmen die Regel. Eine davon ist eine Betroffenen-Initiative, die sich im Frühjahr 1990 gegründet hat: „Wir bleiben in SO 36".

„Kreuzberg verändert sich. Aber wie, darüber entscheiden nicht die Menschen, die hier leben. Kreuzberg wird verändert; von Miethaien,

wir bleiben in SO 36

Kreuzberg im Citywahn

* Vertreibung durch
  Mietenexplosion
* Blechlawinenrennbahn
  Skalitzer Straße?
* Yuppisierung
* Deutschtaumelei

Wehren wir uns jetzt!

großen und kleinen ProfiteurInnen, StadtplanerInnen und Politiker-
Innen. Eine ‚vergoldete' Zukunft soll in Kreuzberg durchgesetzt werden.
Es wird Zeit, daß wir aktiv werden!" (Erstes Flugblatt der Initiative)

Die angesprochenen Veränderungen betrafen im neuen Innenstadtbezirk vor allem den Einzelhandel. Zwar waren überdurchschnittliche
Mieterhöhungen auch schon vor der Maueröffnung zu verzeichnen, doch
seit dem 9. November, und vor allem im Spätsommer 1990, kurz vor der
Vereinigung, häuften sich die Kündigungen mit dem Hinweis auf die
neue Citylage Kreuzbergs oder die künftige Hauptstadtfunktion Berlins.
Anders als Wohnungen unterliegen Gewerberäume (Büros, Fabriketagen und Läden) keinerlei Mieterschutz. Es gilt die uneingeschränkte
Vertragsfreiheit, das heißt, Mieter und Vermieter vereinbaren für einen
befristeten und vorher vereinbarten Zeitraum einen bestimmten Mietpreis. Läuft der Vertrag aus, wird neu verhandelt.

Mitte der achtziger Jahre waren Gewerberäume, zumal im „Zonenrandgebiet" Kreuzberg, noch bezahlbar. Zahlreiche Betriebe hatten den
Kiez verlassen, in die leerstehenden Fabriketagen zogen zumeist Wohn-
gemeinschaften, Kulturprojekte, Ateliers, Theatergruppen. Zusammen
mit unzähligen Kleingewerbetreibenden, die in den Fabriketagen der
Hinterhöfe produzierten, und den zahlreichen Einzelhändlern, Kinderläden und Initiativen entstand eine politische und kulturelle Erweiterung
der über die Grenzen Berlins hinaus bekannten „Kreuzberger Mischung".

Die ist nun freilich bedroht. Was sich seit der Maueröffnung nachhaltig geändert hat, ist insbesondere die Gewerbestruktur im Kiez: „Vor
allem Dienstleistungsunternehmen wie Entwicklungsbüros und High-
Tech-Planer drängen in den Kiez: Unter den 160 im vergangenen Vier-
teljahr neu dazugekommenen Unternehmen entstammen über 100 der
Dienstleistungsbranche", berichtete der „Tagesspiegel" am 10.6.1990.
Auch der Immobilienmarkt hatte angezogen: „(Bezirkspressesprecher)
Krautschik weiß von einem Wohnhaus zu berichten, dessen Kaufpreis
nach dem 9. November innerhalb von zwei Wochen um 50 Prozent auf
3 Millionen DM stieg." („Tagesspiegel", 10.6.1990) War noch Anfang
1989 das Zehnfache der Jahreskaltmiete der Richtwert für den Preis eines
Mietshauses, so wird heute bereits das 15 oder 20-fache bezahlt.

Zu spüren bekommen die Preisexplosion derzeit vor allem die
Kreuzberger Ladenmieter. Manche Straßenzüge, so zum Beispiel der
Standort Schlesische Straße/Schlesisches Tor oder die Gegend um die
Bergmann- und Zossener Straße, rangieren heute schon, was den
Quadratmeterpreis für Ladenflächen betrifft, vor dem Kurfürstendamm.

Beispiel: Ein Fotogeschäft in der Zossener Straße, dessen Mietvertrag zum 31. August auslief, sollte ab September 1991 statt bisher 1 800 DM dann 6 800 DM bezahlen – plus Umsatzsteuer. Die erhöhten Kosten zwangen den Besitzer, sein Geschäft, und mit ihm die Beschäftigung von vier Angestellten, aufzugeben. Das Blumengeschäft nebenan mußte ebenfalls schließen. Hier wurden statt bisher 800 nunmehr 4 800 DM verlangt. Innerhalb von nur fünf Monaten haben im nördlichen Bereich der Zossener Straße fünf Läden den Besitzer und auch die Branche gewechselt.

Ende Juni 1991 wurde das ganze Ausmaß der Situation im Ladengewerbe deutlich: Der Stadtteilausschuß SO 36 hatte anläßlich einer statistischen Erhebung des Mieterberatungs-„Vereins SO 36" Vertreter von Parteien, die Industrie- und Handelskammer, S.T.E.R.N. und vor allem – Betroffene zur Diskussion geladen. Die Erhebung hatte ergeben, daß bereits die Hälfte der Befragten seit der Maueröffnung über einen neuen Vertrag verhandeln mußte. Dabei hatten 35 Prozent der Laden- und 30 Prozent der Etagenmieter (Projekte, Initiativen etc.) eine 11- bis 100-prozentige Mietsteigerung hinzunehmen. Von einer 101- bis 615- prozentigen Steigerung waren 16 Prozent der Laden- und 30 Prozent der Etagenmieter betroffen. Bei 48 Prozent der Gewerbetreibenden laufen die Verträge bis 1993 aus. Hinter diesen Zahlen verbergen sich konkrete Schicksale. So wurde einer Ladengalerie in der Wrangelstraße eine Mieterhöhung von derzeit 400 auf 3 000 DM angekündigt. In der Lindenstraße, bisher im Schatten der Mauer gelegen, bekommen die dortigen Künstlerprojekte nur noch Ein-Jahresverträge – mit einer jährlichen Steigerung von 30 Prozent. Vermieter: das Bezirksamt Kreuzberg. Besonders dramatisch nimmt sich die Lage bei den Kinderläden und Kindertagesstätten aus. Allein in Kreuzberg sind bereits 40 solcher Läden mit zum Teil erheblichen Mietsteigerungen von der Schließung bedroht. Quadratmeterpreise von 25 DM sind keine Seltenheit mehr und lassen die Selbstbeteiligungskosten der Eltern auf mitunter 200 DM pro Kind im Monat anwachsen.

Die „taz" bilanzierte am 24. Mai 1991 unter dem Titel „Kreuzberg rückt in Kudamm-Nähe" die Lage am Gewerbemietenmarkt: „Seit einem Jahr haben sich die Kosten für kleine Läden im Schnitt verdoppelt, vereinzelt sogar verdreifacht. Immer mehr Kinder- und Schülerläden erhalten nun die Kündigung. Sie beklagen Mietpreiserhöhungen von 100 bis 450 Prozent seit dem Wegfall der Mauer. Verstärkt ,Alarm schlagen', darin sehen die Betroffenen ihr vorrangiges Ziel." („taz", 24.5.1991)

Alarm schlagen - aber wie? Im Mai 1991 hatten Kreuzberger Einzelhändler zum 23. Bürgerforum geladen. Einziges Thema: die Situation des
Kleingewerbes im Bezirk. In SPD- und CDU-Mittelstandskreisen, so
war zu erkennen, setzt man vor allem auf eine Bundesratsinitiative des
Landes Berlin. Vorgesehen ist ein Gesetz, das „die Mieter von Gewerbe-
räumen vor existenzvernichtenden Kündigungen und extremen Mieterhöhungen schützt", so ein entsprechender Beschlußantrag des Abgeordnetenhauses. Gefordert wird unter anderem eine Mindestlaufzeit
der Verträge von fünf Jahren mit gleichzeitiger Option des Mieters auf
weitere fünf Jahre sowie eine Begrenzung der Mieterhöhung in Höhe der
„Veränderung des Lebenskostenindexes". Ob einer solchen Initiative
freilich Erfolg beschieden sein wird, ist fraglich. Noch im Frühjahr 1990
hatte der baupolitische Sprecher der SPD-Abgeordnetenhausfraktion,
Edel, erklärt, ein Eingriff in das Recht des Eigentümers, die Höhe der
Gewerbemieten selbst zu bestimmen, könnte gegen Artikel 14 des
Grundgesetzes, den Schutz des Eigentums, verstoßen. Es müßte also die
Verfassung geändert werden. Rainer Bohne von der Alternativen Liste ist
daher skeptisch: Die Problematik sei bisher nicht im Bewußtsein der
Öffentlichkeit und auch nicht bei den Politikern verankert. In den großen Parteien herrsche eher eine „Metropoleneuphorie" vor, die bereit sei,
„das Kreuzberg in seiner jetzigen Form zu opfern". („taz", 24.5.1991)
    Verbände wie die Industrie- und Handelskammer und die Partei-
spitzen von SPD und CDU sehen im massiven Neubau von Gewerbeflächen das Problem am besten aufgehoben. Ob eine Erhöhung des Angebots dem Nachfragedruck freilich standhalten kann, scheint mehr als
fraglich. Die Gewerbetreibenden jedenfalls glauben nicht, daß der Markt
nur „künstlich aufgeheizt" ist und sich schon bald wieder abkühlt. Außerdem, so die Kritik, helfen Gewerbeparks am Stadtrand denjenigen
herzlich wenig, die ganz aktuell von Preissteigerungen und Kündigungen betroffen sind. Die meisten von ihnen wollen in Kreuzberg bleiben.
„Soll ich etwa meine Kundschaft mit nach Brandenburg nehmen", erbit-
terte sich im Stadtteilausschuß der Fotoladeninhaber aus der Zossener
Straße. Die Stimmung ist gereizt. Ins Schußfeld der Kritik war auch die
Industrie- und Handelskammer geraten. Die IHK, so die Kleingewerbetreibenden, würde vor allem die Großunternehmen vertreten, die Interessen des Mittelstandes fielen dabei unter den Tisch.
    Während ein großer Teil des Einzelhandels freilich auf staatliche Hil-
fe setzte, begann die Initiative „Wir bleiben in SO 36" selbst aktiv zu
werden. Ort des Geschehens: Eisenbahnstraße 4 in Kreuzberg 36. In den

Fabriketagen im Hinterhof arbeiteten und arbeiten seit 1979 verschiedene Projekte, darunter eine Setzerei, ein Bildarchiv und diverse Zeitungsredaktionen. Zum Jahresende 1990 wurde der Gewerbemietvertrag gekündigt. Der Vermieter namens Bollack, ein in Tegel praktizierender Orthopäde, hatte das Gebäude 1988 erworben. Was danach folgte, stellte sich für die vom Eigentümerwechsel Betroffenen wie folgt dar:

„Er setzte eine Frist bis Ende März 1991, dann will er teilmodernisieren lassen und danach die Etagen zu „marktüblichen" Preisen weiter vermieten. Minimum: 15.-DM/m² (zur Zeit 4.-/m²) Eine fast 4-fache Erhöhung mit kurzfristigem Vertrag, denn längerfristig festlegen möchte er sich nicht, wegen der rasanten Entwicklung im neuen Centrum. Faktisch bedeutet dies Rausschmiß." (Flugblatt der Initiative „Wir bleiben in SO 36")

Eine Miete von 15 DM pro Quadratmeter, darüber war man sich in der Eisenbahnstraße im klaren, hätte das Aus bedeutet. So einfach freilich wollte man nicht aufgeben. Auf einer Versammlung der Projekte hatte man sich entschlossen, die Mieterhöhung nicht einfach hinzunehmen, sondern dem neuen Vermieter die Stirn zu bieten. Doch wie? Einen Anwalt einschalten, um in Verhandlungen mit Dr. Bollack bessere Vertragskonditionen zu erhandeln, würde angesichts der rechtlosen Vertragslage kaum ausreichend sein. Erfolgversprechender schien da schon die Mobilisierung der Öffentlichkeit für die Probleme in der Eisenbahnstraße und damit im Kleingewerbe insgesamt. Gesagt, getan. Man setzte sich mit anderen, ähnlich Betroffenen an einen Tisch und diskutierte über gemeinsame Aktivitäten und die Möglichkeit, politischen Druck zu erzeugen. Der Erhalt der „Kreuzberger Mischung" und der politischen wie kulturellen Vielfalt des Bezirks sollte zur öffentlich geführten Debatte werden. „Die Mieterhöhung in der Eisenbahnstraße", so schrieb man in einem ersten Flugblatt, „ist kein Einzelfall." Der erste Schritt zur Mobilisierung war getan: „Für alle, denen es ähnlich geht; für alle, die jetzt was gegen die schleichende bis drastische Veränderung von Kreuzberg machen wollen, gibt es (jetzt) ein neueingerichtetes Info-Telefon. Ruft an, wenn Ihr von Kündigung betroffen seid."

Unterdessen hatte sich auch der Stadtteilausschuß SO 36 für den Erhalt der Projekte in der Eisenbahnstraße stark gemacht. Zahlreiche andere Projekte und Läden schlossen sich der Initiative an. Doch die Mobilisierung der Öffentlichkeit allein konnte Dr. Bollack vorerst nicht beeindrucken. Er übersandte ein Schreiben, mit dem den Projekten zum 31.12.1990 fristlos gekündigt wurde. Sollte alles umsonst gewesen sein? Mittlerweile war die Lage in der Eisenbahnstraße über die Grenzen

Kreuzbergs hinaus bekannt geworden. Zahlreiche Initiativen, Organisationen und vor allem andere Betroffene zeigten ihre, mitunter auch praktische, Solidarität. In einer Zeitungsannonce der Projekte Anfang April 1991 hieß es dazu:

„Unser Vermieter, Dr. Bollack, ist mittlerweile stadtbekannt. In etlichen Flugblättern, Plakaten, Zeitungsartikeln von Interim bis Spiegel, Abendschau ... wurde über den Konflikt berichtet. UnterstützerInnen waren öfters bei ihm in der Praxis in Tegel und informierten die PatientInnen. Es wurde gesprüht und Plakate in der Umgebung geklebt: ‚Was macht ein Arzt in Tegel mit einem Haus in Kreuzberg?' - ‚Der Herr Doktor ist ein Spekulant'. UnterstützerInnen verschickten an alle OrthopädInnen in der Stadt einen offenen Brief mit der Aufforderung, sich einzumischen und starteten eine Postkartenaktion. Eine Kundgebung vor der Praxis wurde angesetzt, dann jedoch wegen des Golfkriegs abgeblasen. Der Herr Doktor hat das nicht mitgekriegt und so gab's den ganzen Tag Halteverbotsschilder in seiner Straße. Die Ordnungshüter waren massiv aufgefahren und informierten die verblüfften PassantInnen, daß das wegen dem Bollack ist. Andere bestellten ihm die „taz" in seinem Namen und auch sein Auto mußte neu lackiert werden." („taz", 6.4.1991)

Spekulanten scheuen für gewöhnlich die Öffentlichkeit wie der Teufel das Weihwasser. Aus der Anonymität der Geldgeschäfte herausgerissen zu werden, und dies noch vor den Augen der eigenen Patienten, das schmeckte so ganz und gar nicht. Bollack reagierte gereizt und entnervt zugleich. Nachdem der Kündigungstermin verstrichen war, hatte er die Räumungsklage eingereicht. Der Gerichtstermin wurde auf den April 1991 angesetzt. In Kreuzberg hatte die Auseinandersetzung um die Eisenbahnstraße inzwischen einen symbolischen Stellenwert bekommen. „Wenn wir einen Konflikt für uns entscheiden, dann macht das auch anderen Mut", gab man sich optimistisch.

„Rechtlich haben wir wenig Chancen. Wie dieser Konflikt weitergeht, hängt deshalb stark von Eurer Unterstützung ab. Wir geben nicht auf.

In jedem Fall war der Preis für unsern Herrn Doktor schon jetzt hoch, er wird sich das nächste Mal zweimal überlegen, ob er sich ein Haus in Kreuzberg zulegt.

Wir hoffen, daß ihr im Räumungsfalle da seid, und daß mehr Leute den ‚privaten' Ärger mit ihrem Vermieter in einem öffentlichen Konflikt zuspitzen." (Anzeige in der „taz", 6.4.1991)

Zum befürchteten „Räumungsfall" kam es allerdings nicht. Das Gericht lehnte die Räumungsklage gegen die Projekte ab. Der Grund: eine von Bollack mündlich zugesagte Fortsetzung des Mietverhältnisses kurz nach Eigentümerwechsel. Wenige Tage später traf man sich am Verhandlungstisch. Bollack, sichtlich entnervt, hatte eingelenkt. Das Ergebnis: neue Verträge für 8 DM pro Quadratmeter bei einer Laufzeit von drei Jahren. Das bedeutete zwar die Verdoppelung der Miete, war aber angesichts der geforderten 15 DM und der Preisexplosion auf dem Markt durchaus ein Erfolg. Die Maxime maximaler Profit war am Kreuzberger Widerstand gescheitert. Das Bedürfnis, Ruhe um seine Person einkehren zu lassen, war dem Arzt und Hausbesitzer Bollack letztendlich wichtiger als weiterhin mit aller Kraft gegen die renitenten Mieter vorzugehen.

Die Projekte hatten einen Konflikt für sich entschieden, aber eben nur einen. Weitere Erfolge, so hat es sich die Initiative „Wir bleiben in SO 36" zum Ziel gesetzt, sollen folgen. Anläßlich eines Demonstrationsspektakels gegen „Miethaie und Stadtverplaner", so berichtete die „Berliner Zeitung", wurde bereits auf den nächsten Konfklikt aufmerksam gemacht. Die Mieter und Mieterinnen der Prinzessinnenstraße 16 am Moritzplatz sollen der Planungszentrale für das „Ost-West-Handelszentrum" weichen.

Inzwischen sind auch andere Betroffene an die Öffentlichkeit gegangen. Eine Initiative „Ateliernotstand" nahm sich der Belange der von Kündigungen betroffenen Künstlerinnen und Künstler an. Die Einzelhändler in der Bergmann- und Zossenerstraße machen mit Unterschriftensammlungen auf ihre Probleme aufmerksam. Daß den Berlinern und Berlinerinnen am Erhalt der „Kreuzberger Mischung" gelegen ist, zeigt nicht zuletzt die Tatsache, daß innerhalb von nur einer Woche über tausend Menschen sich mit den Forderungen der Gewerbetreibenden solidarisch erklärt hatten.

Quo vadis Kreuzberg?

Kreuzberg ist ein Bezirk, der bereits seit Jahrzehnten einem ständigen Wandel unterworfen ist. Bis in die siebziger Jahre hieß die Devise: Kahlschlagsanierung. Die betroffenen Bewohner und Bewohnerinnen wurden an den Stadtrand umgesiedelt, in neugebaute Trabantenstädte wie das Märkische Viertel oder das Falkenhagener Feld. Die zurückgelassenen Mietshäuser wurden entweder gleich abgerissen oder mit sozial schwachen Mietern - zeitlich begrenzt - belegt. Sozialhilfeempfängern, ausländischen Familien, Studenten und Aussteigern sollte, nach dem Willen der Sanierungsplaner, so die Funktion zukommen, diese Viertel „kaputtzuwohnen", gleichsam ein Ghetto für „Asoziale" zu bilden, in welches kein „normaler" Mensch mehr ziehen wollte. Anschließend sollte durch flächendeckenden Abriß und Neubau das Gesicht des ehemaligen Kleine-Leute-Kiezes gründlich verändert werden. Was im Weddinger Sanierungsgebiet Gesundbrunnen ohne größere Reibungen über die Bühne gegangen war, geriet in Kreuzberg allerdings ins Stocken. Inzwischen war ein Protestpotential herangewachsen, das die Kahlschlagsanierung von Senat und Wohnungsbaugesellschaften nicht mehr ohne weiteres hinnehmen wollte. Gefordert wurden stattdessen die Instandsetzung der alten Mietsquartiere sowie der Erhalt gewachsener sozialer Strukturen und billigen Wohnraums. Die anfängliche Begeisterung über die „komfortablen" Neubauwohnungen war einer zunehmenden Skepsis über die Anonymität der Schlafsilos gewichen. Man wollte im angestammten Kiez wohnen bleiben und begann, sich in Mieterinitiativen und Stadtteilkommitees zu organisieren.

Mitte der siebziger Jahre wurde vom Konzept der Kahlschlagsanierung endgültig Abstand genommen. Der Widerstand der Bewohner und Bewohnerinnen war allerdings nicht allein auschlaggebend. Auch in Kreisen der Bauindustrie plädierte man aufgrund der sprunghaft gestiegenen Neubaukosten für die Modernisierung der vorhandenen Altbausubstanz. Ein Wort wurde geboren: „Stadterneuerung", dem nach der Hausbesetzerbewegung Anfang der achtziger Jahre ein zusätzliches Attribut verliehen wurde: „behutsam".

Man hatte auch auf seiten der Herrschenden den sozialen Sprengstoff erkannt, der sich hinter allzu rigiden Vertreibungsprozessen angesammelt hatte. Stattdessen wurde, vor allem in Sanierungsgebieten, der Erhalt der sozialen, d.h. der Bewohnerstruktur zum Credo der Stadterneuerung erhoben, gekoppelt bereits damals allerdings an eine soziale Durchmischung, die den Kiez insbesondere für gehobenere Bevölkerungsschichten wieder attraktiv machen sollte.

Die Geschichte Kreuzbergs ist eine widerspruchsreiche. Und es spricht nichts dagegen, daß es nicht so bleiben wird. An dieser Geschichte ist wie in keinem anderen der West-Berliner Bezirke das Wechselspiel zwischen Protest, Zugeständnissen, sozialen Strategien, neuem Widerstand und Repression nachvollziehbar. Das widerspenstige, renitente Kreuzberg, an dem sich so mancher Politiker und Spekulant die Zähne ausgebissen hat, ist aber auch früh zum Testfeld von Stadtplanern und Sozialstrategen geworden. Das auf den ersten Blick fortschrittlich anmutende Diktum der behutsamen Stadterneuerung birgt im Kern auch den Wunsch in sich, soziale Kontrolle auf einem möglichst hohen Niveau auszuüben. Die Instrumente: Erhalt, Durchmischung, Mitbestimmung, Identifikation, Aufstiegschancen, Repression.

In Zeiten wie diesen scheint allerdings mancher Konflikt überholt. Die Ereignisse haben sich überschlagen, und so mancher Autonome sieht sich in seinen Forderungen mitunter Seite an Seite mit den Feinden von gestern. Der behutsamen Stadterneuerung, von nicht wenigen als sozialarbeiterisch und herrschaftskonform kritisiert, wurde in West-Berlin der Geldhahn abgedreht. Das nunmehr city-nahe Kreuzberg sieht sich mehr und mehr dem „freien Spiel der Kräfte" ausgeliefert.

Aus dem Schatten der Mauer herausgetreten, steht Kreuzberg mit dem Rücken zur Wand, ist Innenstadt, Mitte, mittendrin. Es spricht vieles dafür, daß Kreuzberg auch weiterhin eine Schlüsselfunktion zukommt, allerdings unter anderen Vorzeichen. Der Bezirk entspricht schon jetzt am ehesten den „gentrification"-Kriterien anderer Metropolen. Es scheint absehbar, daß Bezirke wie etwa Friedrichshain in naher Zukunft die ehemalige Rolle Kreuzbergs übernehmen werden: als „Auffanglager" für das untere Drittel einer „Zwei-Drittel-Gesellschaft", die zumindest in den östlichen Ländern Gefahr läuft, zur „Ein-Drittel-Gesellschaft" abgewickelt zu werden.

Die Gegenstrategien der behutsamen Stadtplaner indes erweisen sich angesichts der Preisexplosion auf dem „heißen Immobilienmarkt" zunehmend als hilflos. „Erhaltungssatzungen" und „Milieuschutzverordnungen" können eine großflächige Stadterneuerung mit öffentlichen Geldern nicht ersetzen, genausowenig wie die städtischen Wohnungsbaugesellschaften durch eine „moderate Preispolitik" die vermeintlich zeitlich begrenzte Überhitzung des Marktes abkühlen können. Administrative Maßnahmen erfüllen ihren Zweck zumeist nur, wenn massiver politischer Druck die Verantwortlichen zum Handeln zwingt.

Gerade in Kreuzberg, und das wissen natürlich auch die Planer in Senatsverwaltungen und Architektenbüros, gibt es nach wie vor ein vergleichsweise großes, wenn auch oft diffuses Widerstandspotential. Organisierter Widerstand gegen die Umstrukturierung Berlins und mit ihr des neuen City-Bezirks Kreuzberg zur Dienstleistungs- und Handelsmetropole steckt freilich noch in den Kinderschuhen. Die Initiative „Wir bleiben in SO 36" ist dabei nur ein Anfang.

Friedrichshainer Häuserkämpfe: Blumenstraße 1872 und Mainzer Straße 1990

Die Räumung der Mainzer Straße im November 1990 hat wie kaum ein anderes Thema die Berliner Gemüter erregt. Gegner und Befürworter lieferten sich noch Wochen später hitzige Debatten. Was den einen die Empörung über das rücksichtslose Auftreten einer regelrechten Polizeiarmee war, war den anderen die Genugtuung, daß der Schandfleck in der Straße nun endlich von der Bildfläche war. Politiker aller couleur zeigten sich entsetzt über das Ausmaß der Gewalt, über die sozialen und politischen Ursachen wurde geschwiegen. Einmal mehr in der Geschichte der Stadt hatten wohnungspolitisch motivierte Auseinandersetzungen einen Berliner Senat zu Fall gebracht, und das vereinte Berlin hatte seine erste Haupstadtrandale.

Es war indes nicht das erste Mal, daß Wohnungsnot und polizeiliche Räumungen Anlaß zu gewalttätigen Auseinandersetzungen gaben, auch nicht in Friedrichshain. 1872, also ein Jahr, nachdem Berlin feierlich zur Haupstadt des deutschen Kaiserreichs erklärt worden war, waren es tagelange Unruhen in eben jenem Stadtteil, die sogenannten Blumenstraßenkrawalle, die in ähnlicher Weise für Wirbel sorgten.

Im folgenden soll versucht werden, beide Ereignisse einander gegenüberzustellen, wohlwissend um die Problematik eines solchen Vergleichs. Weder soll damit aber suggeriert werden, daß es die Hauptstadtthematik war, die zu den Auseinandersetzungen führte, noch soll das soziale Elend der damaligen Zeit durch einen strapaziösen Vergleich mit der heutigen Wohnungsnot verharmlost werden. Anlaß, Ursache(n), Verlauf sowie das juristische und politische Nachspiel einer solchen Auseinandersetzung weisen allerdings verblüffende Parallelen auf.

Das soziale Pulverfaß: Wohnungsnot 1872

„Schon vor Jahresfrist, als die Wohnungsnot zuerst sich geltend machte, schwatzte alle Welt davon, daß Unruhen entstehen würden. Aber das Berliner Volk ist sehr geduldig, und als die Prophezeiung sich nicht bestätigte, wiegten sich die bevorrechteten Klassen in Sicherheit. Augenblicklich ist in Berlin aber durch den geradezu grenzenlosen Nothstand und den Uebermut der Hausbesitzer solcher Zündstoff angesammelt, daß jeder Funke zur Flamme auflodern muß." („Neuer Social-Demokrat", 31.7.1872)

Mit der Niederlage Frankreichs im deutsch-französischen Krieg und der Entscheidung für Berlin als Hauptstadt des deutschen Kaiserreichs flossen die französischen Reparationsmilliarden als Investitionskapital in die Stadt. Zugute kamen sie allerdings nicht, wie erhofft, den kleinen Leuten, sondern Schiebern, Grundstücksspekulanten und Bankiers. Grundstücke wurden vorerst nur ge- und verkauft. Der große Bauboom, mit dem die Gründerzeit gemeinhin in Verbindung gebracht wird, setzte erst Mitte der achtziger Jahre ein.

Die Wohnungsnot wurde zu einem der größten Probleme der neuen Hauptstadt. Vor allem an kleinen Wohnungen herrschte großer Mangel. Mietverträge im heutigen Sinne gab es nicht. Die Verträge mit dem Hauswirt, der oft im Haus selbst wohnte, wurden jeweils für ein halbes Jahr abgeschlossen. Wer zu den Quartalsenden 1. April bzw. 1. Oktober die geforderte Mieterhöhung nicht bezahlen konnte, dessen ärmliches Mobiliar wurde auf die Straße gesetzt, mitsamt ihm selbst. Wollte man nicht auf der Stelle in das städtische Obdachlosenasyl oder den „Ochsenkopf", das Arbeitshaus am Alexanderplatz, eingeliefert werden, mußte man sich noch in den folgenden Tagen nach einer neuen Bleibe umsehen. Was sich an einem dieser beiden „Ziehtage", dem 1. April 1871 abgespielt hat, schildert ein zeitgenössischer Bericht:

„Ein so starker Umzug, wie er am 1. April stattgefunden hat, und ein so bewegtes Treiben, wie man namentlich in den Mittagsstunden jenes Tages beobachten konnte, ist selbst für Berlin unerhörlich zu nennen. Von früh bis spät (sah man) alle nur erdenklichen Transportmittel in Bewegung. (...) Tragbahren und Hundekarren, Wagen jeder Gestalt mit Pferden jeder Gattung, oft auch mit keuchenden Menschen bespannt. Am ärgsten ... war das Treiben in den Vorstädten, ganz besonders auf der äußeren Luisenstadt vom Halleschen (Tor) bis zum Lausitzer Platz. Ganze Straßen waren dort zu beiden Seiten so dicht mit Möbeln besetzt, daß

man meinen konnte, es sei dort ein einziges Trödelmagazin etabliert worden. Weniger stark war diese Erscheinung im sogenannten Weberviertel nächst der Frankfurter Straße, bedeutend wieder in der Gegend des ehemaligen Rosenthaler Thors und der Hamburger Vorstadt. Allerwärts wurde die Szene aber belebt von geschäftig oder verzweiflungsvoll umherlaufenden, oft genug in tätlichem Streit mit hartherzigen Hauswirten sich befindlichen Menschen." (Lange, Annemarie: Berlin zur Zeit Bebels und Bismarcks. Dietz-Verlag, Berlin/DDR 1972, S. 126)

Berlin hatte damals knapp 600 000 Einwohner. Nur die Hälfte der rund 100 000 Wohnungen besaß ein beheizbares Zimmer. Im Schnitt bewohnten 4,3 Personen einen solchen Raum. Aber es gab auch 27 609 Menschen, die zu siebt in einem Zimmer lebten, 18 376 zu acht, 10 728 zu neunt und 8 544 zu zehnt oder zu elft. Diejenigen, die neu in die Stadt kamen, mußten als Untermieter (oder auch Aftermieter, wie sie genannt wurden) ihr Dasein fristen. In vielen Wohnungen waren die Betten und Strohsäcke rund um die Uhr ausgelastet. Für diese Familien war die Aufnahme von „Schlafburschen" oder „Schlafmädchen" oft genug die einzige Möglichkeit, selbst die eigene Miete aufzubringen. Auf der anderen Seite war aber die Aufnahme dieser Bedürftigen einer der häufigsten Kündigungsgründe. Fast ein Zehntel der gesamten Bevölkerung hatte kein eigenes Bett. Ein Siebtel der Berliner und Berlinerinnen war gezwungen, in Kellerwohnungen zu hausen. (Angaben nach statistischen Erhebungen der Volkszählung von 1861)

Die Vermieter nutzten die Wohnungsnot auf ihre Weise aus. So wurde es 1872 üblich, daß die Mieter und Mieterinnen ihre Miete für ein viertel Jahr im voraus bezahlen sollten, „quartaliter praenumerando", wie es hieß. Auch neue Kündigungsgründe wurden immer wieder gefunden. „Ein Mieter mußte unterschreiben, daß die Niederkunft seiner Ehefrau ‚außerhalb der von ihm gemieteten Wohnung' abzuwarten sei. Ein anderer schenkte dem Söhnchen seines Mieters einen kleinen Hund, um daraufhin die Eltern exmittieren zu lassen, ‚weil sie ohne schriftliche Genehmigung des Vermieters ein Haustier hielten'." (Lange, ebd.) Noch sieben Jahre später, 1879, fanden in Berlin auf 1 000 Wohnungen 647 Umzüge statt. Die Folge schon damals: Barackensiedlungen, Selbstmorde, aber auch erste Hausbesetzungen, so z.B. im April 1872 in der Zionskirchstraße in Prenzlauer Berg oder der Mohrenstraße 44/45 in Mitte. (Statistisches Jahrbuch der Stadt Berlin, 1872)

Das Vorgehen der Hausbesitzer hatte im Sommer 1872 dramatische Züge angenommen:

Obdachlosenbaracken am Kottbusser Damm im Jahre 1872 und 1990 am Landwehrkanal

„Zahlreiche Prozesse auf Exmission sind sofort nach der Rückkehr vieler braver Landwehrleute anhängig gemacht worden. Aber am 1. Juli haben die Herrn ihre wahre Menschenliebe ganz zur Schau getragen, nämlich durch ein fest organisiertes Vorgehen gegen alle Mieter, welche Kinder, Schlafleute, Afthermiether usw. haben. In ganzen Straßen und hauptsächlich in Arbeitergegenden ist allen Mietern gekündigt, und die Menschen laufen bereits zu Tausenden trostlos umher, wo sie zum 1. Oktober ein Obdach für die Familien beschaffen sollen." *(Lange, S. 128)*

Im Juli 1872 war schließlich die Schmerzgrenze der sonst so „geduldigen Berliner" erreicht. Die Exmittierung eines 56jährigen Tischlers, der einen Untermieter bei sich aufgenommen hatte, brachte das Faß zum Überlaufen. Die Blumenstraße, unweit des Schlesischen Bahnhofs (heute Hauptbahnhof) gelegen, und mit ihr weite Teile des Berliner Ostens bildeten drei Tage lang die Kulisse für eine bis dahin in ihrer Schärfe kaum gekannte Auseinandersetzung zwischen der Bevölkerung und der Polizei.

Der erste Tag:
Donnerstag, 25. Juli 1872/Montag, 12. November 1990:

„Drei Tage lang war Berlin fast ohne Unterbrechung im Zustand der Revolte, die bald hier, bald dort in den einzelnen Stadtvierteln sich geltend machte.

Am Donnerstag ward eine armer Tischler in der Blumenstraße exmittirt und es entstand ein Auflauf, der bis tief in die Nacht hinein andauerte. Nach 7 (19.00, d.V.) Uhr sammelten sich besonders zahlreiche Scharen vor dem betreffenden Hause 51c. Einige Steinwürfe gegen die Fenster der Kellerwohnung (in der der Besitzer wohnte, d.V.), sowie die Schutzleute bedrohende Rufe gaben in der neunten Stunde das Signal zu einer gewaltsamen Säuberung der Straße bis nach der Krautstraße zu, welche durch berittene und Schutzleute zu Fuß bewirkt wurde. In den angrenzenden Straßen, der Strausberger und Frankfurter Straße, wurden jetzt auf die in der Verfolgung begriffenen Schutzleute Steine geworfen. Mehrfache Verhaftungen erfolgten, doch erst gegen drei Uhr morgens hatten sich die Massen nach und nach zerstreut." *(„Neuer Social-Demokrat", 31.7.1872)*

Anlaß für die Revolte, wie die Auseinandersetzungen in der Berichterstattung des „Neuen Social-Demokraten" genannt wurden, war die Exmittierung des Ferdinand Hartstock. Solche Zwangsräumungen waren nun aber mitnichten eine Seltenheit. Im Falle des Tischlers traf allerdings eine Reihe von Begebenheiten zusammen, die in ihrer Gesamtheit wohl die Ursache dafür abgaben, daß gerade an diesem 25. Juli 1872 die lang angestaute Wut ihren Ausbruch fand. Der Umstand, daß die armselige Habe des Tischlers mehrere Stunden auf der Straße stand, weil er sich mit einem Fuhrunternehmer nicht über den Transportpreis einigen konnte, hatte eine ungewöhnliche Öffentlichkeit und damit die Brisanz für einen Vorgang geschaffen, der sonst zumeist schnell und ohne große Reibungen über die Bühne ging. Dazu kam, daß Ferdinand Hartstock, der im betreffenden Hause aufgewachsen war, seiner Wut lautstark Ausdruck gab. Kein Wunder also, wenn sich im Verlauf der über zwei Stunden (so lange brauchte die Feuerwehr, um mit einem viel zu kleinen Leiterwagen anzurücken) eine unübersehbare und zunehmend zorniger werdende Menschenmenge ansammelte. Die Situation eskalierte, als die Polizei dazu überging, die Ansammlung auseinanderzutreiben. Die Exmittierung allein hätte wohl nicht zu einer solchen Auseinandersetzung geführt. Die Scheiben des Hausbesitzers waren zwar eingeworfen, aber der Gerichtsvollzieher war weit und breit nicht zu sehen. Erst das Eintreffen der Schutzmannschaften, von den Berlinern ohnehin nicht gut gelitten, brachte eine Institution auf den Plan, gegen die sich, stellvertretend für die Hausbesitzer, die Wut der Menge entlud.

Szenenwechsel –118 Jahre später:

„(Gestern wurden) in Lichtenberg zwei besetzte Häuser geräumt. Rund 260 Beamte umstellten am frühen Morgen weiträumig die Häuser in der Pfarrstraße, nachdem die Lichtenberger Wohnungsbaugesellschaft den Besetzern einen Räumungsbescheid zukommen ließ. Nachdem sich in der Besetzerszene die Nachricht von der Räumung verbreitet hatte, kam es auf der Frankfurter Allee zu einer Sympathiedemonstration. Weil einige Besetzer die Straße mit Bauabsperrungen und Nagelbrettern blockierten, rückte die Polizei mit Wasserwerfern und einem Räumpanzer an." („taz", 13.11.1990)

Anlaß für den spontanen Barrikadenbau auf der Frankfurter Allee war die Befürchtung, daß im Anschluß an die Pfarrstraße auch die besetzten Häuser in der Mainzer Straße geräumt werden sollten. Schließlich war bereits seit längerem aus Senatskreisen zu hören, daß man eine „zweite Hafenstraße" in Berlin nicht hinnehmen wollte.

„Die Polizei setzte daraufhin rund 300 Mann mit Wasserwerfern, Räumfahrzeugen und Tränengas konzentriert in der Mainzer Straße ein. Hier hatten die Besetzer von insgesamt 12 Häusern Barrikaden errichtet und sich mit Steinen, Leuchtspurmunition und anderen Wurfgeschossen gegen die befürchtete Räumung zur Wehr gesetzt." („Neues Deutschland", 13.11.1990)

„Erst dem eintreffenden Bezirksbürgermeister Mendiburu (SPD) gelang es, die Besetzer vorläufig zu beruhigen. Er versicherte, daß an eine Räumung der Mainzer Straße nicht gedacht sei." („taz", 13.11.1990)

Nach dem Wasserwerfer- und Tränengaseinsatz zogen sich Besetzer und Demonstranten in die Häuser zurück. Die Situation schien sich zu beruhigen, Mendiburu hatte den Abzug der Polizeikräfte zugesichert. Kaum jemand mehr rechnete mit weiteren Auseinandersetzungen.

Wenig später jedoch versuchte die Polizei ein benachbartes Haus in der Scharnweberstraße zu stürmen. Die Ruhe hatte sich als trügerisch erwiesen. Erneute Vermittlungsversuche von Helios Mendiburu und der Bürgerrechtlerin Bärbel Bohley wurden von der Polizei mit Tränengas beantwortet. An die Zusage, daß nicht geräumt werden sollte, glaubte man in den Häusern nicht mehr, die offensichtliche Machtlosigkeit des Bezirksbürgermeisters und das eigenmächtige Vorgehen der Polizei machten die Sinnlosigkeit der Verhandlungsbemühungen und der Suche nach einer politischen Lösung deutlich. Die Besetzer und Besetzerinnen antworteten mit Barrikaden. Mit ihnen sollten der politische Preis für eine Räumung erhöht und die politisch Verantwortlichen doch noch an den Verhandlungstisch gezwungen werden.

Auch in der Blumenstraße war die Situation am frühen Abend eskaliert:

„Diesen vorübergehenden Szenen folgte am Abend um 8 1/2 Uhr ein arger Tumult. Gewissermaßen angesagt war derselbe in der ganzen Gegend, und ein großer Theil des Gesindels, welches die Strausberger-, Koppen- und Palisadenstraße bewohnt, hatte sich eingefunden, um seiner Rauflust freien Lauf zu lassen. Eine Unterstützung von 22 Mann der 3ten Hauptmannschaft, 6 Berittene und 10 Mann von der Reserveabtheilung sicherte das gefährdete Haus (des Besitzers, d.V.) vor Beschädigung. Einige kräftige Eingriffe genügten, den betreffenden Theil der Blumenstraße zu säubern.

Die im ganzen etwa 4-5 000 Köpfe zählende Menschenmenge zog sich in die angrenzenden Straßen, der bessere Theil, hauptsächlich durch Neugierde getrieben, stand in den Straßen selbst und gaffte, die eigentli-

chen Scandalmacher hatten sich in die Schankwirthschaften zurückgezogen, von wo aus die Beamten bei einer Arrestation mit einem Hagel von Steinen überschüttet wurden. (...) Ein Beamter mußte entlassen werden, weil er durch einen Steinwurf gegen den linken Arm unfähig geworden war, weiter thätig zu sein. Nach dem Schluß der Häuser um etwa 11 1/2 Uhr befanden sich in der nächsten Umgebung des Platzes nur noch Menschen, deren ganze Haltung sie als Louis und Scandalmacher um jeden Preis kennzeichnete. Da kein Mittel half, um sie zu vertreiben, so gab ich den Befehl von der Waffe Gebrauch zu machen. Zu gleicher Zeit räumten die Berittenen die noch immer stark besetzten Bürgersteige und einige gut angebrachte Hiebe mit flacher Klinge säuberten in Kürze die Nachbarschaft. Verletzungen sind nicht vorgekommen. Von 12 Uhr ab konnte nach und nach die Entlassung der Mannschaften erfolgen. Um 12 3/4 Uhr verließ ich mit den Beamten des Reviers den Platz und ist bisher die Ruhe nicht weiter gestört worden. Als Arrestanten sind 16 Personen eingeliefert worden."

Dieser Bericht des Polizei-Lieutenant Rath, Einsatzleiter vor Ort, schildert aus der Sicht der Polizeikräfte die Eskalation der Ereignisse in der Nacht von Donnerstag auf Freitag. Ein Angriff der zur Verstärkung herbeigerufenen 2ten Hauptmannschaft hatte, anstatt die Versammlung aufzulösen, eine regelrechte Straßenschlacht ausgelöst.

In der Mainzer Straße versuchte die Polizei am 12. November 1990 mit Räumpanzern und Wasserwerfern die Barrikaden zu stürmen:

„Die Straßenschlachten zwischen vermummten Hausbesetzern und Polizisten im Ostteil Berlins sind im Verlauf des Abends weiter eskaliert. Die nach Augenzeugenberichten inzwischen rund 1 000 Randalierer, die sich zunächst nur in der Mainzer Straße im Stadtteil Friedrichshain verbarrikadiert hatten, stießen jetzt in umliegende Straßen vor, stürzten auch dort Fahrzeuge und Bauwagen um und errichteten Barrikaden." (*„ Volksblatt", 13.11.1990*)

Der Versuch der Polizei, zur Mainzer Straße vorzudringen, war vorerst gescheitert. Nach einigen Stunden zogen sich die Einsatzkräfte zurück. Im Kiez südlich der Frankfurter Allee kehrte Ruhe ein.

In beiden Fällen hatte ein überzogener und gewalttätiger Polizeieinsatz die Situation regelrecht angeheizt, in beiden Fällen war der Versuch, „Ruhe und Ordnung" zu schaffen, in sein Gegenteil umgeschlagen und hatte zur Eskalation eines Konflikts beigetragen, dessen Verlauf in den beiden darauffolgenden Tagen an Härte zunehmen sollte.

Der zweite Tag:
Freitag, 26. Juli 1872/Dienstag, 13. November 1990

„Der folgende Vormittag trug bis 12 Uhr keine bedenklichen Zeichen. Durch die Ankunft berittener Schutzleute, welche mit der Mittagsstunde der zahlreichen dort gelegenen Fabriken zusammenfiel, änderte sich plötzlich die Szene. Lieutenant Rath, welcher sich unter die vor dem Hause Blumenstraße 30 stehenden Arbeiter der Landsbergerschen Färberei begeben hatte, um diese zum Verlassen der Straße zu zwingen, wurde durch einen ihm ins Genick geschleuderten Ziegelstein gefährlich verletzt.

An demselben Morgen erfolgte vor dem Frankfurter Thor (das sich damals an der Ecke zur heutigen Friedenstraße befand, d. V.) das Niederreißen der Baracken Obdachloser. Der Jammer dieser Unglücklichen brachte das ganze Stadtviertel in Aufruhr. Der Krawall dehnte sich hierbei über die Blumenstraße, Frankfurter Straße, Weberstraße und deren Querstraßen aus; sein Zentrum befand sich an der Ecke der Blumen- und Krautstraße. Die Masse warf überall die Gaslaternen ein, hob die Rinnsteinbohlen aus und bildete aus denselben Barrikaden, die noch durch Haufen von Pflastersteinen befestigt wurden, welche bei der Hand waren, da in der Nähe gerade an einigen Stellen der Straßendamm reparirt wird. Es sprengte nun die ganze berittene Abtheilung der Schutzmannschaft auf den Schauplatz der Unruhen, während gleichzeitig mehrere hundert Mann zu Fuß anrückten. Der Polizei wurde heftiger Widerstand entgegengesetzt, aus vielen Häusern wurde mit Steinen, Flaschen und dergleichen auf sie geworfen. Aus den Fenstern eines Schanklokals in der Krautstraße wurde ein Steinbombardement auf die anrückenden Beamten eröffnet, die, um sich dort Eingang zu schaffen, die verschlossene Hausthür aufsprengten und mit Gewalt durch die Küchentür eindrangen. Aus einem anderen Haus der Krautstraße, wo selbst ein großer Droschkenkopf befindlich, kam ein wahrer Steinregen auf die Schutzmannschaft und wurde dies Haus und Hof durch letztere gestürmt, wobei es viele Verwundungen gab. Während aus den Fenstern von Nr. 36 der Krautstraße auf die Schutzleute mit Steinen geworfen wurde, hatte die Volksmasse auf der Straße dort, um die Schutzmannschaften in ihrer Bewegung zu hemmen, aus Bohlen eine Barrikade gebaut. Letztere wurde jedoch bald gestürmt. Gegen drei Uhr verlief sich allmählich die Masse. " („Neuer Social-Demokrat", 31.7.1872)

Die Auseinandersetzungen hatten zweifellos an Schärfe zugenommen.

Die Polizei hatte ihre Kräfte verstärkt, es gab Verletzte. Die Straßenschlachten in der Blumenstraße und Umgebung zogen sich vom frühen Nachmittag bis in die späte Nacht hin. Der Bericht des „Neuen Social-Demokraten" nennt auch die Ursachen für die weitere Eskalation am zweiten Tag der Krawalle. Zum einen hatte die Aufforderung des Lieutenant Rath, die Straße zu verlassen, auf die Arbeiter der Landsbergerschen Färberei geradezu wie eine Provokation wirken müssen, zum anderen trug die preußische Regierung ihr übriges zur Radikalisierung des Konflikts bei. Die schon lange angekündigte Räumung der Obdachlosenbaracken wurde ausgerechnet zu einem Zeitpunkt begonnen, da die Wohnungsnot in den Blumenstraßenkrawallen ihren ersten militanten Ausdruck fand. Die Barackenstädte, die größte unter ihnen befand sich vor dem Kottbusser Tor auf den Feldern des damaligen Damms, sollten allesamt bis zum 1. Oktober 1872 verschwinden. Der Grund: das geplante Drei-Kaiser-Treffen im Oktober. „Der russiche Zar, von Osten kommend, soll als ersten Eindruck von der Hauptstadt nicht ausgerechnet Bretterbuden zu Gesicht bekommen." (Geist/Kürvers: Das Berliner Mietshaus, Bd. 2, S. 120) Diejenigen Baracken, die neu errichtet worden waren, sollten sofort abgerissen werden, die anderen wenig später. „Berliner Linie" also schon damals? In der Pfarrstraße war es ebenfalls eine solche Frist, die zum Strafantrag und damit zur Räumumg geführt hatte.

Die Härte der Auseinandersetzungen in der Blumenstraße rief den Kaiser persönlich auf den Plan. Auf Anfrage des Polizeipräsidenten Freiherr von Hertzberg ließ Wilhelm I. dem preußischen Innenminister telegraphieren: „Seine Majestät wollen, daß den dortigen Excessen, falls sie fortgesetzt werden sollten, mit Ernst und Nachdruck begegnet werden, wie 1847 (!) geschehen sei."

Der Vergleich mit den blutigen Ereignissen der Barrikadenkämpfe des Berliner Vormärz, an denen Wilhelm als „Kartätschenprinz" wesentlichen Anteil hatte, verdeutlichen die Dimension, die die Blumenstraßenkrawalle inzwischen erreicht hatten. Befürchtet wurden schwerste innenpolitische Unruhen; für den Samstag wurde das Alexander- und 2-te Garde Dragoner Regiment in Alarmbereitschaft versetzt.

Auch im Berlin des Jahres 1990 wurde Alarmbereitschaft angeordnet. Innensenator „Pätzold kündigt", so das „Volksblatt", „härteres Vorgehen gegen Gewalttäter an".

„Gestern Nacht kamen zwei Polizeieinheiten aus Nordrhein-Westfa-

len mit 1200 Beamten als Verstärkung der Berliner Polizei in die Stadt.
Durch die Räumung der Mainzer Straße erhofft sich Pätzold derjeniger
habhaft zu werden, die Straftaten begangen haben." („Volksblatt",
14.11.1990)

Pätzold bemühte wie üblich die „Einheit der Demokraten":

„Alle Berliner dürfen sich darauf verlassen, daß das, was in der ver-
gangenen Nacht an Ausmaß von Gewalt erkennbar geworden ist, die
gebührende staatliche Antwort finden wird. Wir werden nicht zulassen,
daß sich dies fortsetzt. Aus diesen Häusern sind in so unbeschreiblicher
Zahl schwerste Straftaten verübt worden, daß wir die geeigneten Konse-
quenzen dagegen ziehen werden." („Berliner Morgenpost", 14.11.1990)

In der Blumenstraße hatte die Polizeiführung die Bevölkerung mit einem Aushang auf das Kommende „vorbereitet":

„Die Blumenstraße und Umgebungen sind seit vorgestern der Schau-
platz ernstlicher Ruhestörungen, welche die Schutzmannschaft bereits
wiederholt zum Einsatz der Waffe genöthigt haben. Das Polizeipräsidium
warnt hierdurch eindringlich vor der Wiederholung, da alle Vorberei-
tungen getroffen sind, jeden Exzess energisch zu unterdrücken. Gleich-
zeitig ergeht an alle Bewohner das Ersuchen, ihre Kinder, Angehörigen,
Lehrlinge usw. von der betreffenden Stadtgegend fernzuhalten, da, ab-
gesehen von den im §116 des deutschen Strafgesetzbuches angedrohten
Strafen, eine Unterscheidung zwischen Exzedenten und Neugierigen
unmöglich ist. Die Hausbesitzer werden in ihrem eigenen Interesse auf-
gefordert, im Falle eines Tumultes vor ihren Häusern diese und die darin
befindlichen Läden und Verkaufskeller sofort zu schließen.
Berlin, den 27. Juli 1872
Königliches Polizeipräsidium. I.V. Frhr. v. Hertzberg."

Die angekündigte Härte des Vorgehens und die damit verbundene Kriminalisierung ist in Polizei- und Innenressortkreisen die standardisierte
Antwort auf soziale Konflikte. Eine Ausweitung auf bislang eher passi-
ve Bevölkerungskreise soll durch die Androhung staatlicher Gewalt
verhindert werden. Der Konflikt wird mit dem Hinweis auf das Straf-
recht und die Öffentliche Sicherheit entpolitisiert, den Akteuren soll so
die Unterstützung in der Bevölkerung entzogen werden. Um diesen
Zweck zu erreichen, ist den politisch Verantwortlichen, damals wie heute, jedes (auch nichtpolizeiliche) Mittel recht. Hand in Hand mit der
staatstragenden Öffentlichkeit wird das bürgerkriegsähnliche Vorgehen
von Sicherheitskräften gegen diejenigen, die Widerstand leisten, von einer

regelrechten Propagandawelle flankiert. So auch in der Mainzer Straße: „Nur 13 der (insgesamt 347) Festgenommenen hatten keinen festen Wohnsitz", erklärte Pätzold gegenüber der Presse und fuhr fort: „Wenn behauptet wird, die Häuser in der Mainzer Straße seien aus Wohnungsnot besetzt worden, trifft dies wohl kaum zu." („Die Welt", 19.11.1990) Nun ist es ein offenes Geheimnis, daß in den meisten Wohnungen West-Berlins ungleich mehr Personen gemeldet sind, als darin wohnen. Das hat seinen einfachen Grund darin, daß eine Meldeadresse in Berlin vorgeschrieben ist. Wer eine solche nicht vorweisen kann, muß mit Festnahme und sogar erkennungsdienstlicher Behandlung rechnen. Dies bestätigte, auf Anfrage der „taz", auch der Generalstaatsanwalt beim Landgericht, Hans-Joachim Heinze. Pätzolds Behauptung war demnach eine gezielt plazierte, wissentliche Falschaussage, die, und dies ist um so bemerkenswerter, von den meisten Tageszeitungen kommentarlos abgedruckt wurde.

Anders als zu Beginn der achtziger Jahre war es seit 1989 vor allem die hoffnungslose Situation auf dem West-Berliner Wohnungsmarkt, die zu den allermeisten Hausbesetzungen in Ost-Berlin geführt hatte. Viele der Häuser, die so einer neuen Nutzung zugeführt wurden, hatten entweder jahrelang leergestanden oder sollten, wie im Falle der Mainzer Straße, sogar abgerissen werden. Andere Gebäude, bei denen noch zu DDR-Zeiten Rekonstruktionsmaßnahmen vorgesehen waren, waren nach dem Zusammenbruch der SED-Regierung wieder dem Verfall anheimgegeben. Der oft wiederholte Vorwurf, die Besetzer und Besetzerinnen hätten sich an der Schlange der Wohnungssuchenden vorbeigedrängelt, entspricht schon deshalb nicht den Tatsachen, weil bereits vor dem Fall der Mauer Wohnungsbesetzungen bzw. Leerstandsanzeigen für viele, insbesondere junge Menschen in der DDR oft die einzige Möglichkeit boten, an eine eigene Wohnung zu kommen. Problematisch wird es freilich da, wo bessergestellte Westler die Ost-Wohnungssuchenden verdrängen. Dies ist allerdings bei den streckenweise horrenden Untermietpreisen, die mittlerweile im Ostteil der Stadt verlangt werden, viel eher gegeben als im Fall der Besetzung von Wohnungen und Häusern, die dem neuen Wohnungsmarkt in Ost-Berlin ohnehin nicht zur Verfügung standen. Die damaligen Besetzer und Besetzerinnen der Mainzer Straße, denen von Innensenator Pätzold ihre Notlage abgesprochen wurde, wohnen heute nicht etwa in ihren zurückbehaltenen Mittelstandswohnungen, sondern immer noch in Friedrichshain – verteilt auf die anderen besetzten Häuser im Bezirk.

„Rund zwei Drittel der festgenommenen Straftäter sind keine Berliner. Das ergab eine erste Auswertung der Polizei", berichtete die „Berliner Morgenpost" am 16. November, also zwei Tage nach der Räumung. Was diese „Auswertung" tatsächlich ergab, liest sich im „Tagesspiegel" so: „Elf der Festgenommenen waren ohne festen Wohnsitz. 159 stammen aus West-Berliner Bezirken, 52 aus Ost-Berlin und 78 aus anderen Bundesländern." (16.11.1990)

Die Diffamierung der Festgenommenen als „reisende Gewalttäter" spielt bewußt mit dem Ressentiment gegen alles Fremde, was die eigene Idylle (die ja ohnehin meist nur schöner Schein ist) zerstören könnte. Auch dies ein Mittel, das so neu nicht ist:

„Nur 8 Berliner

Hiesige Blätter enthalten die Notiz, daß sich unter den 85 Tumultuanten, die in Folge der letzten Straßenkrawalle in Haft genommen worden sind, nur 8 Berliner befinden und alle anderen von außerhalb hergekommene Subjecte seien, die hier noch gar kein Einwohnerrecht haben." („Spenersche Zeitung", Abendausgabe, 31.7.1872)

Der dritte Tag:
Samstag, 27. Juli 1872 / Mittwoch, 14. November 1990

„Die Polizei hatte für den Sonnabend abend sogenannte umfassende Maßregeln getroffen. Gegen 400 Schutzleute zu Fuß und 200 zu Pferde und eine Masse Polizei in Civil waren auf dem Schauplatz des Kampfes vertheilt; außerdem standen von 6 Uhr abends an zwei Bataillone des Kaiser-Alexander-Garde-Grenadier-Regiments und zwei Schwadronen des 2. Garde-Dragoner-Regiments in ihren Kasernen mit scharfen Patronen zum Aufmarsch bereit. Nichts destoweniger war die Revolte noch größer als an einem der früheren Abende. Die Schutzmannschaft hatte ihr Hauptquartier wiederum an dem alten Ausgangspunkt des Krawalles, Blumen- und Krautstraßenecke, aufgeschlagen und behauptete diese Stellung unverändert während des ganzen Abends. Nur einige einzelne kleinere Posten waren in den nächsten Straßen hin detachirt. Hier blieb alles ziemlich ruhig. Nur ein paarmal wurde gegen größere Trupps junger Knaben, welche der dreimaligen Aufforderung, sich zu entfernen, nicht Folge gaben, dieselbe vielmehr mit Geschrei und Steinhagel beantworteten, von der blanken Waffe Gebrauch gemacht. Dagegen gab es in

Mainzer Straße, 14. November 1990

den umliegenden Straßen sehr heftige Zusammenstöße. Es begann ein förmlicher Guerillakrieg. Bald hier bald dort flogen aus irgendeinem Fenster einer dritten Etage oder Mansarde Steine unter die Schutzleute, worauf das betreffende Haus sofort gestürmt wurde. Ein solcher Steinwurf zerschmetterte einem Schutzmann den Arm.

In demselben Augenblicke, wo der Kommandeur der Schutzmannschaft, Oberstlieutenant von Tempsky, (Rath war entweder immer noch verletzt oder aber vom Dienst suspendiert, d. V.) dem Minister des Inneren meldete: ‚Die Situation hat sich wesentlich gebessert‘, und wo er dem Herrn Polizei-Assessor Bürger den Auftrag gab, die zur Verfügung gestellten Militärmannschaften abzubestellen, – in demselben Augenblicke erloschen am Grünen Weg hinter dem Andreasplatze sämtliche Laternen, zertrümmert von den Volksmassen und bald darauf nahm die Revolte in sämtlichen Straßen östlich und nördlich von dem Hauptquartier der Schutzmannschaft überhand, ohne daß die Massen gesprengt worden wären. Drei Barrikaden wurden daselbst gebaut. So hatte die Volksmasse an der Ecke des Grünen Wegs und des Küstriner Platzes (dem heutigen Franz-Mehring-Platz, d. V.) wiederum aus Bohlen eine Barrikade konstruirt, welche sie erst verließ, als die Polizei das Hindernis umging. Zu gleicher Zeit wurde das Lokal der Revierpolizei in der Langenstraße vom Volk gestürmt, wobei der dort anwesende Wachtmeister Kunze schwer verwundet worden ist.

Die ganze Revolte endete damit, daß sich gegen drei Uhr allmählich die Volksmenge zerstreute.“ („Neuer Social-Demokrat“, 31.7.1872)

14. November 1990: In der Mainzer Straße begann der dritte Tag frühmorgens um 5.30 Uhr. Die aus Westdeutschland angeordneten Polizeikräfte und ein Sondereinsatzkommando der Berliner Polizei begannen unter Einsatz von Blendschockgranaten mit der Räumung der 12 besetzten Häuser. Fazit: 325 Festnahmen, 70 verletzte Polizisten. Auf der Seite der Festgenommenen gab es Schwerverletzte. Ein Milzriß, eine Leberstauchung und ein Unterbeinsteckschuß infolge eines „Warnschusses“ waren die Folge der „gebührenden staatlichen Antwort“, die Pätzold tags zuvor den Berlinern versprochen hatte. Angesichts solcher Übergriffe und schwerer Verletzungen mußten die Verantwortlichen geradezu die Flucht nach vorne antreten: „Blanke Mordlust“ – „Besetzer bereit zum Töten“ waren die Begriffe, auf die Innensenator Pätzold und der Regierende Bürgermeister Momper die Gegenwehr der Besetzer und Besetzerinnen gebracht hatten.

Am Abend demonstrierten über 10 000 Menschen gegen die Räumung und den Bürgerkriegseinsatz der Polizei. Aufgerufen hatte neben den Besetzern auch das Neue Forum, das Bündnis 90 sowie die PDS. Im Anschluß an die Demonstration kam es am Frankfurter Tor erneut zu Auseinandersetzungen mit der Polizei.

Die „Mainzerstraßenkrawalle" waren zu Ende. Fortan bestimmten nicht Barrikaden und Straßenkämpfe, sondern Parlamentsdebatten, Fraktionsbeschlüsse und wohnungspolitische Versprechungen das Bild der Auseinandersetzung. Mit der Renovierung der geräumten Häuser wurde bereits wenig später begonnen. Die Wohnungsbaugesellschaft Friedrichshain, die erst in der Nacht zuvor den Räumungsantrag auf Drängen des Innensenats gestellt hatte, wollte sich nicht dem Vorwurf ausgesetzt sehen, für weiteren Leerstand verantwortlich zu sein. Im Schnitt wurden über 100 000 DM in jede Wohnung investiert. Den ehemaligen „Schandflecken" zur „Musterstraße" westlicher Prägung zu machen, ließ sich der Senat etwas kosten. „Ungeklärte Eigentumsverhältnisse", heute allzuoft Begründung für unterlassene Instandsetzungen und Sanierung, spielten damals keine Rolle.

„Berlin hat (seine) Revolte gehabt, welche die üblichen drei Tage dauerte", resümierte der „Neue Social-Demokrat" am 28.7.1872, „die durch das provozierende Auftreten der Polizei gegenüber den Volksmassen in einem fort geschürt wurde und schließlich am Sonntag endete, als die Polizei von den Straßen verschwand."

In der Mainzer Straße blieb die Polizei den „Volksmassen" noch lange erhalten. Noch Wochen nach der Räumung mußten Anwohner entwürdigende Personalienkontrollen über sich ergehen lassen, und noch im Frühjahr 1991 wurde die Mainzer Straße bei jedem nur erdenklichen Anlaß von Einsatzfahrzeugen „besetzt".

Am 16. November 1990 resümierte das „Volksblatt":

„Das war's. Das Ausmaß der bürgerkriegsähnlichen Auseinandersetzungen bei der Räumung einiger besetzter Häuser hat alle überrascht und dafür gesorgt, daß das Berliner rot-grüne Modell zwei Wochen vor den Landtagswahlen geplatzt ist ... Die gewalttätigen Hausbesetzer in der Mainzer Straße haben ... die aus sozialer Not handelnden oder an wirklicher Stadterneuerung interessierten Besetzer diskreditiert."

„Die Steuerzahler haben nun das Vergnügen den Schaden zu zahlen", fuhr 118 Jahre zuvor die „Neue Preußische Zeitung" fort und gab zu überlegen: „Wie groß übrigens die Erbitterung in anderen Stadttheilen auf die Scandalmacher ist, zeigte gestern vormittag ein Vorfall auf der

Linienstraße. Ein Bummler rühmte sich dort trunkenen Muthes bei dem Demoliren und den Exzessen geholfen zu haben und erhielt dafür von dem Publikum eine so derbe Tracht Prügel, daß er sich kaum retten konnte."

War's das?

„Die Auseinandersetzungen zwischen Bevölkerung und Polizei während des ‚Blumenstraßenkrawalls' sind keineswegs Ausdruck des Höhepunkts der akuten Wohnungsnot, die sich bis 1873 weiter verschärft, sondern zeigen nur das Maß der allgemeinen Verbitterung und Empörung des von der Wohnungsnot am härtesten betroffenen Bevölkerungsteils", schlußfolgern Geist/Kürvers in ihrer umfangreichen Darstellung der Berliner Bau- und Wohnungsgeschichte „Das Berliner Mietshaus".

Ersetzte man die Wörter „Blumenstraßenkrawalle" durch „Räumung der Mainzer Straße" und „bis 1873" durch „seit 1987", so gewinnen die eingangs angesprochenen Parallelen Konturen: Geist/Kürvers nennen als eine Ursache für die Auseinandersetzungen die „Verbitterung und Empörung des von der Wohnungsnot am härtesten betroffenen Bevölkerungsteils". Wohnungsnot war es auch, die bald nach Öffnung der Mauer zu den ersten Hausbesetzungen im Ostteil Berlins geführt hat, ähnlich wie im letzten Jahrhundert zum Bau von Barackensiedlungen vor den Stadttoren. In der Kaiserhauptstadt waren die Mieten seit 1871 sprunghaft gestiegen, begünstigt durch eine Rechtsprechung, die die Mieter ihren Vermietern gegenüber nahezu rechtlos machte. In West-Berlin hatte sich die Lage auf dem Wohnungsmarkt seit 1987 ständig verschlechtert. Die Aufhebung der Mietpreisbindung, der Rückgang der öffentlich geförderten Modernisierungen und Mietpreissprünge um das Drei- und Vierfache bei Privatmodernisierungen haben zu einem steilen Anstieg der früher in West-Berlin vergleichsweise preiswerten Mieten geführt.

Wohnungsnot ist heute in aller Munde. „Lösungen" des Problems sind allerdings nicht in Sicht. Im Gegenteil. Bis zum Jahr 2010 wird im Großraum Berlin von einem Fehlbestand von 800 000 Wohnungen ausgegangen. Schon heute sind es 150 000 fehlende Wohnungen, die zu einer Verknappung des Angebots und damit horrenden Mieten führen. Das immer wieder vorgebrachte Argument, mit dem Umzug von Regierung und Parlament an die Spree sowie mit Großprojekten wie den Olympischen Spielen würde zwangsläufig auch mehr in den Wohnungsneubau investiert werden, entspringt wohl eher dem Wunschdenken der Verantwortlichen als den Realitäten. Die Situation Berlins im Jahre 1872 sollte eigentlich Beispiel genug sein, wie und zu wessen Gunsten letztendlich investiert wird, wie extreme Not die immer wieder beschworene Hoffnung auf einen vermeintlichen Aufschwung in ihr Gegenteil kehrt. Schon damals mußte man bald erkennen, wer am „Aufstieg" Berlins zur Hauptstadt und Metropole im Grunde profitiert: Makler, Bauindustrie, Banken, Geldanleger und der gehobene Mittelstand. Der Großteil der Mieter und Mieterinnen sah sich demgegenüber einer extremen Verteuerung des Wohnraums und einer Verdrängung an den Stadtrand ausgesetzt. Eine Entwicklung, die zu befürchten es auch neuerdings gute Gründe gibt.

Einer Hauptstadt steht wie keiner anderen Stadt Ruhe und Ordnung zu Gesicht. Da passen Baracken und besetzte Häuser genausowenig ins Repräsentationsbild wie Demonstrationen, Unruhen und Auseinandersetzungen mit der Polizei. Diese werden aber immer wieder durch die sozialen Verhältnisse, durch Politiker und Ordnungskräfte provoziert. Die preußischen Tugenden Ruhe und Ordnung sowie das nationalstaatliche Bedürfnis nach Repräsentation erzeugen freilich, in Verbindung mit der Not der Bevölkerung, immer wieder Spannungsmomente, die bei gegebenem Anlaß in sozial motivierten Unruhen ihren Ausdruck finden.

Warum es gerade Auseinandersetzungen mit der Polizei sind, die diesen Unruhen ihr äußerliches Erscheinungsbild geben, warum sie sich nicht gegen die eigentlich Verantwortlichen der sozialen Mißstände richten, mag damit zusammenhängen, daß es sich in den meisten Fällen nicht um eine „offensive", d.h. zielgerichtete Gewaltanwendung und Militanz handelt. Es ging vielmehr, 1872 wie 1990, um die Verteidigung selbstbestimmter Lebens- und Freiräume. Es ist nun einmal die Polizei, die im Auftrag von Wohnungsbaugesellschaften, Spekulanten und Gerichtsvollziehern diejenigen in die Obdachlosigkeit treibt, „die von der Wohnungsnot am härtesten betroffen sind": junge Menschen, Arbeitslose, alleinstehende Mütter, Ausländer, Mietschuldner und Menschen, die eine eigene Form des Zusammenlebens ausprobieren möchten. Solange sich diese Menschen nicht zur Wehr setzen und sich ihrem vermeintlichen Schicksal fügen, können sie sich der Anteilnahme und des Mitgefühls ihrer Mitmenschen und auch der Medien sicher sein. Leisten sie aber Widerstand, gar erbitterten, so wird ihnen umgehend ihre Notlage abgesprochen, werden sie zu Kriminellen, Chaoten, Louis oder Scandalmacher abgestempelt.

Die Wendung von den befürchteten „sozialen Unruhen" gehört heute zum Repertoire jedes Politikers. Treten solche Unruhen allerdings ein, werden sie schnell aus ihrem sozialen Zusammenhang gerissen und mit dem staatlichen Instrumentarium des „Teile und Herrsche" oder, wie es moderner heißt, der „repressiven Toleranz" konfrontiert.

„Friedlich in die Obdachlosigkeit? Niemals!" steht an Kreuzberger Häuserwänden. – Solange es soziale Not gibt, wird sie sich auch immer wieder in Gewalt entladen, das war damals nicht anders als heute, und es wird wohl auch so bleiben.

„Erst das Essen, dann die Miete"
Mietstreiks und Mieterbewegung in der Weimarer Republik

Die Geschichte der Mieterbewegung ist seit jeher ein weißer Fleck auf der Karte der deutschen Sozialgeschichtsschreibung. Das gilt für die frühere BRD-Geschichtsschreibung genauso wie für die Forschung der ehemaligen DDR. Wenn überhaupt, dann werden Mieter, Wohnungssuchende und Obdachlose lediglich als Bestandteil der seit dem 19. Jahrhundert diskutierten „sozialen Frage" erwähnt, als Subjekte ihrer eigenen Geschichte aber totgeschwiegen. Den Hunderten Metern von Abhandlungen über Wohnungselend, Sozialfürsorge, Architekturgeschichte und Städteplanung stehen keine 20 cm über die Niederlagen und Erfolge von Mieterinnen und Mietern im Kampf gegen Miethaie und Spekulanten gegenüber.

Dabei hätte es gerade die Mieterbewegung der Weimarer Republik verdient, als Teil der damaligen politischen und später sozialen Bewegung ausführlich Erwähnung zu finden. Sowohl in der revolutionären Nachkriegskrise (1919-1923) als auch während der Weltwirtschaftskrise (1929-33) zählten die Konflikte zwischen Mietern bzw. deren Organisationen auf der einen Seite und Hausbesitzern und Wohnungsbaugesellschaften auf der anderen zu den Schwerpunkten sozialer Auseinandersetzungen. Heute ist allerdings kaum mehr bekannt, daß sich Anfang 1933 in Berlin mehr als 3 000 Häuser an einem Mietstreik für umgehende Instandsetzungen, Mietsenkungen und den Erlaß der Mietschulden beteiligten. Bereits zwölf Jahre zuvor, im April 1921, hatten reichsweit etwa 300 000 Familien gestreikt: für die Sozialisierung des Wohnungswesens und die gesetzliche Anerkennung von Mieterräten im geplanten Reichsmietengesetz.

In der Mieterschaft hatte man früh erfahren müssen, daß die soziale Programmatik der seit dem Januar 1919 regierenden Sozialdemokraten mit der Realität nicht Schritt hielt. Haus- und Grundbesitzer hatten den Krieg weitgehend unbeschadet überstanden und versuchten nun, durch horrende Mietsteigerungen Kapital aus der Nachkriegswohnungsnot zu schlagen. Den Mieterinnen und Mietern blieb angesichts der verhaltenen Politik der Regierung kaum etwas anderes übrig, als sich in Mieterorganisationen und Mieterräten zusammenzuschließen und von sich aus den Kampf um ihre Interessen aufzunehmen.

Eine solche Selbstorganisierung, die sich zumeist dem Einfluß herrschender Vermittlungsinstanzen entzieht, ist den Regierenden natürlich – damals wie heute – ein Dorn im Auge. Die Befürchtung, die Kontrolle über eine soziale Bewegung zu verlieren, ist ähnlich groß wie die Angst, daß sich eine solche Bewegung, hat sie erst einmal Erfolg, auf andere gesellschaftliche Bereiche ausweitet. Sowohl die Mietstreiks 1921, die ein Jahr später zur Einführung der Mietpreisbindung führten (in West-Berlin wurde diese Bindung 1988 wieder abgeschafft, in anderen Städten bereits früher), als auch die aus der Not der Weltwirtschaftskrise geborenen Streiks 1932/33 haben aber gezeigt, und dies ist auch der Grund für ihre Ausblendung in der offiziellen Geschichtsschreibung, daß mit Selbstorganisierung und außerparlamentarischen Aktivitäten durchaus einiges zu bewegen ist, daß politischer Druck von unten immer wieder zu Zugeständnissen von oben führt, sei es aus Angst vor „sozialen Unruhen" oder einfach nur, um den Einfluß der Regierungspartei(en) nicht unnötig zu strapazieren. Dieses „Spannungsfeld zwischen Reform und Bewegung" hat bis heute seine Gültigkeit nicht verloren.

Mieterräte, Mietstreiks und Mietpreisbindung

Nach der Entmachtung der Arbeiter- und Soldatenräte zu Beginn des Jahres 1919 entfielen auch auf dem Gebiet des Wohnungswesens wesentliche Kontrollmöglichkeiten. Die Zeiten, in denen der Haus- und Grundbesitzerverband, wie etwa in Neukölln, einen Putsch gegen die dortige Räteherrschaft organisieren mußte, um die dort eingeführte Mietpreisbindung und Überführung des Wohnungsbestandes in kommunales Eigentum wieder rückgängig zu machen, waren ein für allemal vorbei. Die Räte hatten sich auf dem Reichsrätekongreß im Dezember 1918 selbst entmachtet, und die Mehrheitssozialdemokraten waren im Januar 1919 aus den Wahlen zur Nationalversammlung als Sieger hervorgegangen. Haus- und Grundbesitzer bekamen wieder Oberwasser.

Vor allem die Mieter und Mieterinnen bekamen dies zu spüren. Drastische Mietsteigerungen und Kündigungen im Verlauf des Jahres 1919 erinnern beinahe an die Zustände von 1872, mit dem Unterschied allerdings, daß die Mieter solcherlei Gebahren nicht mehr völlig rechtlos gegenüberstanden. Noch während des Krieges hatte die preußische Regierung erste Verordnungen zum Mieterschutz erlassen. Man wußte um die drohende Wohnungsnot in den städtischen Ballungsgebieten und wollte durch Regelungen zum Kündigungsschutz, zur Wohnraumbewirtschaftung und zur Mietbegrenzung sozialen Unruhen, die nach Rückkehr der demobilisierten Fronttruppen befürchtet wurden, zuvorkommen.

Dieser Einstieg in die von den Haus- und Grundbesitzerverbänden kritisierte „Wohnungszwangswirtschaft" fand allerdings in der Effizienz und dem politischen Willen der zuständigen Behörden seine Grenzen. Die als Alternative zu den Gerichten geschaffenen Mieteinigungsämter – sie sollten Streitigkeiten zwischen Hauseigentümern und Mietern schlichten – standen der Willkür der Hauswirte oftmals hilflos gegenüber oder zogen sich durch vermieterfreundliche Schiedssprüche den Zorn der Mieter und Mieterinnen zu. Und auch in den Wohnungsämtern (zuständig für die Wohnraumbewirtschaftung) zeigte man sich zurückhaltend, obwohl die Gesetzgebung ausdrücklich die Möglichkeit der Zwangseinweisung in leerstehende oder unterbelegte Wohnungen vorsah. Der verschärften Situation, der sich die Mieter Ende 1919 ausgesetzt sahen, stand also keine wirksame Praxis staatlicher und kommunaler Behörden entgegen.

So überrascht es auch nicht, daß die Mieterorganisationen, allen voran der 1917 gegründete Mieterbund Groß-Berlin, erheblichen Zulauf verbuchen konnten. Aber auch die vorwiegend auf Selbsthilfe ausgerichteten Mieterausschüsse und Mieterräte gewannen immer mehr Mitstreiter. Diese Basisorganisationen gingen, im Gegensatz zu den „traditionellen" Mieterorganisationen, die auf den 1888 gegründeten „Verein Berliner Wohnungsmiether" zurückgehen, davon aus, daß sie als Betroffene von sich aus den Kampf gegen die Eigentümer organisieren müssen. Entsprechend war ihre Praxis: Selbst durchgeführte oder in Auftrag gegebene Reparaturen wurden von der Miete abgezogen, etwaigen Räumungsklagen oder Zwangsräumungen versuchte man durch die Mobilisierung der Nachbarschaft im Kiez zuvorzukommen. Bereits im Dezember 1918 war man sich über die Notwendigkeit einer eigenständigen Organisierung bewußt gewesen: „Die Mieter der nördlichen Vororte werden aufgerufen, allen Widerstand gegen die Steigerungen zu bieten. Zur Verhinderung der zwangsweisen Entfernung sind Mieterverteidigungstrupps zu organisieren." („Rote Fahne", 28.12.1918) Bereits um die Jahreswende 1918/19 war es zu einem ersten, weitgehend auf die Gemeinde Weißensee beschränkten Mietstreik gekommen, der scheinbar den wunden Punkt der Vermieter getroffen hatte. So hieß es in der „Roten Fahne", der damaligen KPD-Tageszeitung, vom 31.12.1918: „Die Hausbesitzer in den nördlichen Vororten klagen aber sehr, daß die Zahl der Leute, die böswillig keine Miete entrichten, immer größer wird." Es ist allerdings anzunehmen, daß es sich hierbei um „wilde Streiks" gehandelt hat, die in der Politik des Berliner Mieterbundes noch wenig Beachtung gefunden haben.

Bereits einen Monat später aber hatte auch innerhalb der „traditionellen" Mieter(vereins-)bewegung eine hitzige Debatte um die richtige Strategie und vor allem die notwendigen Kampfformen begonnen. Eine Veranstaltung des Mieterbundes unter dem Titel „Mieterschutz oder Mieterstreik" im Februar 1919 umriß beispielhaft die Bandbreite der diskutierten Aktivitäten. Kampf oder Verhandlung? Die Mieterorganisationen sahen sich aufgrund ihrer vorrangig betriebenen „Überzeugungsarbeit" in den Parlamenten zunehmend dem Druck der Basis ausgesetzt. Die Bewegung hatte sich radikalisiert, und die Debatte um das „Reichsmietengesetz" und die „Mietsteuer" führte im Januar 1921 schließlich zur Spaltung. Der linke Flügel der Bewegung, die Mieterräte und weite Teile des aus dem Mieterbund Anfang 1920 hervorgegangenen Groß-Berliner Mieter-Verbandes orientierten fortan auf direkte Kampfformen, unter anderem den Streik der Mieter und Mieterinnen.

Das „Reichsmietengesetz", ursprünglich als Ausweitung der preußischen Höchstmietenverordnung, nach der die Miete nicht mehr als 110 Prozent der „Friedensmiete" vom Juli 1914 betragen durfte, auf das gesamte Reichsgebiet gedacht, hatte sich im parlamentarischen Verwirrspiel von Ausschüssen und Ministerialvorlagen schnell in sein Gegenteil gekehrt: Der Ende 1920 vom Reichsarbeitsministerium vorgelegte Entwurf hätte durch die Umlage der Instandhaltungskosten Mieterhöhungen um bis zu 200 Prozent mit sich gebracht. Ähnlich verhielt es sich mit der „Mietsteuer", dem „Gesetz betreffend einer Abgabe zum Wohnungsneubau". Auch hier sollten es die Mieter und Mieterinnen sein, die durch eine Mehrbelastung das Loch in den kommunalen Kassen zu stopfen hatten.

Die Mieterschaft lief Sturm. Man ging auf die Straße. Am 6. Februar 1921 fand die zweite große Mieterdemonstration Berlins statt. Anders als noch im Frühjahr 1919, als Polizei und Reichswehrtruppen die Menge im Lustgarten aufgelöst und im Anschluß daran eine gesamte Mieterversammlung festgenommen hatte, wurde nun die Straße behauptet. Die staatliche Repression hatte die Ausweitung der Bewegung nicht verhindern können, die Forderungen der Mieter und Mieterinnen waren zu einer ernsten innenpolitischen Bedrohung geworden. Gegen Ende 1920 waren bereits über 250 000 Berliner und Berlinerinnen im Groß-Berliner Mieter-Verband oder den Mieterräten organisiert. Der vor allem von den Mieterräten immer wieder in die Diskussion gebrachte Mietstreik traf allerdings nicht bei allen Teilen der Mieterschaft auf Zustimmung. Insbesondere der konservative Mieterverein des Groß-Berliner Westens, dessen Mitgliederzahlen freilich auf 50 000 gesunken waren, ließ kein Mittel unversucht, die „Einigkeit der Demokraten" gegen „Bolschewisten" und „Hitzköpfe" innerhalb der Bewegung zu beschwören. In den Kreisen des Westens, in Charlottenburg und Wilmersdorf, war man, wie es im „Mieterschutz", der Zeitschrift des Vereins, hieß, „jeder Verhandlung zugeneigt, jedem Kampf aber abgeneigt". Anders dagegen in den Mietskasernenvierteln des Berliner Nordens und Ostens. Hier vor allem hatten die Räte ihre soziale Basis, und von hier kam auch immer wieder der Ruf nach einem Mietstreik. Obwohl verschiedene Ortsgruppen des Mieter-Verbandes ihre Beteiligung von der Haltung des Rest-Mieterbundes abhängig machen wollten, konnten sich die Streikaktivisten Anfang des Jahres 1921 durchsetzen. Nach der Großdemonstration vom Februar fand eine reichsweite Urabstimmung statt, und zum 1. April traten Tausende von Mietern und Mieterinnen in den Streik.

Die Forderungen waren die bisher weitestgehenden, die von der Mieterschaft erhoben wurden:

„1. sofortige Schaffung eines Notgesetzes, durch welches die Beschlagnahme der gesamten Mieten und deren Verwaltung durch die Gemeinden, bzw. Bezirksverbände unter Kontrolle der Mieterorganisationen gefordert wird, um die für die Durchführung der unter 2 bis 7 genannten Forderungen nötigen Mittel aufzubringen.

2. Beschlagnahme aller bewohnbaren Räume.

3. Zwangsweise Ausquartierung kleiner Familien aus übergroßen Wohnungen und dafür Einquartierung großer Familien.

4. (...) Rückführung von zu Bürozwecken verwendeten Wohnräumen zu Wohnzwecken; Beschlagnahme der Schlösser und Villen und deren Verwendung für soziale Wohlfahrtszwecke.

5. Zwangsweise Anordnung der Reparatur reparaturbedürftiger Wohnungen und sofortige Inangriffnahme des Neubaus durch die Gemeinden bzw. Bezirksverbände unter Kontrolle der Mieterorganisationen.

6. *Sofortige Schaffung kommunaler Regiebetriebe, die sämtliche im Hoch- und Tiefbau notwendigen Arbeiten und die Erzeugung der Baumaterialien ausführen.*

7. *Zwangsweise Beschlagnahme des zum Neubau von Wohnungen notwendigen Grund und Bodens.*

8. *Volles Kontroll- und Mitbestimmungsrecht der Mieterräte in allen das Wohnungswesen betreffenden Fragen."*

(Ott: Geschichte der deutschen Mieterbewegung 1983, S. 161ff.)

Just zum Streikbeginn reißt freilich die Berichterstattung in der Groß-Berliner Mieter-Zeitung, dem Organ der Mieterräte, ab. Was die Frage der Beteiligung betrifft, so waren nach Angaben der Zentrale in der Potsdamer Straße 250 000 Berliner in den Mietstreik getreten, eine Zahl, die allerdings zu hoch gegriffen sein dürfte. Realistischer scheinen die Angaben der „Freiheit", des Organs der USPD, die reichsweit von einer Beteiligung von 300 000 Mietparteien ausging.

Daß der Streik seine Wirkung auf die Hausbesitzer nicht verfehlte, belegt die Tatsache, daß noch zwei Monate später in der Zeitung des Haus- und Grundbesitzerverbandes und im „Vorwärts" alle Register der Diffamierung gezogen und die strafrechtliche Verfolgung der Streikenden (allerdings vergeblich) gefordert wurde. Ein Jahr nach dem Streik, im April 1922, wurde die Mietpreisbindung in das „Reichsmietengesetz" aufgenommen. Wenn auch der lokale Erfolg des Streiks meist bescheiden gewesen sein dürfte, so hatte doch die Gesamtheit der Mobilisierung der Mieter und Mieterinnen sowie die weitverbreitete Forderung nach Sozialisierung des Wohnungswesens einen für die Hausbesitzer durchaus bedrohlichen Charakter. Die politisch Verantwortlichen mußten damals durch Zugeständnisse versuchen, die Wogen zu glätten, um so wenigstens den Privatbesitz an Grund und Boden zu erhalten. Schließlich war die Mieterbewegung damals Teil einer breiten Mobilisierung für die Vergesellschaftung nicht nur des Wohnungswesens, sondern auch der Großindustrie.

Wie kurzlebig solche Zugeständnisse allerdings sein können, wurde bereits wenig später deutlich: Die Inflation machte das Gesetz vorerst zu einem Stück wertlosen Papiers. Was blieb war die Erfahrung, in gemeinsamen Kämpfen etwas zu erreichen. Bis 1923 waren Mietstreiks, Teuerungsunruhen und außerparlamentarische Aktivitäten an der Tagesordnung.

„Erst das Essen, dann die Miete".
Der Berliner Mietstreik 1932/33

„Jeden Tag schließen sich neue Häuser dem Kampf gegen die hohen Mieten an. In den Amtsgerichten herrscht Hochbetrieb. Eine Räumungsklage jagt die andere. Aber dieser Hochbetrieb wird bei weitem von dem übertroffen, der auf der Straße herrscht, wenn ein erwerbsloser Prolet exmittiert werden soll. In der zweiten Septemberhälfte wurden in Berlin nicht weniger als 300 Exmittierungen infolge des Protests der werktätigen Bewohner zurückgenommen. Allein im Südosten konnten aus diesem Grunde 180 Exmittierungen nicht durchgeführt werden."

Dieser Artikel aus der „Roten Fahne" erschien am 16. Oktober 1932. Damals war der Streik der Berliner Mieterinnen und Mieter bereits zwei Monate alt, und trotzdem, oder gerade deshalb, schlossen sich ihm immer mehr Menschen an. Auf dem Höhepunkt des Streiks, Anfang 1933, dürften es nach vorsichtigen Schätzungen über 3 000 Häuser gewesen sein, die sich auf diese Weise gegen die Profiteure der Wohnungsnot, Hausbesitzer und Spekulanten, wehrten.

Angefangen hatte der Mietstreik dort, wo 1872 bereits eine der ersten Hausbesetzungen stattgefunden hatte, in der Swinemünder Straße in Berlin-Mitte, genauer gesagt auf dem kurzen Stück zwischen dem Zionskirch- und dem Arkonaplatz. Am 27.7.1932 beschloß dort eine Versammlung von 180 Mietparteien der insgesamt 14 Mietshäuser, ab dem 1. August in den Mietstreik zu treten. Die von den Mietern immer wieder vorgebrachten Forderungen nach Senkung der Miete um 30 Prozent sowie dem Erlaß der bestehenden Mietschulden, wurden vom gemeinsamen Vermieter, der Mädlerschen Grundstücksverwertungs AG, ignoriert. Während einer Verhandlung mit den Streikenden, knapp zwei Wochen nach Streikbeginn, hatte der Verwalter den Hinweis der Streikleitung, daß 68% der Mieter erwerbslos seien, mit der lakonischen Bemerkung quittiert, daß dann wohl 30% Kürzung völlig überzogen seien. Die Antwort der Streikleitung: „Wir können Ihnen noch nich mal sagen, ob och die restlichen 70 Prozent bezahlt wer'n könn." („Rote Fahne", 13.8.1932)

Kurz nach der Swinemünder traten in einer weiteren Straße, diesmal im Bezirk Prenzlauer Berg, die Mieter in den Streik. Für die Staatsgewalt Anlaß genug einzugreifen: Am 18. August wurde in einer regelrechten Kommandoaktion die gesamte Hausversammlung der Lychener Straße 18 verhaftet, am darauffolgenden Tag gar eine Konferenz der Mieterräte in der Liebenwalder Straße 41. Der Schuß ging allerdings nach hinten los. Bereits zwei Tage nach den Polizeiaktionen befand sich ein Gebäude im Mietstreik, das bald zum Symbol für die ganze Bewegung werden sollte: das ehemalige und später vermietete Stadtgefängnis am Molkenmarkt, im Volksmund die „Wanzenburg" genannt.

„Ein Gang durch die ehemalige Stadtvogtei wirkt gespenstisch. Noch immer reiht sich Zelle an Zelle mit dem Lichtschacht und der Fensterluke. Noch immer sind die eisernen Querbänder vor den Zellentüren, ja nicht einmal die Zellennummern hat man abgemacht, so daß auch fortlaufend zu lesen steht: Zelle 12, soundsoviel Mann. In dieser Zelle 12 hat einst Fritz Reuter gesessen und heute wohnt dort in den allerärmsten Verhältnissen eine junge Familie. Die Zelle ist knapp zwei Meter breit und 4 1/2 Meter lang. Dafür müssen 21.50 DM Miete monatlich aufgebracht werden (das waren ca. 30% des Einkommens, d.V.). Auf dem Gang steht in der Krippe ein nacktes, vielleicht einige Monate altes Kind. Die Frau kann das Kind nicht in die Wohnung nehmen, da es dort von Wanzen aufgefressen würde." („Vorwärts", 20.8.1932)

110 Familien der „Wanzenburg" haben sich im August 1932 zusammengetan und einen Mieterausschuß gewählt, der die Forderungen der streikenden Mieter gegenüber dem Pächter vertreten sollte: 50 Prozent Mietsenkung, Übernahme der Gebäude durch das Land Preußen und umfassende Instandsetzungsmaßnahmen. Die Reaktion des Pächters ließ nicht lange auf sich warten. Er hatte einige Räumungstitel vor Gericht erwirkt, und am Vormittag des 14. September 1932 erschien der Gerichtsvollzieher, um die Exmittierungen zu vollziehen:

„Es sammelten sich daraufhin auf dem Hofe zahlreiche Personen an, die gegen den Beamten eine drohende Haltung einnahmen. Das Überfallkommando erschien, brauchte aber nicht einzugreifen, da sich die Menge auf die Nachricht von der Nichtvollstreckung der Exmission zerstreute." („Vossische Zeitung", 14.9.1932)

Nach dieser von den Bewohnern des Alt-Berliner Kiezes verhinderten Räumung versuchte der Pächter die Streikenden mit anderen Mitteln einzuschüchtern. So erhielt ein Mieter, der aus seinem Fenster eine rote Fahne hängen hatte, ein Schreiben des gegnerischen Rechtsanwalts, in dem dieser ihm mitteilte, daß ihm nicht das Recht zustünde, die Außenwände des Hauses „zu anderen Zwecken zu benutzen, als sie das Bewohnen mit sich bringen". Die offensichtliche Hilflosigkeit dieser Schikane läßt den Erfolg der Mieter bereits ahnen. Und in der Tat: Am 26. September, also nach nur einem Monat Streik, wurde die Miete um

40-42 Prozent herabgesetzt, und alte Mietrückstände wurden gestrichen. „Ferner wird der Pächter, um die Gebäude wieder in einen einigermaßen bewohnbaren Zustand zu bringen, eine bestimmte Summe zur Verfügung stellen, mit der der Mieterausschuß die Renovierung der Räume durchführen wird." („Berliner Morgenpost", 27.9.1932)

Das Zugeständnis des Pächters war sicher nicht ohne entsprechenden Druck städtischer Stellen erfolgt. Auch die im Berliner Stadtparlament einflußreiche SPD hatte sich im Falle der Wanzenburg auf die Seite der Mieter gestellt, ohne dabei freilich die Gesamtheit der Bewegung zu unterstützen. Doch das Kalkül, einer größer werdenden Bewegung durch die Konzentration auf offensichtliche Skandale die Spitze zu brechen, ist nicht aufgegangen. Ende September, während einer Mieterkonferenz in Kliems Festsälen in der Hasenheide, waren es bereits 1 000 Delegierte, die über den weiteren Streikverlauf diskutierten. Die Anzahl der Delegierten, die nach eigenen Angaben 35 000 Mieter und Mieterinnen vertraten, läßt auch einen ersten Schluß auf die Streikbeteiligung zu.

Der Erfolg, den die Bewohner der „Wanzenburg" mit ihrem Mietstreik erzielt hatten, machte Mut. Das Bild vom übermächtigen Hausbesitzer bröckelte, die Angst, durch Räumungen auf die Straße gesetzt zu werden, war angesichts der Mobilisierung unter der Mieterschaft zu einem kalkulierbaren Risiko geworden. So dauerte es nicht lange, bis die Bewegung ihr zweites Symbol bekam, diesmal im Berliner Südosten, genauer in der Köpenicker Straße 34/35.

„*Der Mieterausschuß sitzt von morgens bis abends an einem Tisch mitten auf dem Hof. Ein Glas voller Schwaben (so hießen damals in Berlin nicht die Süddeutschen, sondern die Küchenschaben, d. V.), Käfer, Wanzen, die in den Wohnungen gesammelt wurden und ein großes Buch vor sich. Alle Augenblicke wird eine Führung mit den sich ständig einfindenden Arbeitern veranstaltet, die sich alle zum Protest in das Buch eintragen. Von den 63 Mietparteien, die in diesen 100 Jahre alten, total baufälligen Häusern wohnen, stehen 58 im Streik. Sechs Mieter haben noch Arbeit, alle übrigen sind erwerbslos. Die meisten sind vier bis fünf Monate mit ihrer Miete rückständig.*" („*Rote Fahne*", 1.10.1932)

Auch hier ähnliche Forderungen wie in der „Wanzenburg": „1. Herabsetzung der Mieten um 50 Prozent. 2. Niederschlagung der rückständigen Miete. 3. Renovierung des gesamten Häuserblocks und ausreichende Toiletten."

In der Berichterstattung über die Köpenicker Straße wird vor allem die Rolle der Frauen in der Mietstreikbewegung deutlich:

„*Die gesamten werktätigen Mieter Berlins (die arbeitslosen wohl ge-*
nauso, sollte man da hinzufügen, d.V.) verfolgen mit größter Aufmerk-
samkeit den Kampf in der Köpenicker Str. 34/35. Gestern vormittag er-
schien eine Delegation von etwa 30 proletarischen Mietern, hauptsächlich
Frauen, in dem bestreikten Haus, um sich über die Methoden des
Mieterkampfes zu informieren. Die Delegierten, die auch in ihren
Mietskasernen den Kampf aufnehmen wollen, waren von einer Wohn-
gebietsversammlung der Arndt-, Bergmann-, Belle-Alliance (heute
Mehringdamm) und Willibald-Alexis-Str. geschickt.“ („*Rote Fahne*“,
21.10.1932)

Man kann sich vorstellen, wie oft der Zusatz „proletarische Mieter,
hauptsächlich Frauen" unterschlagen oder einfach, weil es den Schreibern
nicht wichtig erschien, weggelassen wurde. Dabei ist davon auszugehen,
daß die überwiegend als Delegierte geschickten Frauen nicht deshalb
anwesend waren, weil ihre Männer Arbeit hatten. Warum soll es im
Chamissokiez damals anders gewesen sein als im übrigen Berlin. Ein
Zeitzeuge, Gerald Vandenberg, bestätigte diese Vermutung. Die Mietstreikbewegung war, so Vandenberg auf einer Veranstaltung Ende 1989
in Neukölln, eine an der Basis vorwiegend von Frauen getragene Bewegung.

Wie schon in der „Wanzenburg" so zeichnete sich auch beim Streik in
der Köpenicker Straße ein Erfolg für die kämpfenden Mieter und Mieterinnen ab. Die rückständigen Mieten wurden gestrichen, die Renovierung des Gebäudes in Angriff genommen und die Exmissionsklagen
aufgehoben. Allein in der Frage der Mietsenkungen war man sich nicht
einig. Die Stadt Berlin, der das Haus gehörte, schlug zehn Prozent vor,
die Mieter und Mieterinnen bestanden auf fünfzig Prozent, der Streik
ging vorerst weiter.

Seit dem Herbst 1932 versuchte die Berliner SPD größeren Einfluß auf
Streikverlauf und Streikziele zu gewinnen. Angesichts der Eigendynamik, die die Bewegung gewonnen hatte, konnte man sich nicht länger
abwartend verhalten. Hinzu kam, daß sich ein Großteil der Mieter in den
Neubaublocks, eine traditionell sozialdemokratische Wählerklientel,
dem Streik angeschlossen hatte. Die meisten von ihnen waren Mitte der
zwanziger Jahre in die Neubaublöcke gezogen, in einer Zeit also, in der
sich die Weimarer Konjunktur für einige Jahre stabilisiert hatte. Mit dem
Beginn der Weltwirtschaftskrise aber und der damit verbundenen Ra-
tionalisierungswelle, der Massenarbeitslosigkeit und dem Abbau der
Sozialleistungen wurde auch in Reinickendorf oder Pankow die Miete oft

Mietstreik in der Köpenicker Str. 34/35, September 1932

unbezahlbar. Erschwerend kam hinzu, daß die Neubaumieter im Gegensatz zu denen im Altbau nahezu rechtlos gegenüber ihren Vermietern, den städtischen Wohnungsbaugesellschaften, waren. Laut Gesetz war es ihnen nicht einmal gestattet, eine Mietervertretung zu wählen. Vor diesem Hintergrund überrascht es nicht, daß auch in den SPD-Hochburgen der Wille zum Kampf größer war als die Angst, völlig ins soziale Abseits zu geraten. Nach und nach schlossen sich Tausende von Mietern und Mieterinnen der „Weißen Stadt", der Roland-Siedlung, der Borsig-Siedlung und der Friedrich-Ebert-Siedlung dem Streik an. Damit wurden nun Hauseigentümer der verschiedensten couleur bestreikt: der private, wie in der „Wanzenburg", die Stadt, wie in der Köpenicker, die Grundstücks-AG, wie in der Swinemünder und nun auch die städtischen Gesellschaften, die Gagfah, DEWAG und wie sie alle hießen. (Übrigens, die „Gesellschaft für Sozialen Wohnungsbau" – GSW –, die seit dem 1. Juli 1990 die Geschäftsführung der KWV-Friedrichshain übernommen hat, war bereits damals im städtischen Wohnungsbau aktiv. So ist es auch kein Zufall, daß die GSW nach Inkrafttreten des Einigungsvertrags auf eigene Siedlungen, z.B. auf eine Reformsiedlung in Pankow, Eigentumsansprüche angemeldet hat. Ob in dieser Siedlung gestreikt wurde, geht aus den damaligen Meldungen freilich nicht hervor.)

Die Aktivitäten in den Neubaugebieten blieben auch auf die Mieter und Mieterinnen der Altbauviertel nicht ohne Signalwirkung. Im Wedding trat ein ganzer Straßenzug in den Streik: die Kösliner Straße, berühmt geworden durch die Barrikaden, die dort am Blutmai 1929 gegen die scharf schießende Polizei errichtet wurden. In der Kösliner Straße schwelte der Unmut bereits seit 1927. Reparaturen waren vom Vermieter eingestellt worden, die Häuser dem Verfall preisgegeben. Der Selbsthilfegedanke fand, ähnlich wie zu Beginn der zwanziger Jahre, neuen Zündstoff. Nicht selten wurden die allernötigsten Reparaturen auf eigene Faust durchgeführt und dem Vermieter in Rechnung gestellt.

So auch in einer anderen Ecke des Berliner Nordens, in „Meyer's Hof": Selbiger befand sich im Weddinger Teil der Ackerstraße, Nummer 132/133, und ist in den siebziger Jahren, ähnlich wie die Kösliner Straße, dem Abrißbagger der Kahlschlagsanierer zum Opfer gefallen. „Meyer's Hof" war damals neben der „Richardsburg" in Neukölln die größte Berliner Mietskaserne. Über 2 000 Menschen lebten um die sechs Höfe. Im Dezember 1932 traten auch hier die Mieter in den Streik, der nunmehr sein drittes Symbol bekommen hatte. Fast täglich gab es Meldungen und Reportagen über den Stand des Kampfes, die bekannteste von ihnen erschien in der „Arbeiter-Illustrierten-Zeitung" (AIZ) unter dem Motto eines Zille-Zitats: „Man kann mit einer Wohnung einen Menschen genauso erschlagen wie mit einer Axt." Für die Presse schien „Meyer's Hof" geradezu das Sinnbild des Zille'schen „Milljöhs" zu sein.

Am 17. Januar 1933, also knapp zwei Wochen vor der Machtübergabe an Hitler, veröffentlichte die „Rote Fahne" eine Erklärung der „Kampfleitung der streikenden Mieter":

„In einer Mieterversammlung wurde zur Streiklage Stellung genommen. Die bisherigen Verhandlungen mit dem Hauspascha Tumarkin (dem Besitzer des Gebäudes, d. V.) sind ergebnislos verlaufen. Die Mieter verharren im Streik und verschärfen ihn. Daran werden auch die Schikanen des Hauspaschas, der gedroht hat, nur noch gerichtliche Verhandlungen zu führen, nichts ändern. (...) Eine Delegation der streikenden Häuser Wiesenstraße 60 und Gipsstraße 11 überbrachten den streikenden Meyer-Hof-Mietern Solidaritätsgrüße. Der christliche Verein ,Apostelamt Johannis' hat sich unserem Streik angeschlossen. Die Räume liegen auch auf dem Hof. Da staunt ihr.

Mit Kampfesgruß. Die Kommission von Meyer's Hof"

Ab Januar wurden allerdings die Meldungen über den Mietstreik spärlicher, andere Probleme drängten in den Vordergrund. Gegen Ende des Monats jedoch wurde in der Presse noch einmal zur „4. Groß-Berliner Delegiertenkonferenz" mobilisiert. Dort sollte über das weitere Vorgehen im Streik beraten werden. Interessant ist in diesem Zusammenhang ein Bericht der „Roten Fahne", der vor allem in die innere Struktur der Streikbewegung Einblick gibt:

„Dieser Kongreß hat Aufgaben zu lösen, die von entscheidender Bedeutung für die werktätigen Mieter sind. Unter Führung des zentralen Mieterausschusses Groß-Berlin ist eine Mieterausschußbewegung in Berlin entstanden, die heute Tausende gewählter Mietervertreter umfaßt. In unzähligen Mieterkämpfen haben die Mieter gemeinsam, der KPD-Arbeiter neben dem Arbeiter der SPD und der NSDAP und diese alle gemeinsam mit parteilosen Arbeitern, Angestellten, Beamten und Kleingewerbetreibenden, den Kampf um die Wohnung in der Einheitsfront behauptet. Zum Teil mußte der Kampf geführt werden gegen die seit Jahren bestehenden Mietervereine und -organisationen, die den Mietern wohl die hohen Beiträge abnehmen, sonst aber nichts tun, um den täglichen Kampf der Mieter zu unterstützen. Unser Appell an die Mietervereine und -organisationen, sich einzureihen in die Groß-Berliner Mieterausschußbewegung ist gescheitert an der Engstirnigkeit der Ver-

*waltungsbürokratie dieser Vereine und Organisationen, denen ihre eige-
ne Anstellung im Verein mehr wert ist, als die Unterstützung der Mieter
in ihrem berechtigten Kampfe."* („*Rote Fahne*", 22.1.1933)

Der Kongreß-Aufruf schließt mit dem Satz: „Der 4. Groß-Berliner
Mieterdelegiertenkongreß ist der Kongreß aller Berliner Mieter. Jedes
Berliner Haus muß vertreten sein."

Im Zentralen Mieterausschuß, der Streikleitung, die von Vertretern der
SPD und KPD, aber auch Parteilosen geführt wurde, waren zu Beginn
des Jahres 1933 etwa 3 300 Mieterräte vertreten, was auf eine ebenso
große Anzahl der am Streik beteiligten Häuser schließen läßt. Dies würde auch zu einer Meldung passen, die am 30.10.1932, ebenfalls in der
„Roten Fahne" erschien. Dort hieß es hinsichtlich der Streikbeteiligung:
„Allein um den Stettiner Bahnhof (dem heutigen Nordbahnhof) herum
stehen 312 Häuser mit 14 615 Mietern im Streik."

Mit welchem Ergebnis der Mietstreik schließlich ausgegangen ist, wie
die neuen faschistischen Machthaber mit den Streikenden umgegangen
sind, ob sie den Streik gar für die eigenen Ziele funktionalisiert haben (in
Spanien war es das Franco-Regime, das in Madrid die Mieten eingefro-
ren hatte), ist den Meldungen der zeitgenössischen Presse nicht mehr zu
entnehmen. Bekannt ist allerdings, daß viele KPD-Mitglieder und damit
auch zahlreiche Streikaktivisten nach Hitlers Machtübernahme ihre
Energie in den letzten Versuch eines Generalstreiks gesteckt haben.
Umsonst. Arbeiter- wie Mieterbewegung waren gescheitert. Die Nazis
steckten Tausende von Oppositionellen in ihre Folterkeller. Die „soziale Frage", nunmehr eine Frage des Interessenausgleichs innerhalb der
nationalen „Volksgemeinschaft", oblag fortan dem korporatistischen
Einheitssystem von Unternehmen, Staat und Gewerkschaften. Auch
für manch einen Mieterfunktionär, das ist dem oben zitierten Bericht
zu entnehmen, schien die NSDAP nicht das größte Übel zu sein. Deren
Wohnungspolitik knüpfte, das mag einer der Gründe für diese Affinität
sein, an die „Zwangswirtschaft" der zwanziger Jahre an. So schloß sich
zum Beispiel der SPD-nahe Dachverband „Bund deutscher Mietervereine", der seinen Sitz in Dresden hatte, den Nazis an. Der damalige
Vorsitzende des Verbandes, Hermann, war bis in die sechziger Jahre im
Vorstand des Berliner Mietervereins und des Deutschen Mieterbundes in
Köln.

Bestreikte Häuser 1932/33:

Charlottenburg:
Stuttgarter Platz 17

Friedrichshain:
Am Ostbahnhof 10
Breslauer Str. 5
Friedrichsfelder Str. 28
Gollnowstr. 32
Kleine Markusstr. 22
Koppenstr. 47, 95
Lange Str. 25, 91
Lichtenberger Str. 15
Liebigstr. 46
Markusstr. 5
Mirbachstr. 70
Palisadenstr. 5, 9, 22, 23, 43, 91
Rigaer Str. 10, 16
Warschauer Str. 49
Weidenweg 12

Kreuzberg:
Eisenbahnstr. 28, 29, 30, 31, 32, 34
Forsterstr. 57
Köpenicker Str. 34/35, 148/149
Manteuffelstr. 4, 123
Möckernstr. 71
Naunynstr. 8, 29, 70, 80, 84
Pücklerstr. 4, 5, 14
Ritterstr. 27
Schönleinstr. 8
Skalitzerstr. 54
Wrangelstr. 133

Lichtenberg:
Ludwigstr.
Sophienstr.

Mitte:
Annenstr. 42/43
Bergstr. 79
Dresdner Str. 52/53 und 107
Engelufer 10
Fischerbrücke
Fischerstr. 13, 14, 15, 16, 17, 24
Friedrichsgracht
Georgenkirchstr. 37a
Gipsstr. 11
Grenadierstr. 19, 23
Invalidenstr. 138
Keibelstr. 10, 40, 41
Köllnische Str.
Kronenstr. 71
Molkenmarkt 1
Neue Friedrichstr. 99
Petristr.
Schornsteinfegergasse
Schwedter Str. 50
Sebastianstr. 21

Stralauer Str. 39
Swinemünderstr. 1, 3, 4, 5, 6, 7, 8, 9, 120, 121, 122, 123, 124, 125, 126
Wallstr.
Weinbergsweg 2

Neukölln:
Bergstr. 70
Kaiser-Friedrich-Str. 83
Prinz-Handjery-Str. 77
Thiemannstr. 19

Prenzlauer Berg:
Immanuelkirchstr. 35
Lychenerstr. 18
Mendelsohnstr. 11
Raumerstr. 8
Stargarderstr. 58
Wörther Platz

Reinickendorf:
Großsiedlung Schillerpromenade
„Weiße Stadt"
„Roland-Siedlung"
Borsig-Siedlung
Friedrich-Ebert-Siedlung

Schöneberg:
Goltzstr. 29
Guthsmuthstr.
Kleiststr. 37/38
Nollendorfplatz

Tiergarten:
Berlichingenstr. 13, 16, 17
Steinmetzstr. 45
Wittstockerstr. 18

Treptow:
Grützstr. 41
Kaiser-Wilhelm-Str. 45

Wedding:
Ackerstr. 132/133
Christianstr. 10
Kösliner Str. 2, 4, 6, 7, 13, 15, 16, 18, 20, 24
Koloniestr. 28
Liebenwalderstr. 41
Reinickendorferstr. 31
Ruheplatz 26
Triftstr. 6
Wiesenstr. 37, 60

Wilmersdorf:
Breitenbachplatz (Künstlerkolonie)
Joachim-Friedrich-Str. 43
Wilhelmsaue

(aus: Geist/Kürvers, ebd., S. 431f.)

Aus der Geschichte lernen...

... heißt oft genug aus Niederlagen lernen. Das wird gerade in der heutigen Zeit mehr denn je deutlich. Aus der Geschichte lernen kann aber auch heißen, Fragestellungen und Anregungen im Hinblick auf gegenwärtige Auseinandersetzungen nachzuspüren, gerade auch in Sachen Mieterbewegung. Forderungen wie die nach einem Mietboykott hinterließen in West-Berlin allerdings oft einen hilflosen Eindruck und fanden, wenn überhaupt, als Parolen an Kreuzberger Häuserwänden ihren Niederschlag.

Eine solche Kampfform hat freilich, will sie nicht bei der bloßen Forderung stehenbleiben, die Beteiligung einer breiten Masse zur Voraussetzung. Wer setzt schon sein Dach über dem Kopf leichtfertig aufs Spiel. Eine solche Masse, eine soziale Bewegung, wie sie im Berlin der Jahre 1932/33 anzutreffen war, fällt allerdings nicht aus heiterem Himmel. Sie ist vielmehr Ausdruck einer Verweigerungshaltung breiter Bevölkerungsschichten, einer Verweigerungshaltung, deren Ursache aus extremer materieller Not und einer langandauernden Sensibilisierung und Mobilisierung auf diesem Gebiet herrührt.

Der Beginn des Mietstreiks im August 1932 kam alles andere als überraschend. Seit Monaten hatte sich die materielle Situation der Menschen in den Mietskasernenvierteln infolge der Weltwirtschaftskrise drastisch verschlechtert. Neben Arbeitslosigkeit und Sozialabbau war es insbesondere die Unverschämtheit der Hausbesitzer, die Kündigungen, Mieterhöhungen und unterlassenen Instandhaltungen, die den Menschen die Zornesröte ins Gesicht getrieben hatte. Die „Wohnungszwangswirtschaft" (also kommunale Bewirtschaftung, Preisbindung und Mieterschutz), ohnehin nur als Provisorium begriffen, war seit 1927 schrittweise abgebaut worden. Geldsorgen, Kredite, Räumungsklagen, Spenden, Gerichtsvollzieher und Zwangsräumungen bestimmten den Alltag vieler Mieter und Mieterinnen seit Beginn der dreißiger Jahre.

Die Geschlossenheit, mit der einzelne Häuser oder sogar ganze Straßenzüge die Mietzahlungen verweigerten, wird auch der Grund dafür gewesen sein, warum so mancher Besitzer eher zögerlich zu juristischen Schritten (wie im Falle der Wanzenburg) gegriffen hat. Die Einleitung von Räumungsverfahren bis hin zur Vollziehbarkeit einer Zwangsräumung hat bereits damals längere Zeit in Anspruch genommen, und es ließ sich an fünf Fingern abzählen, welchen Aufwand der juristische Weg im Falle eines oder mehrerer Häuser bedeutet hätte. Daß es dennoch Zwangsräumungen gegeben hat, belegt der im Text zitierte Artikel der „Roten Fahne". Allein die in Kreuzberg verhinderten 180 „Exmittierungen" zeigen aber auch, daß die Bewegung gerade hier einen ihrer Schwerpunkte gesetzt hatte. Die Aussicht, dem gefürchteten Gerichtsvollzieher organisierten und somit erfolgreichen Widerstand entgegenzusetzen, mag genauso mobilisierend gewirkt haben wie die ersten Erfolge, die sich bereits zwei Monate nach Streikbeginn eingestellt hatten.

Aktive Solidarität setzt gemeinsame Betroffenheit und ständige Auseinandersetzung voraus, Bedingungen, wie sie Anfang der dreißiger Jahre häufiger anzutreffen waren als zum Beispiel Mitte der achtziger Jahre in West-Berlin. Die Straße war damals für viele ihr ureigener Lebensraum. Man traf sich, beim Einkauf, beim Stempeln oder beim Bier, und redete über die alltäglichen Sorgen. Man wußte, daß es anderen ähnlich ging und machte seinem Ärger über „die da oben" Luft. Man tauschte sich über Gegenmaßnahmen aus und diskutierte über die Tagesordnung der nächsten Mieterratssitzung.

Eine derartige soziale Kommunikation gibt es heute in den meisten Großstädten schon deshalb nicht mehr, weil sich mit einer größeren sozialen Differenzierung auch die verschiedenen Lebenswelten auseinanderentwickelt haben. Wenn über einem Yuppies und unter einem Regierungsbeamte wohnen, kann es allein aufgrund der materiellen Lage kaum einen gemeinsamen Nenner, keine gemeinsamen Forderungen geben. Die von den Politikern propagierte „soziale Durchmischung", die „Aufwertung", oder „soziale Gesundung" hat in Bezirken wie Schöneberg oder Charlottenburg bereits zum gewünschten Ziel geführt. Wo es in den Siebzigern oder Anfang der achtziger Jahre noch gärte und brodelte, ist es mittlerweile ruhig geworden. Die, die ihre Miete nicht mehr bezahlen konnten, haben sich nicht mehr gewehrt, sondern sind weggezogen, nach Kreuzberg, Neukölln oder dem Wedding. Ihnen hinterher die Stadtplaner, die nun auch diese Bezirke attraktiv in ihrem Sinne machen wollen, attraktiv für den gehobenen Mittelstand, für qualifizierte Arbeitskräfte, die dem Arbeitsmarkt der Stadt sonst verlorenzugehen drohen.

War es im Berlin der Weimarer Zeit noch der Kiez, der Block und die Straße, wo ein sozialer Austausch unter „Gleichen" stattfand, so sind es heute vor allem Mieter und Mieterinnen ein und desselben Vermieters, die als Betroffene gemeinsame Forderungen formulieren und durchsetzen könn(t)en. Dieser Paradigmenwechsel in der Mieterorganisierung (gemeinsamer Vermieter statt gemeinsamer Lebensraum) zeigt sich vor allem an den (wenigen) West-Berliner Mieterkampagnen der letzten Jahre. Ob „Grundtreu/Areal", ob „Bauwert" oder „Immobilien Braun", der gemeinsame Vermieter als gemeinsamer Gegner bildet den Hintergrund, sich zur Durchsetzung der eigenen Forderungen zusammenzuschließen, gleich ob man nun in Kreuzberg, Charlottenburg oder Reinickendorf wohnt.

Gerade hierin liegt, vor allem für den Ostteil der Stadt, eine neue Perspektive. In Ost-Berlin haben nahezu eine Million Menschen in fast 400 000 Wohnungen (noch) ein und denselben Vermieter, die städtischen Wohnungsbaugesellschaften: eine für die Durchsetzung von Mieterinteressen geradezu einmalige Konstellation. Diese muß aber genutzt werden. Es gilt schließlich auch hier (wenn auch mit einer kleinen Abwandlung) der berühmte Satz von Michail Gorbatschow: „Wer zu spät kommt, den bestraft der Vermieter".

Mieterstadt Berlin:
Ein Blick in die Zukunft

I.

Berlin ist im Umbruch. Mit dem Fall der Mauer am 9. November 1989 hat eine Entwicklung ihren Ausgangspunkt genommen, deren Ende noch nicht abzusehen ist. Nichts ist mehr, wie es war. Die damalige Mauerstadt, in der die Zeit stehengeblieben schien, schickt sich an, die „verlorene Zeit" in Windeseile wettzumachen. Die Rahmenbedingungen scheinen abgesteckt. Seit der Bundestagsentscheidung für Berlin als künftigem Parlaments- und Regierungssitz ist der Weg frei für einen neuen Gründerboom, dessen Akzente – geht es nach dem Willen des Senats – von privaten Investoren und Großereignissen wie den Olympischen Spielen gesetzt werden sollen.

Die rot-grüne Vision einer ökologischen und sozialen Stadterneuerung gehört der Vergangenheit an. Spekulation, „Goldgräberstimmung" und Gründerfieber drohen die Stadt nachhaltiger zu verändern als Flächennutzungs- und Bereichsentwicklungspläne. Die Politik der Landesregierung erschöpft sich in Krisenmanagement und Mangelverwaltung. Der Grund: Die Stadt ist nach dem Abbau der Berlin-Subventionen und der Übernahme der finanziellen „Erblast" Ost-Berlin pleite.

Das Konzept der CDU/SPD Koalition ist so einfach wie folgenschwer: Regierungssitz und Olympia ziehen Investoren an. Die wiederum füllen das Stadtsäckel, schaffen Arbeitsplätze, verpflichten sich, wichtige Infrastrukturverbesserungen zu finanzieren und machen die Stadt attraktiv für den gehobenen Mittelstand.

Das derart zum Credo erhobene Entwicklungskonzept der künftigen „Dienstleistungs- und Handelsmetropole" wirft die Frage auf, wessen Berlin die Stadt der Zukunft sein wird. Wird die Stadtentwicklung, von der behauptet wird, sie sei eine einmalige Chance, die Fehler anderer europäischer Metropolen zu vermeiden, auf kurz oder lang ihren Sitz in den Chefetagen multinationaler Konzerne wie Daimler Benz oder Sony haben? Schaffen sich Finanzkapital und Nationalstaat in Berlin ein

Bildnis ihrer selbst oder sind es die Bewohner und Bewohnerinnen, die der Stadt ihren Stempel aufdrücken?

II.

Selten wurde eine Bundestagsdebatte so leidenschaftlich geführt wie in der Frage des künftigen Regierungs- und Parlamentssitzes. Beinahe schien es, als würde nicht nur die Zukunft Berlins, sondern die von 16 Millionen neuen Bundesbürgern von der Entscheidung Bonn oder Berlin abhängen. Bei der Hoffnung auf einen Aufschwung in den Neuen Ländern scheint allerdings eher der Wunsch Pate gestanden zu haben. Zwar schafft der Umzug von Regierung und Parlament Arbeitsplätze. An der Abwicklung der ehemaligen DDR-Produktion wird er freilich nichts ändern. Investoren aus aller Welt werden Kapital in Millionenhöhe in die Stadt pumpen. Aber was nutzen neue Hotelbauten und Dienstleistungszentren in Berlin dem von Wohnungsnot geplagten Dresdner. Gewiß, Regierung und Parlament werden nun im Zentrum der sozialen Konflikte ihren Geschäften nachgehen. Gewiß aber auch, daß die Forderung der DDR-Rocksängerin Tamara Danz: „Bonn-zen an die Ostfront" in der Etappe von Bannmeilen und Regierungsghetto ihre Grenze finden wird. Auch in Berlin wird es das „Bonner Raumschiff" geben. Nicht so groß und provinziell zwar, aber weit davon entfernt, die brennenden sozialen Frage zur Grundlage von Regierungsentscheidungen zu machen. Mit der Berlin-Entscheidung läßt sich eben, so bitter das für manch einen klingen mag, die Kohl-Wahl vom 2. Dezember 1990 nicht wettmachen.

Wovon in all den Wochen vor der Abstimmung nicht die Rede war, ist plötzlich in aller Munde: die Sorge um explodierende Mieten und steigende Lebenshaltungskosten, die die neue „Goldgräberstimmung" („Berliner Zeitung", 22.6.1991) im Zuge der Regierungssitzentscheidung in der Hauptstadt nach sich ziehen wird. „Der Boom hat begonnen. (...) Die Grundstückspreise explodieren. Investoren aus aller Welt gaben sich bei den Immobilienhändlern und Maklern die Klinke in die Hand. (...) Über Nacht haben sich einige Preise fast verdoppelt. Selbst unattraktive Immobilienangebote wie vermietete Eigentumswohnungen finden seit der Entscheidung, daß Berlin Regierungssitz wird, reißenden Absatz." („Berliner Zeitung", 22.6.1991) Der Regierende Bürgermeister Diepgen beeilte sich, die Berliner zu beruhigen: „In den nächsten Jahren wird in Berlin vor allem in den Wohnungsbau investiert werden. Viele private Geldgeber werden sich jetzt engagieren. Der Senat wird mit seinem

Grund und Boden und seinen Wohnungsbaugesellschaften dazu beitragen, daß die Preise nicht ins Uferlose gehen. Außerdem werden wir an der Mietpreisbindung festhalten. Ich bin sicher, daß die Berliner nicht am Wohnungsmarkt verdrängt werden. Dafür wird dieser Senat sorgen." („Berliner Morgenpost", 22.6.1991)

Folgt der Steuerlüge des Helmut Kohl nun die Mietenlüge des Eberhard Diepgen? Private Investoren jedenfalls treiben die Preise eher an, als daß damit ausreichend (und ausreichend heißt ja immer auch ausreichend billiger) Wohnraum geschaffen würde. Eine Mietpreisbindung gibt es derzeit nur in Ost-Berlin. Die Mieter und Mieterinnen im Westteil der Stadt werden ab 1. Januar 1992 die Auswirkungen der Freigabe des Mietpreises bei Neuvermietungen zu spüren bekommen. Von einer Wiedereinführung der alten Mietpreisbindung in West-Berlin spricht heute keiner mehr.

Wer die Kosten eines solchen Booms zahlen wird und wer sich daran gesundstößt, das haben die Gründerjahre nach dem deutsch-französischen Krieg eindrucksvoll unter Beweis gestellt. Die Folge damals: Wohnungsnot eines bislang ungeahnten Ausmaßes und soziale Unruhen.

III.

Im Großraum Berlin leben zur Zeit 4,3 Millionen Menschen. Davon entfallen 2,1 Millionen auf West-Berlin, 1,3 Millionen auf den Ostteil und 900 000 auf das Umland. Nach Schätzungen des Stadtökonomen und Projektleiters am Institut für Stadtforschung und Strukturpolitik in Berlin, Eberhard von Einem, ist in den nächsten Jahren mit einem Bevölkerungszuwachs von jährlich etwa 60 000 Menschen zu rechnen. Dem steht jetzt schon ein geschätztes Wohnungsdefizit von 150 000 Wohnungen gegenüber. (Bausenator Nagel in der „Berliner Morgenpost", 16.4.1991) Für 1990 bis 2010 wird der Gesamtbedarf auf 800 000 neue Wohnungen in Berlin (mit Umland) geschätzt. Der Wohnungsbedarf der „grauen Zuwanderer" ist dabei nicht berücksichtigt. („Tagesspiegel", 29.4.1990) Demnach wäre ein Neubauvolumen von 40 000 Wohnungen jährlich erforderlich, um die Wohnungsnot rein räumlich einigermaßen in den Griff zu bekommen, von den Mieten ganz zu schweigen. Einems Prognose ist düster: „Am Stadtrand drohen Behelfsunterkünfte. Unter dem Druck, neue Wohnungen zuzulassen, wird gar nichts anderes übrigbleiben, als Billigwohnungen zu errichten, die zunächst zwar nur als Notunterkünfte ausgegeben, aber zunehmend als ‚Dauerlösungen' geduldet werden müssen: z.B. in nicht mehr benötigten alten Kasernen und auf heute noch militärisch benutzem Übungsgelände. Es besteht deshalb die Gefahr, daß sich lagerähnliche Siedlungen, Barackenstädte oder gar wilde Siedlungen bilden, in denen die Ärmsten der Zuwandernden – dicht gedrängt – eine Bleibe finden." („Tagesspiegel", 29.4.1990)

IV.

Berlin ist Mieterstadt. In West-Berlin leben 90 Prozent aller Berliner und Berlinerinnen in Mietwohnungen, in Ost-Berlin ist der Anteil noch höher. Die Entwicklung der Mieten und ihres Anteils am Einkommen, eine der brennendsten sozialen Fragen (nicht nur) dieser Tage, ist auch abhängig vom weiteren Anteil der Mietwohnungen im Berliner Wohnungsbestand. Noch ist die Umwandlung von Miet- in Eigentumswohnungen einer restriktiven Genehmigungspraxis unterworfen. Die zur Umwandlung erforderliche „Abgeschlossenheitsbescheinigung" darf nach einem Urteil des Bundesverwaltungsgerichts von 1989 nur dann erteilt werden, wenn die heute gültigen Anforderungen an Schall-, Wärme- und Brandschutz erfüllt sind. Vor den hierfür erforderlichen Investitionen schrecken die meisten Hausbesitzer in West-Berlin noch zurück. Eine Revision des Urteils ist freilich beim Bundesgerichtshof beantragt. Im Ostteil der Stadt gibt es dagegen schon jetzt keine Grenzen. Der Bundestag hat im Wohnungseigentumsgesetz eigens eine Sonderreglung geschaffen, nach der in den Neuen Bundesländern Abgeschlossenheitsbescheinigungen ohne Rücksicht auf die Stärke der Trennwände und Decken zu erteilen sind.

In der alten Bundesrepublik wurden 64 Prozent aller umwandlungsbetroffenen Mieter aus ihrer Wohnung verdrängt. Was für die meisten Mieter den Verlust der Wohnung bedeutet, ist für den Hausbesitzer ein Bombengeschäft: Gelingt es ihm, alle Wohnungen in einem Haus umzuwandeln und „auch zu verkaufen, so liegt sein Reingewinn doppelt bis dreimal so hoch wie der für das ganze Mietshaus zu erzielende Verkaufspreis. Noch mehr Geld aber (fast das Doppelte) bringen Eigentumswohnungen dann, wenn sie entmietet sind, so daß der Käufer sofort einziehen kann. Deshalb setzen die Umwandler oft alles daran, die bisherigen Mieter aus ihren Wohnungen zu vertreiben." (Gerhard Heß: 199 Tips für Mieter und Wohnungssuchende. Berlin 1991)

Der Nachfragedruck, Voraussetzung eines solchen Umwandlungsprozesses, ist jedenfalls vorhanden. Auf dem Mietwohnungsmarkt wird mittlerweile bezahlt, was verlangt wird. Ein Beispiel:

„Tyler Marshall, 49, Leiter des Berliner Büros der ‚Los Angeles Times' sieht das Problem der Wohnungssuche … ganz weltmännisch: ‚Das ist in Berlin nicht einfacher oder schwieriger als in Neu-Delhi oder London.' Der Journalist beauftragte eine angesehene Maklerfirma, kurze Zeit später konnte er eine geräumige Wohnung in Charlottenburg beziehen. Über die Kosten des Unternehmens schweigt der Amerikaner sich aus. ‚Eine Metropole hat eben ihren Preis', sagt Marshall, ‚daran werden sich die Deutschen gewöhnen müssen.'" („SPIEGEL", 10/1991) Laut dem „Verband Deutscher Makler" hat sich (allerdings bei Neuvermietungen) „der Quadratmeterpreis für Wohnraum seit dem Fall der Mauer verdoppelt, für Gewerbeflächen sogar verfünffacht". Wer es sich leisten kann, kauft sich eine Eigentumswohnung, wie ein leitender Angestellter der Daimler Benz AG in der Kreuzberger Möckernstraße. Kostenpunkt: 400 000 DM. Den Blick auf den Anhalter-Bahnhof, die Nähe zum Potsdamer Platz und den geliebte Charme der Altbauensembles läßt man sich etwas kosten.

Verantwortlich für diesen Preisanstieg sind für den „SPIEGEL" „vor allem Manager und leitende Angestellte großer Versicherungen, Banken, Verlage und Handelskonzerne, die seit Maueröffnung in Scharen die Stadt bevölkern. Von den Firmen mit üppigen Spesenkonten ausgestattet, nehmen sie es bei der Miete nicht so genau, 1 000 Mark mehr oder weniger, ganz egal, die Firma zahlt". Hinzu kommen nun auch Minister, Beamte und Angestellte aus den Bonner Ministerien und Verwaltungen. Ihre Zahl beläuft sich laut Berliner Schätzungen auf 64 943, nach denen Bonns auf 233 000! Sie alle drängen auf den Berliner Wohnungsmarkt und verdrängen Wohnungssuchende mit geringem Einkommen.

V.

Die Architekten des neuen Berlin setzen ihre Hoffnung auf die Forschungs-, Marketing-, Versicherungs- und Verwaltungsabteilungen multinationaler Konzerne, die über kurz oder lang ihren Firmensitz nach Berlin verlegen. Mit ihrer Ansiedlung werden höhere Steuereinnahmen und ein positiver Impuls für den Arbeitsmarkt erwartet. Welchen Effekt die Konzernansiedlungen auf den Landeshaushalt haben werden, steht freilich in den Sternen. Wie die Einflußsphären zwischen Senat und Konzernspitzen gelagert sind, hat der Kniefall des Finanzsenators gegenüber Daimler-Benz und Sony unter Beweis gestellt. Sony hatte für ein 31 000 Quadratmeter großes Grundstück, das „Esplanade-Dreieck" am Potsdamer Platz, lächerliche 103 Millionen DM bezahlen müssen. Das entspricht einem Quadratmeterpreis von 3 240 DM. Für ein ähnliches

Filet-Grundstück mußte Daimler-Benz zuvor an einen Privatbesitzer 13 620 DM/qm entrichten. Bündnis 90 und Grüne bezeichneten den Verkaufsvorgang an Sony als Skandal: Den eigentlichen Wert des Grundstücks bezifferte der Abgeordnete Bernd Köppl mit 430 Millionen DM. Jeder Preis, der darunter liege, so Köppl, sei „eine nicht gerechtfertigte Subventionierung von Sony". („Berliner Zeitung", 27.6.1991) Wegen des Verdachts der illegalen Subventionierung im Falle Daimler-Benz hat die EG-Kommission unterdessen Beschwerde eingelegt und ein eigenes Gutachten in Auftrag gegeben. Der Quadratmeterpreis, den Daimler-Benz damals für das landeseigene Grundstück am Potsdamer Platz bezahlen mußte: 1 500 DM! Werden die Körperschafts-, Gewerbe- und Vermögenssteuerabgaben der erhofften Investoren den Berliner Haushalt in ähnlicher Weise „entlasten"?

VI.

Die Ansiedlung der Geschäftszentralen multinationaler Konzerne wird das wirtschaftliche, städtebauliche und soziale Gesicht der Stadt nachhaltig verändern. Der alten Stadtmitte am Potsdamer Platz kommt dabei eine gewisse Signalfunktion zu. Hier wird der städtebauliche Entwurf für's nächste Jahrtausend geprobt. War früher das Borsig-Tor in Tegel Symbol der Industriemetropole Berlin, so wird in Zukunft der Potsdamer Platz für die Rolle der Stadt als Drehscheibe des Ost-West-Handels, als Handels-, Finanz- und Dienstleistungsmetropole die symbolische Kulisse stellen.

Mit der Wirtschafts- wird sich auch die Beschäftigtenstruktur der Stadt weiter verschieben. Der tertiäre, der Dienstleistungssektor wird, mehr noch als bisher, der Stadt ihren Stempel aufdrücken. „Die Anpassung an bisher im Westen geltende Strukturkennzahlen", so Eberhard von Einem, „läßt bis zum Jahr 2010 eine Zunahme von 1,3 auf 2,0 Millionen Erwerbstätige im Dienstleistungssektor erwarten. Die Zahl der Erwerbstätigen in der Industrie dürfte mit 0,8 bis 0,9 Millionen nahezu konstant bleiben. Der Dienstleistungssektor - einschließlich Handel – ist der eigentliche Motor der Beschäftigungsentwicklung." („Tagesspiegel", 29.4.1990) Die sogenannten „produktiven" Dienstleistungen (im Gegensatz zu den „konsumptiven" Dienstleistungen, wie Warenhäuser, Lebensmittelhandel etc.) verdrängen nach Ansicht des Ökonomen Rainer Knigge Teile der verbliebenen industriellen Produktion ins Umland oder machen sie völlig überflüssig. So arbeitet am Fraunhofer-Institut für Produktionstechnik der Ingenieur Günther Spur an der Entwicklung der

„menschenleeren Fabrik der Zukunft". Mit der ebenfalls im Institut angesiedelten Forschung über „computer aided manufacturing" (CAM), d.h. der computergesteuerten Produktion, dürfte auch er zu den Gewinnern dieser Umstrukturierung gehören. Insbesondere Dienstleistungen, „die fast überall selbst nicht mehr von den Produktionsunternehmen erstellt, sondern zugekauft werden, werden in Berlin eine boomartige Entwicklung nehmen", so Rainer Knigge. Gemeint sind: „Software-Produktion, Engineering, Technologie-Beratung, Weiterbildung, Marketing; Unternehmensberatung, Anlagen-Leasing und andere innovative Finanzdienstleistungen, Handel mit Industriewaren etc.". („Tagesspiegel", 18.2.1990)

VII.

Gegen eine andere Dienstleistungsmetropole Berlin wäre freilich wenig einzuwenden. Doch ein großer Teil der staatlichen Versorgungsleistungen wird nach und nach abgewickelt: Krankenhausbetten im Westen, Polikliniken und Ambulanzen im Osten, unbequeme Universitätsfachbereiche, Kindertagesstätten. Die Liste der „unnützen" staatlichen Dienstleistungen ist ebenso lang, wie das Haushaltsdefizit groß ist. Droht Berlin die Privatisierung auch solcher Leistungen?

Mit dem Umzug der Bundesregierung an die Spree und dem damit verbundenen Machtverlust der Landesregierung kommt auf die Stadt eine zunehmende Zentralisierung der Entscheidungsbefugnisse zu. Den Bezirken werden ihre Kompetenzen zugunsten der Hauptverwaltungen beschnitten, die Bundesregierung regiert in die Stadtbelange hinein. In London etwa wurde die mißliebige Stadtregierung unter Ken Livingston, die sich vor allem durch das Einfrieren der Fahrpreise im Nahverkehr hervorgetan hatte, von der Regierung Thatcher kurzerhand aller Funktionen enthoben. Die jüngsten Überlegungen hinsichtlich eines Bundeslandes Berlin-Brandenburg mit Potsdam als gemeinsamer Landeshauptstadt lassen die Vermutung aufkommen, daß man sich einer ähnlichen Entwicklung in Berlin bereits im Vorfeld entziehen möchte. Das märkische Land als neue Einflußsphäre Berliner Lokalpolitiker? Berlin in der Hand von Helmut Kohl? Wohnungsbau und Stadterneuerung unter der Regie von Irmgard Adam-Schwätzer? Im Sinne der Bürgerbewegungen, die sich eindeutig für Berlin als Regierungssitz ausgesprochen hatten, dürfte dies freilich nicht sein.

193

VIII.

150 000 fehlende Wohnungen bereits heute, 800 000 im Jahr 2010? Wo in Zukunft Wohnungen gebaut werden, darüber streitet man sich zwar noch, doch neben Nachverdichtung und Dachgeschoßausbau scheinen Trabantenstädte wie das Märkische Viertel oder Marzahn kein Tabu mehr, im Gegenteil: Außerhalb des S-Bahn-Rings sollen und müssen, so der weitverbreitete Konsens, Großsiedlungen errichtet werden. Bevorzugter Standort: Die S-Bahnknotenpunkte Westkreuz, Ostkreuz und Papestraße. Auch eine Zersiedelung à la Los Angeles scheint so unwahrscheinlich nicht. Obwohl immer wieder betont wird, neue Siedlungsachsen vorwiegend entlang der S-Bahn-Ausfallstrecken zu errichten, kommt, der Prognose des Stadtökonomen von Einem zufolge, dem „privaten Einfamilienhausbau" künftig die „Hauptlast des Wohnungsbaus" zu. Sein Szenario: „Das Umland wird im Einzugsbereich von etwa einer Autostunde bzw. im erweiterten S-Bahnbereich einbezogen. Im Westen reichen die Wohngebiete Berlins über Potsdam bis nach Brandenburg und Nauen. Im Norden erstrecken sie sich über Oranienburg und Wandlitz hinaus bis nach Eberswalde. Im Osten kommen Pendler täglich aus Fürstenwalde und Frankfurt/Oder, während sich im Süden ein ganzer Gürtel neuer Wohngebiete von Königs Wusternhausen über Mittenwalde, Zossen, Ludwigsfelde bis nach Michendorf und Beelitz erstreckt." („Tagespiegel", 29.4.1990) Bereits jetzt hat die Zahl der Wohnungen, die im Rahmen des sozialen Wohnungsbaus errichtet wurden, rapide abgenommen. In Zukunft wird dem freifinanzierten Neubau eine noch größere Rolle zukommen. Forderungen der Mieterorganisationen nach dem Bau von Wohnungen in kommunaler Regie werden vom Senat abgelehnt. Wenn auch sonst überall gekürzt wird, an den Subventionen für die Berliner Wohnungsunternehmer wird nicht gekratzt.

Ähnlich wie der „Ile de France", dem Pariser Becken, drohen auch dem märkischen Umland weitläufige Zersiedelung und die Errichtung von Trabantenstadtgürteln, riesigen Schlafstädten, deren Bewohner täglich in die Stadt ein- und auspendeln, Ghettos, in denen, sich selbst überlassen, Gewalt und Kriminalität oft die einzigste Ausdrucksform menschlicher Existenz sind.

Das Wohnen in den Innenstadtbereichen könnte zum unerschwinglichen Luxus werden. Innerhalb des Pariser Autobahnrings, der „peripherique", die den Altbaukern der französischen Hauptstadt säumt, sind mehr als ein Drittel aller Wohnungen Eigentumswohnungen, die durchschnittliche Miete der verbliebenen Mietwohnungen liegt bei über 30 DM pro Quadratmeter.

IX.

Ob die Mieten künftig auch in Berlin solche Dimensionen annehmen werden oder ob sie vom Großteil der Berliner und Berlinerinnen noch bezahlt werden können, das hängt unter anderem von der Zukunft der öffentlich geförderten Altbausanierung, der Stadterneuerung ab. Doch das Geld ist knapp. „Selbst wenn (in West-Berlin, d.V.) die bisherige Förderung auf dem Stand von 1989 (340 Millionen DM) gehalten werden könnte, würde aus Geldnot bis 1993 kein neuer Modernisierungs- und Instandsetzungsantrag mehr genehmigt." („taz", 12.5.1990) In Ost-Berlin beträgt das Finanzvolumen für die Stadterneuerung ganze 60 Millionen DM. Demgegenüber beläuft sich der Instandsetzungsbedarf eines einzigen Bezirkes, nämlich Prenzlauer Berg, auf ca. 8 Milliarden DM. (Klaus Nicklitz, „Berliner Zeitung", 26.7.1990)

Im Westen wurden die Mittel mit Hinweis auf die Bedürftigkeit der östlichen Bezirke drastisch gekürzt, in Ost-Berlin liegen sie auf Eis. Wenn sich die Wohnungsbaugesellschaften nicht umgehend dazu durch-ringen, auch im Fall ungeklärter Eigentumsverhältnisse öffentliche Gel-der in Anspruch zu nehmen, wird die Stadterneuerung auf absehbare Zeit die Angelegenheit von Modernisierungsspekulanten und Miethaien sein. „Behutsam" ist sie dann freilich nicht, weder für die Häuser, noch für deren Bewohner.

Schon jetzt sind es überwiegend private Besitzer, die mit eigenen Mit-teln modernisieren. Welche Folgen dies für die Mieten und damit auch für die Bewohnerstruktur nach sich zieht, wurde in jüngster Zeit an ei-nem Beispiel in Moabit diskutiert:

Seit der Aufhebung der Mietpreisbindung ist im Kiez rund um den Moabiter Stephanplatz ein verstärktes Ansteigen von Privatmoderni-sierungen zu verzeichnen, so eine Studie, die von der Stadterneuerungs-gesellschaft S.T.E.R.N. in Auftrag gegeben wurde. Die Folge: Neue Bevölkerungsschichten ziehen zu, die alten Mieter werden verdrängt.

„Die Bevölkerungsstruktur der Zugezogenen unterscheidet sich be-sonders in der Altersstruktur – 85 % sind zwischen 18 und 40 Jahre –, in der Haushaltsstruktur – weniger Haushalte mit Kindern – und in der ökonomischen Lage."

Den Hinzugezogenen fehle, so die Studie, die insbesondere für die alteingesessenen Bewohner so typische „Kiezbindung".

*„ Vor allem Arbeiterhaushalte, Familien mit Kindern, türkische Miet-
parteien, alte Menschen und einkommensschwache Mietparteien identi-
fizieren sich stark mit ihrem Wohngebiet. Sie verbringen einen großen
Teil ihrer Freizeit im Gebiet und haben intensive nachbarschaftliche Be-
ziehungen. Im Privatmodernisierungsbereich ist vor allem in den letzten
Jahren eine andere Mieterstruktur zugezogen. Es sind im Durchschnitt
weitaus besser verdienende Mieter, die ihre Freizeit weniger im Stephan-
Kiez verbringen und auch reduzierte nachbarschaftliche Kontakte haben.“*

Die Dimension dieser Veränderung ist alarmierend. Von den insgesamt 5 400 Wohnungen im Untersuchungsbereich sind 1 950 im Laufe
der letzten Jahre privat modernisiert worden. Nur noch 40 Prozent der
ursprünglichen Mieter und Mieterinnen haben in ihren Wohnungen
bleiben können. Die durchschnittliche Miete für die nach 1987 in privat
modernisierte Wohnungen Hinzugezogenen liegt bereits bei über
9 DM/qm. Die Autoren der Studie schlagen Alarm:

*„Eine Fortsetzung der Entwicklung der letzten Jahre läuft auf eine
tiefgreifende Umstrukturierung der sozialen Zusammensetzung, des
nachbarschaftlichen Zusammenlebens und der Bindung an das Quartier
hinaus. Bestimmte, für den Stephan-Kiez typische Haushalte mit geringem Einkommen werden durch die Mietenentwicklung – zumeist im
Zuge der Vorbereitung und Durchführung der Modernisierung – aus ihrer Wohnung und damit wegen fehlender Alternativen im Gebiet aus
ihrem vertrauten Lebensumfeld verdrängt werden. (...) Daneben ist sowohl eine Fortsetzung der Verdrängung des auf die Versorgung des
Wohngebietes orientierten Ladengewerbes zu erwarten, als auch Verstärkung der Überbelastung der Infrastruktur des Gebietes. (...) Die
Erfahrung aus städtischen Umstrukturierungsprozessen lehrt, daß Verdrängungsprozesse in einem Gebiet Verdrängungs- und Umstruktu-
rierungsprozesse in anderen Wohngebieten zur Folge haben.“* (Gude/
Schulze: Wohnungsversorgung und Sozialstruktur im Stephan-Kiez.
Berlin 1991)

Das Ziel der Stadterneuerung müsse aber sein, „der Verdrängung von
einkommensschwachen Bevölkerungsschichten entgegenzuwirken", ihre
Wohnverhältnisse durch den Erhalt von billigem Wohnraum zu schüt-
zen und der „Aufwertung" des Gebiets infolge eines Austauschs der Bevölkerung entgegenzuwirken". Aus diesem Grunde schlagen die Autoren vor, erstmalig in Berlin vom §172 des Baugesetzbuches Gebrauch zu
machen. Mit der in diesem Paragraphen vorgesehenen „Erhaltungs-

satzung mit Milieuschutz" könnten die Bezirksbehörden im Rahmen der Ausweisung des Kiezes als Sanierungsgebiet weitgehende Eingriffe in die Modernisierungs„freiheit" privater Hauseigentümer vornehmen. Die Genehmigung von Modernisierungsmaßnahmen könnten z.B. versagt werden, wenn die Mieten für die ursprünglichen Bewohner nicht mehr tragbar wären. Vor dem Hintergrund fehlender Sanierungsgelder und des verstärkten Interesses der Hauseigentümer an privaten Modernisierungsmaßnahmen könnte einer konsequenten Anwendung dieser Verordnung eine nicht unwichtige Rolle der künftigen Stadtentwicklung zukommen. Noch immer gelten schließlich die Grundsätze der „behutsamen" Stadterneuerung, die es sich zum Ziel gesetzt haben, daß die Erneuerung der Häuser nicht zwangsläufig die ihrer Bewohner nach sich zieht.

Ob mit der Erhaltungssatzung der Stephan-Kiez letztendlich unter Denkmalschutz gestellt wird, liegt jedoch nicht in der Entscheidungsbefugnis des Bezirks, sondern des Berliner Senats. Der fühlt sich freilich den „übergeordneten" Interessen der Bauindustrie und der Wohnungsunternehmen oftmals mehr verpflichtet als der Erhaltung der örtlichen Infrastruktur und billigen Wohnraums. Bestes Beispiel: der Dachgeschoßausbau. Die wegen zu großer Verdichtung und überteuerter Mietpreise von den Bezirken vielfach abgelehnten Bauanträge werden von der übergeordneten Senatsbauverwaltung in der Regel schnell und unbürokratisch genehmigt. Die Folge: In Wilmersdorf bitten ausbauwillige Hausbesitzer das zuständige Bauamt um eine Ablehnung, um die erwartete Genehmigung durch den Senat zu beschleunigen.

Anders als für Ost-Berlin ist die Instandsetzung und Modernisierung mit öffentlichen Geldern im Westteil der Stadt nicht der Weisheit letzter Schluß. Oftmals ist sie nichts anderes als eine nachträgliche Belohnung für die unterlassene Instandhaltungspraxis so mancher Eigentümer. Die von Mietern und Bezirken erzwungene Durchsetzung der Instandhaltungspflicht der Hauseigentümer wäre demnach einer der möglichen Schritte zur Erhaltung der Bausubstanz und der Bezahlbarkeit der Mieten. Die Attraktivität privater Modernisierungsmaßnahmen könnte, wenn erst einmal die umfassende Instandsetzung von Mietshäusern zur Voraussetzung gemacht wird, merklich abnehmen.

Auch in anderen Bereichen ließe sich mit den vorhandenen juristischen Möglichkeiten, eine offensive Anwendung vorausgesetzt, der Handlungsspielraum von Spekulanten und Miethaien einschränken. Leerstandsbußgelder, Ersatzvornahmen, Beschlagnahme von Wohnungen

197

und Wahrnehmung der staatlichen Belegungsrechte könnten so nicht unwesentlich zum Erhalt bezahlbarer Wohnungen beitragen. Die Voraussetzungen dafür, umfassende Rechte der Bezirke und entsprechende personelle Ausstattung der Wohnungsämter, sind allerdings nicht in Sicht. Im Gegenteil: Im Berliner Senat denkt man bereits seit längerem an eine Verwaltungsreform, bei der nicht nur die Anzahl der Bezirke, sondern auch ihre Zuständigkeiten verringert werden sollen.

Administrative Maßnahmen dieser Art allein wären freilich nur ein Tropfen auf den heißen Stein, wenn nicht gleichzeitig an den Rahmenbedingungen der Spekulation mit Wohnraum gerüttelt wird. Obwohl die uneingeschränkte Verfügungsgewalt der Privatbesitzer über „ihren" Grund und Boden die Spekulation mit Wohnraum erst ermöglicht, gilt sie hierzulande als „heilige Kuh". Vermeintlich eingeschränkt von einer nichtssagenden „Sozialbindung" (Artikel 14, Grundgesetz) scheint das Recht auf Leerstand und Spekulation höhergestellt zu sein als das auf Wohnraum. Zwar ist die Utopie einer gerechten Verteilung von Grund und Boden durch die Wohnungspolitik der ehemaligen DDR weitestgehend diskreditiert, Forderungen wie die nach Enteignung und Vergesellschaftung von Grund und Boden sollten aber auch in der neuen Bundesrepublik kein Tabu sein.

X.

Der Zug rast freilich in die entgegengesetzte Richtung. Private Initiative, das heißt Stadtpolitik durch kapitalkräftige Konzerne, ist auch in Sachen Infrastrukturpolitik das vermeintliche Gebot der Stunde. Insbesondere vom Zuschlag der Olympischen Spiele für Berlin wird ein wesentlicher wirtschaftlicher Impuls erwartet. „Es bestehen gute Aussichten, daß sich Olympische Spiele für Gesamt-Berlin volkswirtschaftlich lohnen", so das Fazit einer vom Senat in Auftrag gegebenen Studie. Lutz Grüttke, der Chef der privatwirtschaftlich organisierten Olympia GmbH, geht sogar weiter: Olympia ist für ihn „die wichtigste Sache für diese Stadt. Olympia bringt Bewegung und auch den nötigen zeitlichen Druck, um mit Volldampf alles zu beenden. So gesehen ist Olympia der große Katalysator für viele Dinge. Ohne geht es nicht." („Spandauer Volksblatt", 30.6.1991)

Ähnlich wie im Falle des Parlaments- und Regierungssitzes scheint dabei freilich der Wunsch der Vater des Gedankens zu sein: „Das Projekt Olympia - unter einem geeigneten Motto - könnte dabei dem notwendigen Wandel der Stadt, der mit Sicherheit höchste Schwierigkeiten birgt, eine positive Grundstimmung bereiten." (Zarneck: Olympia-Studie, Berlin 1990, S. 3) Der „volkswirtschaftliche Nutzen" wird nicht weniger unkonkret bemüht: „Investoren, Handelspartner, internationale Institutionen, Messen, Tagungen und Kongresse sowie auch Touristen wird es nach Berlin ziehen, wenn ihnen – gebündelt im Brennglas Olympia – die neuen Perspektiven der Stadt vermittelt werden. Allein der ökonomische Anstoß, der davon ausginge – wenngleich heute noch kaum quantifizierbar –, dürfte beträchtlich sein." (ebd.) Der herbeizitierte ökonomische Anstoß besteht nach Zarneck vor allem im Werbe-, Stadtentwicklungs- und Beschäftigungseffekt für die Stadt. Beinahe scheint es, als könnten die dringendsten Infrastrukturprobleme der neuen Hauptstadt ohne derartige Giogantomanie und den damit verbundenen Kapitalfluß nicht mehr gelöst werden.

Daimler, Sony und das Internationale Olympische Komitee als Retter des öffentlichen Nahverkehrs, der Stadterneuerung und des städtischen Versorgungswesens? Die Erfahrungen anderer Städte mit privatkapitalistischer Kommunalpolitik lassen erhebliche Zweifel aufkommen. So wurde z.B. in Barcelona, dem Austragungsort der Olympischen Sommerspiele 1992, ein ganzes Altbauviertel dem Abrißbagger geopfert. Grund: Die Quartiere behinderten die Aussicht des neuerbauten Olympischen Dorfes auf die nahe gelegene Mittelmeerküste. Seitdem Barcelona vor fünf Jahren den Zuschlag für die Spiele bekommen hatte, haben sich die Mieten verdreifacht. Für Axel von Zarneck sind solche sozialen Folgen freilich nicht der Rede wert. Ganz im Geist des „volkswirtschaftlichen Nutzens" nehmen sich für ihn die Spiele in Barcelona überaus positiv aus: „Ein Beispiel dafür, wie man in diesem Bereich olympische Akquisitionsrekorde aufstellen kann, gibt Barcelona, wo man sich neben einer Telekommunikationsinfrastruktur für 3,5 Mrd. DM auch Hotelneubauten und einen Opernausbau leistet – letzterer finanziert durch private Investoren! (...) Barcelona zeigt auch in diesem Zusammenhang, wie Olympische Spiele genutzt werden können. Durch das Projekt ‚Olympia' werden nicht nur die längst benötigte Kanalisationserneuerung und der Bau einer Kläranlage, die die ganze Stadt entsorgen soll, sondern auch eine Verdoppelung der Grünflächen in der Stadt ermöglicht." (Zarneck, S. 7f.) Bleibt die Frage, zu welchem Preis.

Die Argumentation des Senats in Sachen Olympia scheint der in Sachen Regierungs- und Parlamentssitz in Nichts nachzustehen. Hier wie dort wird durch Beschwörungsformeln ein vermeintlicher Handlungsdruck aufgebaut, wird die Entscheidung ja oder nein zur Glaubens- und Schicksalsfrage für die Stadt hochstilisiert, ohne dabei freilich auf die tat-

Das Spekulieren mit unseren Wohnungen ist strengstens untersagt!

Die Mieter

sächlichen Folgen für die Bevölkerung hinzuweisen. Was nützen schließlich acht (!) neue Groß-Sporthallen, wenn sich in deren Folge die Mieten verdreifachen. Es täte demnach gut, aus der Hauptstadtdebatte zu lernen und sich nicht noch einmal von angeblichen Notwendigkeiten den Blick auf die sozialen Folgen verstellen zu lassen.

Wie wird das künftige Berlin aussehen? Wie Paris, als Dienstleistungs- und Repäsentations-, nicht mehr aber als Mieterstadt? Oder wie New York, dem Nebeneinander von Wall-Street und Verfall? In beiden Städten ist für die ursprüngliche Bewohnerschaft, so sie denn den sozialen Aufstieg „verpaßt" hat, kein Platz mehr. Ob Berlin die Stadt der kleinen Leute bleibt, ob es den Bewohnern und Bewohnerinnen gelingt, eine lebenswerte Stadt zu schaffen, lebendig, bunt, multikulturell und bezahlbar, das hängt unter anderem auch von ihrem eigenen Eintreten für diese Belange ab.

Mieterinnen und Mieter in Bewegung?

Soziale Bewegungen und Reformen, politischer Druck und Zugeständnisse, Befriedung, Kriminalisierung und roll-back, das zeigt die Geschichte West-Berlins und der alten BRD, stehen in einem engen Wechselverhältnis. Der vermeintliche oder tatsächliche Konsens in der Bevölkerung, und sei es nur der einer stillschweigenden Mehrheit, ist dabei Voraussetzung für die Vermittelbarkeit politischer Entscheidungen und somit auch der „Regierungsfähigkeit". Wird dieser Konsens in Frage gestellt, bzw. lassen sich Protest und Widerstand nicht mehr isolieren oder spalten, gerät das Herrschaftsgefüge in Gefahr und muß auf der Ebene von Zugeständnissen, von „Teile und Herrsche", neu hergestellt werden.

Auf der anderen Seite bedeutet dieses Wechselverhältnis für eine soziale Bewegung, daß, wenn sie sich durch Zugeständnisse zufriedenstellen ließ, lediglich ihre Organisationen übrigbleiben. Diesen bleibt dann die Aufgabe, den Ist-Zustand zu verwalten und die restlichen Strukturen aufrechtzuerhalten. Am ganzen, an den Interessen der Mächtigen, an den prinzipiellen politischen und wirtschaftlichen Entscheidungen, vermögen sie dann freilich nicht mehr zu rütteln.

I.

Als in den siebziger Jahren die Kahlschlagsanierung des West-Berliner Senats am Widerstand der Bevölkerung scheiterte, war damit der Startschuß für eine neue Bewegung gefallen. Bürgerinitiativen, Stadtteilgruppen und Mieterläden hatten sich gegen Abriß, Leerstand und die Umstrukturierung ihrer Wohngebiete zur Wehr gesetzt und bestimmten für mehrere Jahre das Bild einer neuen Opposition gegen die bis dahin herrschende Wohnungspolitik.

Der Abrißbagger war gestoppt, am Leerstand freilich hatte sich nichts geändert. Die heruntergekommenen Altbauquartiere, insbesondere in Kreuzberg, wurden Sanierungs-, Sanierungserwartungs- und damit Spe-

kulationsgebiet. Die Besitzer, private wie auch treuhänderische Sanierungsträger, warteten auf den angekündigten Subventionsregen staatlicher Instandsetzungs- und Modernisierungsprogramme – und ließen
die Häuser weiter verrotten.

Andere dagegen hatten das Warten satt. 1979 wurden von der Bürgerinitiative SO 36 die ersten Wohnungen besetzt. Man wollte auf den
Leerstand und den zunehmenden Verfall Kreuzbergs aufmerksam machen. Den Wohnungsbesetzungen folgte bald die Besetzung ganzer
Häuser. Waren es im Dezember 1980 erst 14 Häuser, die besetzt waren,
so stieg deren Zahl infolge der Auseinandersetzung mit der Staatsgewalt
bis zum Frühjahr 1981 auf über 150 an. Die Proteste gegen die Berliner
Wohnungspolitik hatten inzwischen weite Kreise der Bevölkerung erreicht und für den Senat eine brisante Situation geschaffen. Die Folge: Die
für das Jahr 1981 vorgesehene Einführung des „Weißen Kreises", die
Aufhebung der bis dahin in West-Berlin gültigen Mietpreisbindung,
wurde von der sozialliberalen Regierungskoalition verschoben. Für den
krisengeschüttelten Senat kam freilich jede „Hilfe" zu spät. Im Mai 1981
kam es infolge des Bauskandals um den früheren Bausenator Garski zu
Neuwahlen. Die Alternative Liste, das „Spielbein" der Oppositions-
bewegung, wie sie sich selbst verstand, zog erstmals ins West-Berliner
Abgeordnetenhaus ein. Es folgten weitere Zugeständnisse. In Kreuzberg
kam es mit zunehmendem Einfluß der Stadterneuerungsgesellschaft
S.T.E.R.N., der Nachfolgegesellschaft der „Internationalen Bauausstellung", zu einer Art Doppelherrschaft in der Baupolitik. Je „behutsamer"
allerdings die Stadterneuerung wurde, desto rigider ging man gegen
diejenigen besetzten Häuser vor, die keine Verträge erhalten hatten. Am
22. September 1981 ließ der damalige Innensenator Lummer acht besetzte
Häuser gewaltsam räumen. Ein 18jähriger fand dabei den Tod.

Behutsame Stadterneuerung und Fortbestehen der Mietpreisbindung.
Für manchen schien das Ziel erreicht, andere dagegen wollten es dabei
nicht belassen. Sie sahen in den aus Steuermitteln finanzierten Moder-
nisierungsprogrammen nichts anderes als eine gigantische Subvention der
Hausbesitzer und Spekulanten und im Grunde eine nachträgliche Belohnung jahrelang vernachlässigter Instandhaltung. Ihre Forderung
stattdessen: Instandsetzung auf Kosten der Hausbesitzer und damit die
Verhinderung von Mieterhöhung infolge von Modernisierungsmaßnahmen.

Instandhaltung oder Modernisierung, Straße oder Parlament, die Bewegung begann sich zu spalten. Mit den Zugeständnissen war Ruhe ein-

Mieterkampagne gegen den „Weißen Kreis", Mai 1987

gekehrt. Die Mieter- und Besetzerbewegung überließ den alternativen Stadtplanern und Sozialarbeitern das Feld, die behutsame Stadterneuerung wurde hoffähig und im Jahre 1984 vom damaligen Diepgen-Senat als städtebauliches Ziel bestätigt.

II.

Daß Zugeständnisse bisweilen nur von kurzer Dauer sind, mußte man wenige Jahre später feststellen. Mitten in die trügerische Ruhe platzte 1987 der erneute Versuch, in West-Berlin die Mietpreisbindung aufzuheben. Offensichtlich war sich die christlich-liberale Koalition nun der Durchsetzbarkeit des „Weißen Kreises" sicher. Die Haus- und Grundbesitzerverbände hatten sich bereits seit längerem für die Aufhebung der Mietpreisbindung stark gemacht. Durch die Freigabe der Mieten und die Anlehnung an das System der (ständig steigenden) ortsüblichen Vergleichsmieten erhoffte man sich die Angleichung der Berliner Mieten an das Bundesgebiet und mithin eine Steigerung der Attraktivität privat finanzierter Modernisierungen.

Gegen diese Pläne organisierten die Berliner Mieterorganisationen, SPD und Alternative Liste, Gewerkschaften sowie zahllose Projekte und Initiativen eine bislang beispiellose Unterschriftensammlung. Über 500 000 Berlinerinnen und Berliner sprachen sich für die Beibehaltung der „Mietpreisbindung als Dauerrecht" aus. Die für Einführung des „Weißen Kreises" zuständige Bundesregierung scherte dies freilich wenig. Sie gab dem umstrittenen Gesetzesentwurf in einer leicht abgeschwächten Form ihre Zustimmung. Mit der Billigung des Berliner Abgeordnetenhauses (unter anderem auch mit den Stimmen der SPD!) trat der „Weiße Kreis" zum 1. Januar 1988 in Kraft.

Seither sind in West-Berlin die Mieten steil angestiegen. Insbesondere bei billigen Substandardwohnungen beliefen sich die Steigerungen aufgrund der hohen Fluktuation innerhalb von nur zwei Jahren auf 46 Prozent. Die durchschnittliche Mieterhöhung für Neuvermietungen betrug im Jahre 1988 20 Prozent. Die neugeschaffene Möglichkeit einer 10-prozentigen Erhöhung bei Neuvermietungen hatte sich als Freibrief für willkürliche Mietsteigerungen erwiesen. Bei bestehenden Mietverhältnissen, das war das Zugeständnis der Bundesregierung an die Protestbewegung, durften die Mieten – vorerst – nur um 5 Prozent jährlich steigen.

Der „Weiße Kreis" hat seine Wirkung auf Vermieter und Spekulanten nicht verfehlt. Sei 1988 ist die Zahl der privat modernisierten Wohneinheiten in West-Berlin sprunghaft ansteigen. Die Folge: Weitreichende Umstrukturierungs- und Verdrängungsprozesse, wie sie am Beispiel des Moabiter Stephan-Kiezes zum ersten Mal statistisch erfaßt wurden.

III.

Als am 4. November 1989 500 000 Menschen auf dem Berliner Alexanderplatz den Visionen einer anderen, gerechten DDR Beifall zollten, ahnte noch niemand, wer nur wenig später zu den Gewinnern der friedlichen „Revolution" avancieren sollte: Mit dem Fall von Mauer und staatlicher Wohnungsbewirtschaftung hatte sich der Tummelplatz für Spekulanten und Miethaie nahezu verdoppelt. Der Erneuerungsbedarf der Ost-Berliner Wohnquartiere ist so groß wie seine Kosten. Seit der Verabschiedung des Einigungsvertrags und der darin festgelegten Rückgabe ehemaligen Eigentums, setzte eine Welle von Rückübereignungsansprüchen ein, die den kommunalen Wohnungsbestand früher oder später hinwegzuspülen droht. Nach Angaben des „Rings Deutscher Makler" will bereits jeder zweite Privateigentümer weiterverkaufen. Der Spekulation mit privaten Modernisierungsmaßnahmen ist damit Tür und Tor geöffnet.

Obwohl die Notwendigkeit – angemessener – Mieterhöhungen von den allermeisten Ost-Mietern nicht bestritten wird, sieht man doch nicht ein, warum man plötzlich selbst für die jahrelange Mißwirtschaft der DDR-Baupolitik aufkommen soll. Mit den Mieterhöhungen vom Oktober 1991 haben sich die Mieten vervier- und zum Teil sogar versechsfacht. Bundesbauministerin Irmgard Adam-Schwätzer betonte dabei ausdrücklich, daß es sich nur um einen ersten Schritt handele. Weitere Mieterhöhungen sollen, vielleicht schon bald, folgen. Bereits jetzt beträgt die Miete im Ost-Berliner Altbau nahezu dasselbe wie die „Einstiegsmiete" bei öffentlich geförderter Modernisierung in West-Berlin, mit dem Unterschied freilich, daß sich am maroden Zustand der Häuser und Wohnungen wenig geändert hat.

Die Hoffnungen der Mieter in den Neuen Bundesländern auf eine baldige Verbesserung ihrer Wohnungssituation hat sich bislang kaum erfüllt. Die im Ostteil der Stadt von West-Berliner Wohnungsbaugesellschaften übernommenen ehemaligen Kommunalen Wohnungsverwaltungen (KWV) beklagen zwar fehlende finanzielle Unterstützung, sehen sich aufgrund der „ungeklärten Eigentumsverhältnisse" aber auch nicht in der Lage, vorhandene Gelder zu investieren. Obwohl vom Senat empfohlen, hält sich so manche Wohnungsbaugesellschaft mit der Anwendung des „Investitionsenthemmungsgesetzes" noch immer zurück, zum Leidwesen der Mieter und Mieterinnen. Leerstand und Verfall bestimmen auch heute noch das Bild der Ost-Berliner Altbauquartiere.

Während die Stadterneuerung ruht und die Spekulation blüht, nimmt die Wohnungsnot ein immer dramatischeres Ausmaß an. Die Aussichten auf die künftige Rolle Berlins als europäische Metropole läßt schon heute viele Hausbesitzer mit ihrem Pfund wuchern. Die Folge: Mietsteigerungen und infolgedessen Umstrukturierungs- und Verdrängungsprozesse. Schon im Juli 1991 hatte Berlin bei den Neubaumieten die Schicki-Micki-Stadt München als bisherige Nummer Eins überholt. Die Gewerbemieten explodieren, Läden und Projekte sterben, im neuen Innenstadtbezirk Kreuzberg steht die vielgerühmte „Kreuzberger Mischung" vor dem Aus.

Stehen die Berliner und Berlinerinnen vor einer deartigen Entwicklung wie das Kaninchen vor der Schlange? Oder beginnen sie sich, enttäuscht von der Ignoranz und der Ohnmacht kommunaler Wohnungspolitik, selbst zu wehren?

IV.

Seit Ende 1989 haben sich im Ostteil Berlins zahlreiche Mieterinitiativen gegründet. Ähnlich wie auch in den Bürgerbewegungen wurde und wird hier versucht, die Sicht der Betroffenen in die politische Debatte einzubringen. Kurz nach dem Fall der Mauer war es zum Beispiel der Bürgerinitiative Spandauer Vorstadt gelungen, einen Abrißstop für den Kiez zwischen Wilhelm-Pieck- und Oranienburger Straße durchzusetzen. In Potsdam hatte die Bürgerinitiative Argus Ende 1989 zusammen mit West-Berliner Initiativen mit der Winterfestmachung der leerstehenden Häuser im ehemaligen Holländer-Viertel begonnen. Der Zustand der eigenen Wohnungen, das traurige Bild verfallener Städte hatte bei vielen Mietern und Mieterinnen die Bereitschaft geweckt, sich für die Belange der Stadterneuerung und der Durchsetzung der eigenen Interessen einzusetzen. Infolge der Kommunalwahlen vom 6. Mai 1990 zogen die Bürgerbewegungen auch in die Bezirksämter und Bezirksverordnetenversammlungen. Dort schien sich zum ersten Mal die Möglichkeit zu ergeben, selbst aktiv an Entscheidungsprozessen mitzuwirken und die Basisaktivitäten durch administrative Hilfe zu unterstützen. Die Grenzen solcher Einflußmöglichkeiten wurden freilich bald erkannt. Die seit

Mieterdemonstration Berlin-Alexanderplatz, 29. April 1991

der Volkskammerwahl vom 18. März 1990 von der Regierung de Maizière konsequent betriebene Anschlußpolitik an die BRD räumte mit den Utopien einer „erneuerten DDR" schnell auf. Währungsunion und Einigungsvertrag konfrontierten 16 Millionen Menschen mit den Spielregeln eines Wirtschaftssystems, denen viele ehemalige DDR-Bürger nicht folgen konnten oder nicht folgen wollten. Mit dem 3. Oktober 1990 begann nicht nur die Abwicklung in den Betrieben, sondern auch im Wohnungswesen. Und die Mieter und Mieterinnen?

V.

Februar bis April 1991: In der Presse häuften sich Meldungen über Proteste, Demonstrationen und Unterschriftensammlungen aufgebrachter Mieter:
   „Gegen die (Bonner Mieterhöhungspläne, d. V.) haben am Wochenende Berliner Mieterorganisationen entschiedenen Widerstand angekündigt. (...) Geplant ist ein breites Aktionsbündnis aller 50 Berliner Initiativen und Organisationen, um durch Infostände, Flugblattaktionen, Unterschriften-Sammlungen bis hin zu Menschenketten und Demonstrationen auf die dramatische Situation aufmerksam zu machen." („Der Morgen", 11.2.1991)
   Der erste Entwurf der Bonner Rechtsverordnung hat bereits kurz nach Bekanntwerden Staub aufgewirbelt. Am 9. Februar 1991 fand ein erster „Mietenratschlag" der Berliner MieterGemeinschaft statt. Auf einem Flugblatt des neu ins Leben gerufenen „Aktionsbündnises gegen Mietenexplosion", ein Zusammenschluß von Mieterinitiativen, Parteien, Mieterorganisationen und besetzten Häusern, wurde massiver politischer Druck angekündigt:
   „Die Regierungskoalition in Bonn wird ihre Pläne nur durchsetzen können, wenn die Mieter und Mieterinnen still halten und sich nicht wehren. Darauf zu hoffen, daß die Neuen Bundesländer im Bundesrat ein Veto gegen Bonn einlegen, heißt, die Sache aus den eigenen Händen zu geben. Wollen wir die Bonner Pläne verhindern, müssen wir selbst unsere Sache in die Hand nehmen, um so der Regierung unmißverstäündlich deutlich zu machen: NICHT MIT UNS!" (Flugblatt des Berliner „Aktionsbündnisses gegen Mietenexplosion", Februar 1991)
   Der „Runde Tisch von unten", ein Zusammenschluß von Bürgerbewegungen und Initiativen, der sich nach dem „offiziellen" Ende des Berliner Runden Tisches zusammengefunden hatte, forderte neben einer Mietpreisobergrenze ein generelles Spekulationsverbot, „das eine steuerliche Abschöpfung jeglicher Spekulationsgewinne vorsieht, sowie ein

generelles Vorkaufsrecht gemeinnütziger Wohnungsbaugesellschaften für alle zum Verkauf stehenden Wohnungen." Auch hier setzt man auf den Druck der Mieter:

„Sollten die geplanten Mietrechtsverordnungen im wesentlichen unverändert verabschiedet werden, wird der ‚Runde Tisch von unten‘ über gemeinsame Widerstandsaktionen beraten. Dazu könnte dann auch ein Mietstreik in den Fünf neuen Bundesländern und Berlin gehören." (Erklärung des „Runden Tischs von unten", Februar 1991)

Auch im „Aktionsbündnis gegen Mietenexplosion" wurde ein Boykott in Erwägung gezogen. Damit sollte insbesondere gegen den im Februar 1991 noch geplanten Instandsetzungszuschlag vorgegangen werden:

„Diese Mieterhöhungen zahlen wir nicht!

Der geplante Instandsetzungszuschlag ist eine verfassungswidrige, eklatante Verletzung des Gleichheitssatzes des Grundgesetzes: Das Bürgerliche Gesetzbuch legt in §536 grundsätzlich fest, daß Instandsetzung Pflicht des Vermieters ist. Wenn dieser Grundsatz nun in der Ex-DDR abgeschafft werden soll, so ist dies eine krasse Benachteiligung der Ost-Berliner gegenüber den West-Berlinern, der Ost-Bundesbürger gegenüber den West-Bundesbürgern, der Mieter gegenüber den Vermietern! Der enorme Instandhaltungs-Nachholbedarf in der ehemaligen DDR kann nicht allein auf Kosten der dortigen MieterInnen beseitigt werden.

Wir kündigen hiermit vorsorglich an, daß wir die von der Bundesregierung geplanten Mieterhöhungen verweigern werden, wenn sie in dieser Höhe beschlossen werden sollten." (Eine von mehreren Unterschriftenlisten des Aktionsbündnisses)

Unterdessen hatte der Berliner Mieterverein innerhalb nur eines Monats 40 000 Protestbriefe und -unterschriften gesammelt. In Potsdam waren die aufgebrachten Mieter vor den dortigen Landtag gezogen. Aufgerufen hatten der Mieterbund des Landes Brandenburg und die Gewerkschaft Handel, Banken und Versicherungen:

„‚Die 12 Mark Wohngeld, die schenk ich dem Kohl‘. Mit rotem Kopf rechnete ein Potsdamer Rentner vor, daß ihm bei 490 DM Miete nur 12 DM zustehen. Für Arbeitslose und Rentner reiche der staatliche Mietzuschuß ‚hinten und vorne‘ nicht aus, stellte er fest. ‚1989 sind wir auf die Straße gegangen, weil wir einiges ändern wollten, heute gehen wir wieder auf die Straße, um noch mehr zu ändern.‘"

Zeichnete sich hier eine neue Bewegung ab? Gingen die Bürger und Bürgerinnen der ehemaligen DDR nun auch in Sachen Mieterhöhungen auf die Straße? Wolfgang Nagel, Berlins Bausenator, sprach von „sozial-politischem Sprengstoff", falls die Mieten, wie noch im Februar 1991 geplant, erhöht werden sollten. Die Bauminister der Neuen Bundesländer kündigten im Bundesrat ihren Protest gegen die Pläne der Bundesregierung an.

Beides, Mieterproteste sowie die Einwände der Neuen Länder, zeigten im März 1991 Wirkung. Der heftig umstrittene Instandsetzungszuschlag wurde auf Eis gelegt. Im April 1991 wurde bekannt, daß die Mieten erst zum 1. Oktober 1991 steigen sollten. Heiz- und Warmwasserkosten sollten plötzlich aber mit 3 DM pro Quadratmeter umgelegt werden. Das „Aktionsbündnis gegen Mietenexplosion" rief für Ende April zu weiteren Protesten der Mieter und Mieterinnen auf:

„ Die vorläufige Rücknahme des Instandsetzungszuschlags bedeutet ... nicht dessen endgültiges Aus.

Das Wohngeld für die Neuen Bundesländer und Ost-Berlin soll bereits nach einem Jahr wieder schrittweise abgebaut werden.

Mietsteigerungen um das Zehnfache sind bei Modernisierung durch private Eigentümer absehbar.

WEHREN WIR UNS BEVOR ES ZU SPÄT IST!"
(Aufruf zu Aktionstagen vom 20.-29.April 1991)

Höhepunkt der Aktivitäten sollte ein „längstes Transparent der Welt" zwischen dem Oranienplatz in Kreuzberg und dem Alexanderplatz in Ost-Berlin werden. Es mehrten sich allerdings bald die Anzeichen dafür, daß die Luft aus den Protesten weitgehend heraus war. Die vorläufige Rücknahme des Instandsetzungszuschlags sowie die nach langem Hin und Her festgelegte Höhe der sonstigen Umlagen hatte die Mieterhöhungen zu einer kalkulierbaren Größe gemacht. Der Elan war dahin, die Demonstrationsbereitschaft in den Neuen Ländern, die wenige Wochen zuvor durch die neuerlichen Montagsdemonstrationen in Leipzig wieder aufgeflammt war, hatte nur wenige Wochen angedauert. Es schien, als würde man nicht mehr an die Macht der Straße, die noch im Herbst 1989 so viel bewirkt hatte, glauben. Die Organisatoren der Berliner Montagsdemonstrationen blieben weitgehend unter sich, und auch das geplante „längste Transparent" blieb dem Guiness-Buch der Rekorde vorenthalten. Nur etwa 500 Mieter und Mieterinnen zogen am 29. April 1991 zum Alexanderplatz. Danach lösten sich sowohl die Montagsdemonstrationen als auch das Aktionsbündnis gegen Mietenexplosion vorläufig auf. Mit der zunehmenden Abwicklung der eigenen Lebensbereiche schwand auch das Vertrauen in die eigene Stärke.

VI.

Die Frage, warum sich, anders als in den siebziger und frühen achtziger Jahren, aus den Protesten gegen die Mieterhöhungen keine Bewegung entwickelt hatte, beschäftigte Mieterinitiativen und Mieterorganisationen gleichermaßen. Die Zugeständnisse der Bundesregierung jedenfalls geben keinen Anlaß zur Beruhigung. Der Instandsetzungszuschlag liegt, trotz gegenteiliger Beteuerungen der Bundesbauministerin, lediglich auf Eis, und die Mieterhöhungen vom 1. Oktober sollten darüber hinaus nur ein erster Anfang sein. Dennoch überwog das Gefühl von Ohnmacht und Resignation. Nicht die eigenen Vorstellungen und Forderungen waren es, die man formulierte, sondern die staatlichen Instanzen, auf die man, mangels Alternativen, die Hoffnung setzte. „Das können die doch nicht mit uns machen", war auf Versammlungen und an Infoständen eine weitverbreitete Haltung. Diejenigen, die mit der neuen (Rechts-)Lage weniger flexibel umgehen können, droht selbige zu überrollen.

In der ehemaligen DDR haben der Kampf um die tägliche Existenz, Ellenbogen- und Karrieredenken so manches ehemalige soziale Gefüge zerstört. Man ist einsamer geworden. Wo sich jeder selbst der nächste zu sein hat, scheint für Solidarität kein Platz. Dies gilt offenbar besonders für die eigenen vier Wände. Zwar sind nachbarschaftliche Kontakte und gewachsene soziale Strukturen, zumal in Altbaugebieten, immer noch vorhanden. An den existentiellen Problemen, Geldsorgen, Wohnungsängsten, so hat es den Anschein, finden sie jedoch ihre Grenze. In einer Gesellschaft, in der Privatsphäre und Öffentlichkeit weitgehend voneinander getrennt sind, gelten die eigenen vier Wände als Ort des Privaten, des Rückzugs aus der Öffentlichkeit, der Erholung. Man ist eben nicht im Betrieb zu Hause, sondern in der eigenen Wohnung. Die Wohnung ist mehr noch als das Auto ein Prestigesymbol. Dementsprechend ist auch der drohende und tatsächliche Verlust der eigenen vier Wände weitaus mehr mit dem Stigma des Asozialen behaftet als der des Arbeitsplatzes. Für die Arbeitslosigkeit sind andere verantwortlich, die Treuhand, der West-Unternehmer, für Wohnungslosigkeit und Obdachlosigkeit dagegen, so die weitverbreitete Meinung, trägt man selbst die Schuld. Dies hat nicht selten zur Folge, daß Wohnungsprobleme, trotz besseren Wissens, als individuelle begriffen werden und auch dementsprechend gehandelt wird. Eine Unterschrift gegen Mieterhöhungen, warum nicht. Aber deswegen gleich auf die Straße gehen? Da könnte ja der Nachbar denken...

Dieser Individualisierung entsprechend ist auch der Umgang damit:

Insbesondere nach der Wiedervereinigung sind die Mitgliederzahlen der Berliner Mieterorganisationen stark angestiegen. Information, Rechtsberatung und Prozeßkostenübernahme sind wichtige Dienstleistungen im Falle von Wohnungsproblemen. Wer seine Rechte nicht kennt, kann sich nicht durchsetzen. Und nicht selten ist es nötig, gegen den Vermieter vor Gericht zu gehen, um die eigenen Rechte einzuklagen. Dieser juristische Weg bewegt sich allerdings nur im Bereich der jeweils gültigen Gesetzeslage, an den Rahmenbedingungen selbst vermag er nichts zu ändern. Oftmals sind die Mieterorganisationen dazu gezwungen, ihren Mitgliedern gegenüber Gesetze zu erläutern, gegen deren Verabschiedung sie sich noch wenig zuvor eingesetzt haben. Das Einklagen der wenigen Mieterrechte, die individuelle Abwendung von Notlagen, steht dabei im Vordergrund. Da bleibt wenig Platz für die politische Interessenvertretung und entschiedene Einflußnahme auf die wesentlichen Konflikte. Pressemitteilungen und Protestbriefe werden wenig bewirken, solange nicht eine Bewegung dahinter steht. Nur eine solche Bewegung kann die Kraft und den politischen Druck aufbringen, eine Änderung der Rahmenbedingungen zu erkämpfen. Voraussetzung dafür ist freilich der Wille jedes einzelnen, nicht nur die Probleme in den eigenen vier Wänden, sondern auch die des Nachbarn und der Nachbarin als Teil einer Entwicklung zu begreifen, bei der es um mehr geht als Mieterhöhungen und Warmwasserkosten. Mit den Mieten verändern sich, wie im Moabiter Stephan-Kiez, die Stadtteile und schließlich die Lebensbedingungen eines großen Teils der Bevölkerung.

Dieser Entwicklung etwas entgegenzusetzen bedarf es der Solidarität und des Vertrauens in die eigene Stärke. Damals wie heute ist von den Regierenden nur dann etwas zu erwarten, wenn sie nachhaltig unter Druck gesetzt werden. Und damals wie heute liegt es an den Menschen selbst, sich nicht als willenlose Objekte regieren zu lassen, sondern von sich aus den Kampf für ihre eigenen Interessen aufzunehmen.

Zehn Tips für Mieterinnen und Mieter

Das Mietrecht der Bundesrepublik ist kompliziert. So kompliziert, daß es selbst Rechtsanwälten schwerfällt, über die ständigen Gesetzesänderungen und die Entwicklung der Rechtsprechung der einzelnen Gerichte auf dem laufenden zu bleiben. Deshalb ist es wenig sinnvoll, wenn Mieterinnen und Mieter versuchen, sich gleichsam selbst zu kurieren. Hierfür gibt es die Beratungsstellen der Mieterorganisationen. Sehr wohl sinnvoll und unbedingt ratsam ist es jedoch, daß jeder die wichtigsten Regeln und Regelungen des Mietrechts kennt. Einer grundlegenden, ersten Orientierung sollen die folgenden Tips dienen - damit keiner im Dschungel des neuen Mietrechts in eine Falle tappt.

1. Nichts unterschreiben - erst beraten lassen!
Grundsätzlich geht das Mietrecht der Bundesrepublik von der Fiktion der Vertragsfreiheit aus: Mieter und Vermieter stehen einander gleichberechtigt gegenüber und handeln einen Vertrag aus. Was vereinbart wird, ist jedem im Prinzip freigestellt – das Gesetz greift nur an wenigen Stellen regulierend ein.

Das bedeutet: Wenn Sie leichtgläubig Ihre Unterschrift geben und erst im nachhinein merken, daß Sie damit eine Vereinbarung unterschrieben haben, die Ihnen Nachteile und Belastungen bringt, so können Ihnen auch die besten Rechtsanwälte nur noch sehr schwer helfen.

Besser ist es, Sie unterschreiben grundsätzlich nichts, sondern verlangen Bedenkzeit und lassen sich erst gut beraten.

2. Hüten Sie Ihren Mietvertrag - er ist Gold wert!
Ihr bisheriger Mietvertrag ist in den Neuen Bundesländern durch das neue Mietrecht keineswegs ungültig geworden – er sichert Ihnen vielmehr Rechte und Vorteile, auf die Sie keineswegs verzichten sollten.

Auch bei Eigentumswechsel sind keine neuen Mietverträge nötig. Es gilt der Grundsatz: „Kauf bricht nicht Miete." (§571 BGB) Der neue

Eigentümer muß alle Pflichten des alten Eigentümers Ihnen gegenüber übernehmen – deshalb bleibt Ihr alter Mietvertrag, so wie er ist, gültig!

Sie müssen jedoch damit rechnen, daß ein neuer Eigentümer oder Verwalter versucht, Ihnen einen neuen Mietvertrag mit weit schlechteren Bedingungen oder aber Vertragsänderungen aufzuschwatzen. Deshalb sei dringend geraten:

Geben Sie Ihren alten Mietvertrag nicht aus den Händen! Ehe Sie irgendeiner Änderung Ihres Vertrages zustimmen, lassen Sie sich zuerst beraten.

Wenn Sie aus Ihrer Wohnung ausziehen wollen, Ihr Untermieter allerdings bleiben möchte, so sollten Sie überlegen, ob Sie nicht besser eine einvernehmliche Lösung finden und im Mietvertrag verbleiben. Sie vermeiden so eine bei Neuvermietung vorgesehene Mieterhöhung und das Risiko, daß der Vermieter die von Ihnen vorgeschlagenen neuen Mieter ablehnt.

3. Vorsicht bei Eigentümerwechsel!

Ein neuer Eigentümer hat gegenüber den Mietern erst dann etwas zu sagen, wenn der alte Eigentümer dies schriftlich mitteilt oder wenn der neue nachweist, daß er im Grundbuch als Eigentümer eingetragen ist. Im Zweifelsfalle haben Sie als Mieter ein „berechtigtes" Interesse, selbst Einblick in die Grundbuchakten zu nehmen.

Auch wenn der neue Eigentümer laut Gesetz alle Rechte und Pflichten des alten übernehmen muß – für die Mieter heißt es bei jedem Eigentümerwechsel AUFPASSEN! Sie müssen Ihre Rechte kennen und notfalls auch beweisen können.

Haben Sie „illegale", d.h. nicht vom Vermieter akzeptierte Untermieter in Ihrer Wohnung, so ist es ratsam, unverzüglich nach dem Eigentümerwechsel deren Namensschilder von der Wohnungstür zu entfernen. Viele Vermieter versuchen nämlich wegen unerlaubter Untervermietung zu kündigen, um so Wohnungen leerzubekommen.

Es sei Ihnen dringend geraten, im Falle eines Eigentümerwechsels sofort einer Mieterorganisation beizutreten, denn in der Regel gilt der mit einer Mitgliedschaft verbundene Rechtsschutz erst nach einer Frist von einem Monat.

4. Recht auf Untervermietung

Wenn Sie in den Neuen Bundesländern bereits vor dem 3.10.1990 untervermietet hatten, so dürfen Sie dies auch weiterhin tun. Ansonsten gilt jetzt das Mietrecht der alten BRD, wonach Untervermietung grundsätzlich nur nach Genehmigung des Vermieters zulässig ist. Unter bestimmten Umständen aber – z.B. wenn sich Ihre finanziellen Verhältnisse verschlechtert haben – haben Sie einen Anspruch auf Untervermietung, den sie notfalls gerichtlich einklagen können.

5. Bei Kündigung: Nicht einschüchtern lassen!

Kündigen darf Ihnen der Vermieter nur schriftlich. Wenn Sie sich daraufhin weigern auszuziehen, so muß er eine Räumungsklage erheben. Einer solchen Klage wird aber vom Gericht nur dann entsprochen, wenn ganz bestimmte, eng umrissene Kündigungsgründe vorliegen. Das wichtigste ist, daß Sie sich nicht bange machen lassen und umgehend nach dem Erhalt einer Kündigung eine Mieterberatungsstelle aufsuchen: Die meisten Kündigungen lassen sich bei guter Beratung abwenden!

Dies gilt auch für Eigenbedarfskündigungen – diese sind für die Neuen Bundesländer zudem für Mietverträge, die vor dem 3.10.1990 abgeschlossen wurden, bis Ende 1992 nicht zulässig.

6. Kein Zutritt ohne Voranmeldung!

Als Mieterin oder Mieter haben Sie in Ihrer Wohnung das Hausrecht, das heißt: Grundsätzlich bestimmen Sie, wer Ihre Wohnung wann betreten darf. Wenn also der Eigentümer oder Verwalter unangemeldet vor Ihrer Tür steht, so brauchen Sie ihn keineswegs hereinzulassen, es sei denn, es ist Gefahr im Verzuge.

Sie sollten vielmehr auf einer schriftlichen Voranmeldung bestehen, in der auch der Grund des Besuchs angegeben sein sollte, damit Sie sich gegebenenfalls Zeugen hinzuziehen oder sich beraten lassen können.

Manche neuen Eigentümer oder Verwalter verschicken auch einfach Fragebögen an ihre Mieterinnen und Mieter, um sich so einen Einblick zu verschaffen. Sie sind überhaupt nicht verpflichtet, solche Fragebögen auszufüllen - wenn Sie es aber tun wollen, dann lassen Sie sich unbedingt vorher beraten, welche Fußangeln für Sie in diesen Fragen womöglich verborgen sind.

7. Mängelbeseitigung ist und bleibt Pflicht des Vermieters!

Zu den Grundpflichten des Hausbesitzers gehört seine Instandhaltungspflicht: Sie zahlen Ihre Miete unter anderem dafür, daß er die gemietete Sache in gebrauchsfähigem Zustand erhält.

Wenn in Ihrer Wohnung oder im Haus Mängel zutage treten, so haben Sie das Recht und sogar die Pflicht, dies dem Vermieter unverzüglich mitzuteilen und ihn zur Abhilfe aufzufordern. Was Sie dabei alles beachten müssen und welche Voraussetzungen für eine Mietminderung nötig sind, erfahren Sie in der Beratung, wo es in der Regel auch vorgedruckte Mängellisten gibt.

8. Vor Modernisierung haben Sie zwei Monate Bedenkzeit!

Eine Modernisierung liegt dann vor, wenn der Wert einer Wohnung wesentlich und nachhaltig verbessert wird – z.B. durch Einbau eines Badezimmers oder einer Zentralheizung. Dafür darf Ihre Jahresmiete um 11 Prozent der anfallenden Baukosten erhöht werden.

Selber durchführen dürfen Sie solche Maßnahmen leider nur dann, wenn der Vermieter ausdrücklich zustimmt (Mietermodernisierung).

Will der Vermieter in Ihrer Wohnung modernisieren, so muß er Ihnen dies zwei Monate vor Beginn der Baumaßnahmen schriftlich ankündigen und dabei Art, Dauer und Umfang der beabsichtigten Arbeiten sowie Ihre voraussichtliche künftige Miethöhe mitteilen. Sie haben laut Gesetz sodann zwei Monate Zeit, diese Ankündigung zu prüfen. Jede Modernisierung ist zustimmungspflichtig.

9. Vorsicht bei der Wohnungssuche!

Die Zahl derer, die die hoffnungslose Lage auf dem Wohnungsmarkt durch betrügerische Methoden ausnutzen, ist leider größer geworden. Seien Sie deshalb vorsichtig bei scheinbar verlockenden Angeboten sogenannter Wohnungsvermittlungsagenturen oder -vereine. In der Regel zahlen Sie hier viel Geld für wenig oder keine Leistung. Auch Schmiergelder werden leider immer häufiger verlangt – und oft auch bezahlt.

Am besten ist es, Sie treten vor der Wohnungssuche einer Mieterorganisation bei, um bei eventuellen Streitigkeiten vor Gericht eine Rechtsschutzversicherung in Anspruch nehmen zu können.

10. Wohngeld ist ein Rechtsanspruch – verzichten Sie nicht darauf!

Das Wohngeld ist abhängig von der Zahl der Haushaltsmitglieder, dem Einkommen und der Höhe der Miete. Es gilt für die Dauer von jeweils 12 Monaten von dem Monat an, in dem Sie den Antrag gestellt haben. Kurz vor Ablauf der 12 Monate sollten Sie bereits einen neuen Antrag stellen.

Die Formulare erhalten Sie beim jeweiligen Wohnungsamt ihrer Stadt oder Ihres Bezirks. Über Einzelheiten informieren Sie auch die Mieterorganisationen.

Mieterorganisationen, Beratungsstellen und Initiativen

Berlin

Mieterorganisationen

Berliner
MieterGemeinschaft e.V.
Geschäftsstelle West
Möckernstr. 92
W-1000 Berlin 61
Tel: 2168001
Fax: 2168515

Berliner MieterGemeinschaft e.V.
Geschäftsstelle Ost
Haus der Demokratie
Friedrichstr. 165
O-1080 Berlin
Tel: 2292081

Berliner Mieterverein e.V.
Geschäftsstelle West
Spichernstr. 12
W-1000 Berlin 30
Tel: 2115096

Berliner Mieterverein e.V.
Geschäftsstelle Ost
Wallstr. 61-65
O-1026 Berlin
Tel: 2741407

Initiativen

Mieterverein
„Rund um die Rykestraße e.V."
im ehemaligen Camera-Club
Kollwitzstr. 93
O-1058 Berlin-Prenzlauer Berg

Mieterinitiative Mieterberg
Café Entweder/Oder(berger)
Oderberger Str. 15
O-1058 Berlin-Prenzlauer Berg

Mieterinitiative Pankow
Kiezladen
Wolfshagener Str. 72
O-1100 Berlin-Pankow

Unabhängige Bürgerinitiative
Mieterladen
Bänschstr. 79
O-1035 Berlin-Friedrichshain

Bürgerinitiative Kuhgraben
Pfarrstr. 139
O-1134 Berlin-Lichtenberg

BI Weinberg, Café Acud
Veteranenstr. 21
O-1054 Berlin-Mitte

Mieterinitiative Marzahn
im Freizeithof Marzahn
Alt-Marzahn 23
O-1140 Berlin-Marzahn

Köpenicker Bürgervereinigung
Alt Köpenick 34
O-1170 Berlin-Köpenick

Mietergemeinschaft Treptow
Schnellerstr. 11
O-1190 Berlin-Treptow

„Wir bleiben in SO 36"
Infotelefon
Reichenberger Str. 63a
W-1000 Berlin 36
Tel: Mo-Fr, 16-18 Uhr, 6125906

Bürgerinitiative Putte
Prinzenallee 24
W-1000 Berlin 65

Mietergruppe Gropiusstadt
Haus der Mitte
Lipschitzallee 50
1000 Berlin 47

Mieterinitiative „Nollzie e.V."
Nollendorfstr. 38
1000 Berlin 30

MieterInnenrat Chamissoplatz
Willibald-Alexis-Str. 37
1000 Berlin 61

Mieterrat Waldemarstraße
Waldemarstraße 29
1000 Berlin 36

Nachbarschaftsladen
Bergmannstr. 30
1000 Berlin 61

Nachbarschaftsladen
Huttenstr. 36
1000 Berlin 21

MieterInnencafé Neukölln
c/o Infoladen Lunte
Weisestr. 53
1000 Berlin 44

AKS
Arbeitskreis
Berliner Selbsthilfegruppen
Liegnitzer Str. 18
1000 Berlin 36

Obdachlosen-
beratungsstellen

Berliner Initiative für
Nichtseßhaftenhilfe e.V.
Levetzowstraße 12a
1000 Berlin 21
Tel: 3913095

„Seelingtreff"
Seelingstr. 9
1000 Berlin 19
Tel: 3212026

Treberhilfe Berlin e.V.
Yorckstr. 53
1000 Berlin 61
Tel: 2163455
        2157758

218

Treberladen Wedding
Nazarethkirchstr. 39
1000 Berlin 65
Tel: 4559463

Besondere Soziale Wohnhilfe
BeSoWo
(auch bei Mietschulden)
Kottbusser Damm 25
1000 Berlin 61
Tel: 6935061

Alte und
Neue Bundesländer

Mieterselbsthilfe Aachen
Viktoriastr. 36
W-5100 AACHEN
Tel: 504300

Mieterverein Bochum
und Umgebung e.V.
Brückstr. 58
W-4630 BOCHUM
Tel: 60295

Modernisierungs-, Miet-
und Selbsthilfeberatung e.V.
Schwerinstr. 2
W-2800 BREMEN
Tel: 395470

Mieterverein Chemnitz e.V
Postfach 42
O-9044 CHEMNITZ

Deutscher Mieterbund
Landesverband Sachsen Anhalt
Sophie-Nagel-Str. 13
O-4500 DESSAU
Tel: 7071

Mieterverein
Detmold und Umgebung e.V.
Krumme Str. 15
W-4930 DETMOLD
Tel: 32768
Fax: 34204

Mieterverein Dortmund
Kampstr. 4
W-4600 DORTMUND 1
Tel: 579252

Deutscher Mieterbund
Landesverband Thüringen
Bahnhofstr. 38
O-5900 EISENACH
Tel: 72324

Mieterverein Erfurt
Anger 23
O-5026 ERFURT
Tel: 61188

Frankfurter Mieterverein e.V.
Große Friedberger Str. 16-20
W-6000 FRANKFURT 1
Tel: 283548

Mieterberatung Frankfurt e.V.
Petterweilerstr. 44
W-6000 FRANKFURT 60
Tel: 451086

Mieterschutzbund Gera
Amthorststr. 11
O-6500 GERA
Tel: 6232330

Mieterverein Greifswald
Hans-Fallada-Str. 15
O-2200 GREIFSWALD
Tel: 68454

Mieterverein Halle
Block 452/9
O-4090 HALLE/NEUSTADT
Tel: 646091

Hamburger Mieterverein e.V.
Bartelsstr. 30
2000 HAMBURG 36
Tel: 4395505
Fax: 4390656

Mieterschutzbund Jena
Am Planetarium 6
O-6900 JENA

Deutscher Mieterbund
Landesverband Sachsen
Schirmer Str. 16
O-7050 LEIPZIG
Tel: 4776636

Mieterverein Magdeburg
O-3010 MAGDEBURG
Tel: 33681

Mieterladen Mainz e.V.
Feldbergstr. 32
W-6500 MAINZ 1
Tel: 611747

Mieterschutzbund
Mühlheim a.d. Ruhr e.V.
Schloßstr. 8-10
W-4330 MÜHLHEIM/RUHR
Tel: 476070

Münchner Mieterverein e.V.
Holzstr. 2
W-8000 MÜNCHEN 5
Tel: 265577
Fax: 266107

MieterInnenschutzverein Münster und Umgebung e.V.
Achtermannstr. 10
W-4400 MÜNSTER
Tel: 511759

Mieterverein Neubrandenburg
Tilly-Schanzen-Str. 17
O-2000 NEUBRANDENBURG
Tel: 695247

Nürnberger
Mietergemeinschaft e.V.
Kirchenweg 61
W-8500 NÜRNBERG 90
Tel: 397077

Deutscher Mieterbund
Landesverband Brandenburg
Hegelallee 6-10
O-1560 POTSDAM
Tel: 303077

Mieterverein Rostock
Gerüstbauerring 21
O-2520 ROSTOCK 27
Tel: 27003781

Mieterverein Schwerin
Körnerstr. 5
O-2750 SCHWERIN

Mieterverein Witten
und Umgebung e.V.
Bahnhofstr. 46
W-5310 WITTEN
Tel: 51793

Bergischer Mieterring e.V.
Alter Markt 30
W-5600 WUPPERTAL 2
Tel: 596055
Fax: 0202-594953

Die Adressenliste kann aus Platzgründen nicht vollständig sein. Ob es auch in Ihrem Ort oder Ihrer Stadt eine Mieterorganisation gibt, erfahren Sie beim Deutschen Mieterbund, Aachener Str. 313, 5000 Köln 41, Tel: 0221/400830.

Autoren

Uwe Rada

Jahrgang 1963, Studium der Geschichte, Germanistik und Politologie in Berlin, Mitarbeiter in verschiedenen Stadtteil- und Mieterinitiativen, Veröffentlichungen zur Geschichte der Berliner Mieterbewegung

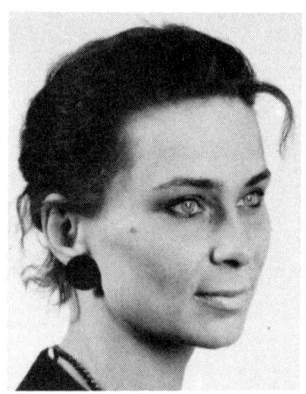

Grit Alack

Jahrgang 1960, Arbeit als Handsetzerin, Kindergärtnerin, Wirtschafts-kauffrau, Vertreterin der Bürgerbewegung am Runden Tisch Berlin-Friedrichshain und im Ausschuß Wohnungspolitik, Mitbegründerin der Unabhängigen Bürgerinitiative Mieterladen in Berlin-Friedrichshain

Die Debatte um die Homoehe

Lesben. Schwule. Standesamt.

**Herausgegeben
von Klaus Laabs**

Ch.Links

Mit Beiträgen von E. Badinter, V. Beck, G. Bleibtreu-
Ehrenberg, M. Bruns, S. R. Dunde, G. Dworek, A. Eckert,
R. Elfering, K. Laabs, B. Mende, K. Müller, J. Oesterle-
Schwerin, K. Rindar, V. Roggenkamp, M. Schulze,
A. Schwarzer, H.-G. Stümke, B. Thinius, R. Trechsel,
P. Wagenknecht, H.-G. Wiedemann

304 Seiten, Broschur, 13 x 20 cm, ISBN: 3-86153-020-1, 24.80 DM